乡村振兴战略与特色村寨文化建设

——以辽东满族特色村寨为例

李 钢 著

东北大学出版社

·沈 阳·

图书在版编目（CIP）数据

乡村振兴战略与特色村寨文化建设：以辽东满族特色村寨为例 / 李钢著. --沈阳：东北大学出版社，2024. 11. --ISBN 978-7-5517-3690-9

Ⅰ. F327. 31

中国国家版本馆 CIP 数据核字第 2024R69A14 号

出　版　者：东北大学出版社
　　　　　　地址：沈阳市和平区文化路三号巷 11 号
　　　　　　邮编：110819
　　　　　　电话：024-83683655（总编室）
　　　　　　　　　024-83687331（营销部）
　　　　　　网址：http://press.neu.edu.cn
印　刷　者：辽宁一诺广告印务有限公司
发　行　者：东北大学出版社
幅面尺寸：170 mm×240 mm
印　　张：16
字　　数：305 千字
出版时间：2024 年 11 月第 1 版
印刷时间：2024 年 11 月第 1 次印刷
责任编辑：王　旭
责任校对：周　朦
封面设计：潘正一
责任出版：初　茗

ISBN 978-7-5517-3690-9　　　　　　　定　价：80.00 元

前　言

　　截至 2021 年 7 月，我国已经全面建成了小康社会，完成了全国脱贫攻坚的历史性任务。中国特色社会主义新时代进入由全面建成小康社会迈向全面建成社会主义现代化强国的新的历史阶段，乡村振兴战略也进入全面推进的阶段。因此，乡村振兴战略已成为乡村经济发展、文化建设、生态保护、乡村治理等多项工作的总体方略，对民族地区下一步的文化建设发展具有重要的统领和指导意义。

　　辽东地区是满族的发源地之一。它位于中国和朝鲜的边界，在东北亚的中心位置，不仅是"一带一路"倡议的重要节点，也是国家沿边开发、开放的重点地区，地理位置优越，具有重要的战略意义。在中国特色社会主义乡村建设的新时期，辽东地区的民族团结与经济社会建设取得了长足进步。然而，辽东地区满族特色村寨在一定程度上呈现出满族文化逐渐消失、家庭空巢化、村寨空洞化、人口老龄化等现象，形成了"封闭性""民族性""滞后性"等特点。虽然国家的相关扶持政策让满族特色村寨和村民受益，但是辽东地区满族特色村寨的振兴与发展仍然处在一个相对滞后的时期，其产业发展缓慢、基础设施薄弱、文化建设滞后、社会治理力量相对薄弱，制约着我国周边环境安全与地缘政治格局的稳定。因此，加强辽东地区满族特色村寨的振兴与发展，创新辽东地区满族特色村寨的文化建设，不仅需要国家各级政府和社会更加重视，也需要每一个民族学工作者更加重视。只有这样，辽东地区满族特色村寨村民的获得感、幸福感和安全感才会更加充实、持久、可靠。

　　本书以乡村振兴战略在辽东地区实施过程中满族特色村寨的文化构建为切入点，并以"铸牢中华民族共同体意识"和"乡村振兴战略"为目标，运用民族学、文化学、经济学和社会学的相关理论，综合运用文献研究、多学科交叉、比较分析等研究方法，按照"背景现状研究—文献理论研究—村寨实地调研—多方咨询交流—重点突破"的思路，采用"理论研究—样本分析—田

1

野案例"的程序，以"县市层级—典型村寨—村寨个案"等三个层级的角度，选取辽东地区9个县（市）、16个典型满族特色村寨和3个满族特色村寨个案的文化建设为研究对象，深入描述了辽东地区满族特色村寨在文化建设中的表现特征，对辽东地区满族特色村寨的文化产业发展、生态宜居、乡风文明、社会治理、文化传承等方面的实践与做法进行了归纳与对比，精炼其发展特色。力图解决乡村振兴方面的问题，并在促进文化建设的基础上，跟随辽东地区满族特色村寨文化与乡村振兴战略积极协调的行动轨迹，探索中国式现代化发展模式下辽东地区满族特色村寨文化建设全面振兴的思路和措施，以获得民族团结、乡村振兴、文化建设的全面成果。

本书由八章组成。第一章是绪论，重点对选题背景、研究意义及选题的基本原则进行阐述，然后进行文献综述，并对研究方法和技术路线进行说明。第二章探讨了我国实施乡村振兴战略的缘起与含义，以及民族村寨文化建设的理论依据，并对乡村振兴目标和价值实现的逻辑起点进行评价。第三章以辽东地区概况、各县（市）满族特色村寨的经济社会概况为主线，对各县（市）满族特色村寨中文化建设发展情况进行研究分析，正确认识现阶段辽东地区各县（市）满族特色村寨乡村振兴与文化建设发展的情况。第四至六章，通过对辽东地区16个典型满族特色村寨与3个满族特色村寨个案的对比分析，利用定性和定量的研究方法，从乡村振兴战略总要求的"产业兴旺、生态宜居、乡风文明、治理有效、生活富裕"等方面与满族特色村寨文化建设结合的角度探讨民族文化交流与融合的功能作用。在具体研究中，重点以满族特色村寨文化建设为主线进行描述，进一步验证了中华民族共同体意识对民族文化振兴与发展、民族地区安全稳定的时代意义，并为基层文化建设、现代文化产业结构转型升级、民族地区文化保护与传承提供实践经验。第七章从满族乡村文化建设的实际经验、制约因素、存在问题等角度出发，提出了如何更好地实现辽东地区满族特色村寨文化建设与乡村振兴战略总目标相结合的方法策略。第八章提出结论和对相关研究的展望。本书所述研究得出以下六个结论。

第一，乡村振兴战略是辽东地区乃至各地区民族村寨文化建设的重要历史背景和指导思想。在这样的背景下，发展满族特色村寨文化，应适应乡村振兴战略对乡村政治、乡村经济、乡村文化、乡村生态、乡村治理等方面的要求。

第二，在乡村振兴战略实施过程中，辽东地区对满族特色村寨文化进行了继承、开发和提升，取得了良好的效果。本书全面分析了辽东地区满族特色村寨文化建设中的县市层级、典型村寨及个案村寨的发展成果，指出满族特色村寨文化建设是推动辽东地区满族特色村寨各个方面发展，进而实现乡村振兴的一种可行途径。

第三，在实施乡村振兴战略时，要树立满族特色村寨文化资源利用观念和产业效益观念。满族特色村寨文化产业的多样化与网络化发展，是推动满族特色村寨文化繁荣、振兴乡村文化产业、促进村寨经济社会发展及人口增长的关键途径。文化产业发展是解决满族特色村寨的家庭空巢化、村寨空洞化、人口老龄化、产业滞后性等方面问题的有效方法。

第四，在生态宜居方面，文化建设注重将现代生物技术、信息技术、智慧技术、新能源技术、新材料技术等现代技术融合于满族文化中，使满族特色村寨生态环境、居住环境体现出新的风貌，适应时代发展。满族特色文化建设在继承历史的同时，强调利用现代技术对传统文化进行延续和创新。

第五，在乡风文明方面，以社会主义核心价值观为核心，结合信息时代的特点，注重民族文化、红色文化、地域文化等文化融合，重塑满族特色村寨文化的价值，探索满族特色村寨文化建设中具有现代地域特色的乡风文明。

第六，在乡村治理方面，加强农村基层党建，探索传统文化与现代治理方式的交互式发展，创新"社会自理"等乡村治理模式，保障村民主体地位，加快村寨社会治理现代化进程，完善社会主义村民自治制度，鼓励村民参与乡村振兴、弘扬传统文化，是营造良好村寨治理环境的重要途径。

文化建设是关乎民心、关乎社会和谐、关乎国运兴衰的问题。在国家"十四五"规划中，把"坚定文化自信，坚持以社会主义核心价值观引领文化建设"作为"社会主义文化强国建设"的重要内容。在民族地区建立起有效的社会信任，要持续性转变情感优先于理性、关系优先于法治的思维方式，打破对重要理念和政策的依赖、对路径依赖的思维模式，通过掌握民族融合与民族文化建设的发展和运行规律来实现民族特色村寨的振兴与发展。

著　者

2024 年 6 月

目 录

1

第一章 绪 论

》》 第一节 选题背景和研究意义

民族地区文化资源的特殊性对民族地区经济社会发展具有重要影响，独特的语言、风俗、建筑、服饰、饮食、信仰等都是潜在的文化资源。民族地区文化建设的道路，就是把文化作为重点，立足民族文化资源，进行传统文化的继承与创新，对乡村社会结构、产业经济和价值观念进行优化，从而促进乡村社会的全面发展。乡村振兴战略给民族地区的发展带来了政策支撑，对推动文化建设要素的聚集具有积极的作用，优化了乡村文化建设的发展环境，推动了城市与乡村之间的交流与融合，为乡村的发展带来了许多机会。但是，在我国民族地区，经济和社会发展相对薄弱，决定了该区域的文化发展必须从"外"到"内"、从"自主"到"自觉"。在民族地区，要实现乡村文化价值观念的重构、乡村社会管理的多元化和乡村社会管理的可持续发展，应以此为切入点，以期达到参与转化的目的，为我国民族地区的乡村振兴提供一条具有民族特色的道路。

一、选题背景

党的十九大报告指出，要实施乡村振兴战略，必须始终把解决好"三农"问题作为全党工作重中之重。要坚持农业农村优先发展，按照产业兴旺、生态宜居、乡风文明、治理有效、生活富裕的总要求，建立健全城乡融合发展体制机制和政策体系，加快推进农业农村现代化。

党的二十大报告指出，要全面推进乡村振兴，加快建设农业强国，扎实推动乡村产业、人才、文化、生态、组织振兴，全方位夯实粮食安全根基，全面落实粮食安全党政同责，牢牢守住十八亿亩耕地红线，确保中国人的饭碗牢牢端在自己手中。在实施乡村振兴战略中，产业兴旺是重点，生态宜居是关键，乡风文明是保障，治理有效是基础，生活富裕是根本目的。

本书以乡村振兴战略为基础，将乡村振兴与辽东地区满族特色村寨文化建设相结合，研究可以实现产业兴旺、生态宜居、乡风文明、治理有效、生活富裕的现代满族特色村寨文化建设理论。本书所述研究既是民族学、经济学、社会学与乡村规划理论相结合的交叉性研究，也是民族学基础理论的开创性探索性研究。本书突破了传统研究中单纯运用乡村规划理论进行满族特色村寨建设研究的固有局限，在理论上为满族特色村寨文化建设开创了新的范式，从而进一步引领民族特色村寨文化建设研究向纵深发展。具体包括以下七个方面。

第一，乡村振兴战略已成为新时期"三农"工作和农业各项产业事业的指导思想。从整个国家的发展历程来看，乡村的发展始终对国家的社会发展具有重要的作用。中国乡村在近现代由于受到西方工业化文化的冲击，逐渐走向没落。新中国成立以来，中国乡村建设成绩斐然。然而，就整个社会主义建设而言，我国的社会现代化还是以城市为主体，乡村地区虽然在工业、城镇建设等方面迅速发展，但是仍然存在一定程度的落后现象，这是不容忽视的现实。因此，乡村振兴是我国全面建成小康社会的重要内容。

党的十八大以来，我国把乡村发展摆在更加突出的位置，进一步明确了"三农"工作在国民经济和民生中的基础性地位。2017年10月，党的十九大报告中正式提出实施乡村振兴战略，在随后举行的中央农村工作会议上和2018年中央一号文件（《中共中央 国务院关于实施乡村振兴战略的意见》）中，对乡村振兴战略的时间表、目标和指导方针进行了明确。2018年9月，中共中央、国务院印发了《乡村振兴战略规划（2018—2022年）》，明确了"三农"建设的目标任务。2020年10月，在党的十九届五中全会上，又一次提出要全面推进乡村振兴。在2021年中央一号文件（《中共中央 国务院关于全面推进乡村振兴加快农业农村现代化的意见》）中，提出全面推进乡村振兴是实现中华民族伟大复兴的一项重大任务。2021年2月25日，我国举行了国家扶贫开发工作总结和奖励会议——全国脱贫攻坚总结表彰大会，这是我国实现消除绝对贫困这一历史性目标的重要里程碑。

2022年，中央一号文件（《中共中央 国务院关于做好2022年全面推进乡村振兴重点工作的意见》）将巩固拓展脱贫攻坚成果同乡村振兴有效衔接作为目标，对其进行了详细规定和系统安排，指明了该项实施方案的工作重点和实施路径，以确保脱贫攻坚与乡村振兴战略实现历史性衔接。当然，消除绝对贫困是我国实施乡村振兴战略的必要条件与保证。因此，我们必须抓住新的历史机遇，以乡村振兴为契机，更好地促进中国特色社会主义事业的发展。

2024年，中央一号文件（《中共中央 国务院关于学习运用"千村示范、万村整治"工程经验有力有效推进乡村全面振兴的意见》）部署了"三农"领域的重点工作。坚持和加强党对"三农"工作的全面领导，锚定建设农业强国目标，以学习运用"千万工程"经验为引领，以确保国家粮食安全、确保不发生规模性返贫为底线，以提升乡村产业发展水平、提升乡村建设水平、提升乡村治理水平为重点。

通过一系列的政策决定，我们看到了党中央和国家对乡村振兴工作的重视。实施乡村振兴战略是做好新时期"三农"工作的根本出发点，是确保我国到2035年基本实现社会主义现代化远景目标的根本保障，也是推进我国农村现代化进程的必然选择。

第二，乡村振兴战略是包括民族地区在内的社会主义现代化发展的重大历史任务和机遇。乡村振兴战略提出以来，中央各部门相继出台政策措施，从统筹城乡居民的医疗保险、乡村生态环境与人居环境、乡村产业融合和多元化、农田建设与土地经营权入股、乡村网络与信息工程、乡村居民就业创业、农产品质量升级与安全、乡村污染全面治理等方面推动乡村振兴。国家正积极推动乡村振兴的发展，例如：浙江省以美丽乡村建设为出发点，从产业融合、农业现代化和环境治理三个层面推动了乡村发展；福建省依托独特的区位优势，大力发展农林业和特色工业，推动三产合一；河南省从农业现代化、供给侧结构性改革、科技创新、高标准农田等角度打造农业强省，为乡村发展起到积极的推动作用；重庆市以旧村改造、多层次发展乡村产业、环境升级、传统文化传承与创新为重点，以创建美好的新乡村为目标，全面推进乡村发展。由此可以看出，各地不但积极推进乡村振兴战略的初步实施，还在产业发展、乡村扶贫、基础设施建设、基层党建、生态保护、文化传承、基层治理等方面取得了阶段性成果。

我国是统一的多民族国家，少数民族人口虽少，但分布广泛。这种特殊情况决定了民族地区经济社会发展在国民经济社会发展中占有重要地位。乡村振兴战略的实施不能忽视民族地区乡村发展。民族地区没有现代化，就谈不上全国现代化。近年来，通过在民族地区实施建设美丽乡村、发展社会主义新乡村、推进精准扶贫等一系列政策，民族地区经济、政治、文化、社会和生态文明等各方面均有较大发展，乡村面貌焕然一新。但是，总的来说，民族地区乡村是我国经济社会发展不平衡不充分的较突出地区。其中，主要表现为农业现代化和产业化程度不高、产业发展水平滞后、农民内源式发展能力不足、生态环境逐渐恶化、各类基础设施建设相对滞后、民族传统文化流失趋势加快、部分民族乡村"空心化"、农业支撑体系不完善，与经济发展水平较高的乡村地区比较，还存在较大的差距。由于在国土面积、生态文化及国家安全等领域，民族地区有着极其重要的地位，因此，尽早解决民族地区发展落后的问题，对于国家实现乡村振兴，以及全面推进社会主义现代化，有着至关重要的作用。在民族地区加快推进农业、农村和农民现代化的同时，对民族地区经济、政治、文化、社会和生态文明等方面进行协调，不仅具有重要的历史意义，而且是取得全面建成小康社会的决定性因素。

第三，文化建设是乡村产业振兴的重要切入点和路径。文化建设既是实现乡村振兴的必由之路，也是实现乡村振兴的重要内容。我们要推动乡村文化振兴，强化农村思想道德和公共文化建设，以社会主义核心价值观为指引，对优秀传统农耕文化中蕴含的思想观念、人文精神和道德规范进行深入挖掘，对当地的文化人才进行培养和发掘，大力弘扬主旋律和社会正气，培育文明乡风、良好家风、淳朴民风，提升农民的整体素质，打造农村新的文明形象。

在探索中国乡村地区"三农"发展之路上，乡村文化构建起到了举足轻重的作用。随着国家有关政策的推进，乡村文化的发展从点到面，范围不断扩大。当代乡村文化建设呈现以下特点：乡村文化价值日益凸显，农民主体地位越来越突出，文化建构模式不断扩展，从单一文化模式向公共文化服务模式转变。乡村文化建设中也存在诸多问题，如现代文化建设理念与乡村社会的变化不相适应、农民文化主体性的缺失、公共文化服务体系的活力不足等。伴随乡村振兴战略的成功推行，今后我国乡村文化的构建观念将会更加充实，与此同时，发展乡村文化构建系统将会更加健全。

第四，双循环经济建设为乡村振兴和文化建设提供新的战略支撑。我国今后一个时期的重要工作是大力发展国内产业，提高国内消费。从消费需求方面来看，中国作为全球第二大经济体，拥有庞大的文化消费市场。从供给方面来看，要对分配系统进行更多改进，对农村资源进行最优配置，并给予农村居民更多的产权，让他们的财产性收入得到提高，这对促进农村的文化产业发展大有裨益。构建双循环经济格局将会给乡村振兴和国内文化建设发展带来重大的发展机遇和新的战略支持，也对乡村振兴和文化建设发展提出了更迫切、更高的需求。

第五，乡村振兴战略进程中的村寨文化产业振兴进入新的发展阶段。在乡村文化建设总体发展趋势的前提下，将研究视野细化到民族地区。其出发点如下：我国民族地区村寨人口相对集中，具有村寨人口多、人口密度大的特点；民族地区的乡村文化，既有当地的民族特点，又有当地的习俗，因此在社会主义精神文明建设中，应该重视并保护民族地区的文化，民族地区的文化建设体制要呈现出明显的民族特征，注重因地制宜、扬长避短，以此建立新的文化管理体制。总而言之，在当前的时代背景下，对我国乡村文化建设，尤其是对民族地区乡村文化建设进行的实践研究，既有一定的实用价值，也有一定的研究空间。这项研究对深入扩展我国民族地区的乡村文化建设、推动文化管理体制的改革、建立起由政府主导的文化制度体系具有重要的作用。在由社会主办、以农民为主体的文化管理体制中，要想对乡村文化建设发挥作用，就必须有一套独特的方法来提高乡村文化活力，同时要增强乡村文化自信，从而推动乡村文化创新。

乡村振兴战略的实施，赋予乡村文化建设新的功能和新的内涵，使其在信息时代的背景下进入一个新的发展阶段。在乡村振兴战略进程中，乡村文化建设的发展不再是一个简单的产业发展问题，而是一个涉及经济、文化、生态、基层治理等多方面的复杂问题。如何与"产业兴旺、生态宜居、乡风文明、治理有效、生活富裕"的乡村振兴战略总要求相匹配，对乡村文化建设和发展提出了更高的要求。

第六，民族团结事业进入以铸牢中华民族共同体意识为主线的历史机遇时期。从"十三五"至今，民族地区经济发展和文化建设进入新常态。随着国际地缘发展环境的变化，特别是东北亚形势的日益复杂，民族村寨的发展也呈现出新的特点。与此同时，社会制度改革进入深水区，一些民族村寨出现不稳定不和谐因素，民族交往与融合关系受到一定冲击。民族村寨的民族构成越来越复杂，解决社会矛盾的压力也在增加。基于此，通过不断加大对民族村寨的全方位支持和政策效益，同时抓好经济发展和社会治理，努力破解让民族村寨村民高度认同的经济基础、团结稳定的难点。民族特色村寨文化建设模式的创建、民族精神的弘扬、中华民族共同体意识及文化共识的达成，丰富了环环相扣的民族文化内涵，为民族地区迎来了难得的发展机遇。

第七，在乡村振兴战略的背景下，各地区对民族村寨的文化建设进行了深入的探讨。就民族地区的文化建构而言，过去 20 年间该领域已成为一个热门的研究领域，并取得了大量的成果。除此之外，乡村振兴是近年来新提出的一项战略，它的执行还处在第二阶段。因此，在乡村振兴背景下，乡村文化建设与乡村振兴相结合，其在乡村振兴中所起到的作用与效果如何，需要进一步的研究。

自从党的十九大报告中首次提出乡村振兴战略以来，尤其是在实现"2020年全面建成小康社会"的目标之后，我国对"三农"问题的认识发生了深刻的变化。自 2018 年《乡村振兴战略规划（2018—2022 年）》发布至 2024 年中央一号文件发布以来，我国政府就实施乡村振兴战略，为破解"三农"问题制定了一系列新的思路、新的目标、新的准则，并制定了相应的配套政策和措施。在这种大背景下，乡村文化的构建必然要具备较高的政治性和较宽的视域。因此，只有在乡村振兴战略的指导下，对乡村地区的文化建设进行研究，才能既有理论价值又有实践意义。

二、研究意义

（一）理论意义

第一，中国处在实现"两个一百年"奋斗目标的关键发展时期，在我们更有信心、更有能力完成中华民族伟大复兴的今天，仍然面临着很多新的挑战。在新的国内外发展背景下，对乡村振兴战略过程中的民族村寨文化进行探讨，不仅对建立中华民族共同体意识有所帮助，也对新形势下的民族学、文化建设作出了一定贡献。

第二，有助于对我国文化发展的有关问题进行深入的探讨。党的十五大提出了"中国特色社会主义文化"。党的十六大提出了"积极发展文化事业和文化产业"。以此为基础，党的十七大指出，"要坚持社会主义先进文化前进方向""提高国家文化软实力"。党的十八大明确了文化建设的重点任务："加强社会主义核心价值体系建设""增强文化整体实力和竞争力"。党的十九大明确提出了新时代文化建设的基本方略，明确了文化建设在中国特色社会主义建设总体布局中的定位，提出了新时代文化建设的目标和基本要求，指出了新时代文化建设的着力点。党的二十大提出了"建设社会主义文化强国""激发全民族文化创新创造活力"。这些论述为我们指明了铸就社会主义文化新辉煌的发展道路、前进方向和使命任务。纵观国内的研究现状，当前对民族地区乡村振兴与文化建设相结合的研究比较缺乏。本书所述研究有助于深化文化建设理论和民族政策的相关成果。

第三，深化对乡村振兴内涵的认识。自从乡村振兴战略被提出后，相关学者以经济学、社会学、管理学、文化学、民族学和地理学等学科的知识作为依据，从多个方面对乡村振兴展开了研究。本书通过对我国民族地区特色村寨文化与乡村振兴战略相结合的研究，促进乡村振兴战略对民族特色村寨文化建设的理论引领和规范作用，以期为民族地区文化建设发展提供有益的借鉴，同时丰富乡村振兴的内涵。

第四，有助于创新发展民族村寨文化的相关研究。目前，关于民族村寨文化与民族村寨社会经济发展之间关系的研究，成果较少。民族地区乡村振兴是一项涉及产业、生态、乡风、文化、基层治理等多个层面的振兴工作。通过民族村寨文化振兴民族地区社会经济发展，需要赋予民族村寨文化新的内涵，将乡村振兴的各种要素、发展目标与民族村寨文化有机融合，深化相关研究。本书通过对辽东地区满族特色村寨文化建设现状和发展的研究，不仅为满族特色村寨文化的发掘、保护和研究提供了学术支持和理论参考，也为满族特色村寨的传统文化适应性发展和改造提供了思路。民族的就是世界的，对满族特色村寨历史文化和空间的研究进行总结，从而找出共性规律，可以为其他类型民族特色村寨的研究、规划提供借鉴和指导。

（二）现实意义

第一，保持民族地区的稳定和发展，对于我国"两个一百年"奋斗目标的顺利实现，有着重要的现实意义。民族地区在政治、军事、文化和生态上均具有特殊的重要战略地位，但是由于我国大多数民族地区地处边远、生态环境较差、资源相对贫乏、经济发展滞后等状况，因此民族地区的经济发展面临着严峻的挑战。不管是在世界范围内，还是在全国范围内，在民族地区普遍处于欠发达的状况下，民族乡村地区发展落后现象更为突出，这与民族地区特有的重要战略地位并不相符。在现阶段，民族地区依然是发展不平衡、不充分的典型区域，是巩固我国脱贫攻坚成果的主要难点区域，也是实现社会和谐发展的重要区域。民族地区的乡村振兴、稳定、繁荣与我国实现"两个一百年"奋斗目标大局密切相关。因此，民族地区乡村振兴研究具有很强的现实意义。

第二，对辽东地区全面实施满族特色村寨文化建设和乡村振兴战略具有一定的现实参考价值。通过社会主义新乡村建设，以及美丽乡村和精准扶贫的推进，辽东地区满族特色村寨在经济和社会方面都有很大的发展，村寨的整体风貌也有很大的提高。然而，受环境、历史、资源等因素的影响，辽东地区满族特色村寨的发展与我国东部地区、中部地区相比较，仍处于较低水平，是当前我国农村开发工作的关键区域。文化建设的特点是行业关联度高、综合性强、与人民群众的生活密切相关，对促进资源整合、调整经济结构、稳定经济增长等方面起到重要作用，也是经济发展的主要力量。辽东地区满族特色村寨文化建设具有发展的有利条件，开展文化建设是推动满族特色村寨乡村振兴的重要手段。在乡村振兴战略发展的大环境下，探讨满族特色村寨文化建构之路，对于辽东地区满族特色村寨全面推进乡村振兴战略有重要的实践意义。

第三，对辽东地区满族特色村寨文化建设有一定的实践指导意义。近20年来，辽东地区满族特色村寨文化建设在取得了良好经济效益和社会效益的同时，还暴露出一系列问题。基于乡村振兴战略对产业兴旺、生态宜居、乡风文明、治理有效、生活富裕等方面的新要求，民族地区应该走一条怎样的文化建设之路值得思考。同时，辽东地区满族特色村寨文化建设的发展具有地域差异大、地形复杂、地质脆弱等特点，从经济基础、文化特点、社会结构、气候环境来看，要使满族特色村寨文化建设得到有效发展，目前尚缺乏可供借鉴的经验。著者在进行了大量的实地调研和实证分析之后，在乡村振兴战略的背景下，将民族共同体理论、乡村文化建设理论、产业融合理论和文化治理理论有机地结合起来，期望能够激发对辽东地区满族特色村寨文化建设进一步发展的学术探讨。由于辽东地区大多数满族特色村寨地处偏远，经济发展落后，村寨相对封闭，较少受到城市化进程的影响，因此仍然保留着某些传统的生活方式和生产生活习俗，具有很高的研究价值。本书希望通过对这些满族特色村寨的调查研究，唤起社会各界对它们的关注，增强传统文化保护意识，正确处理满族特色村寨文化的保护与发展问题，使这些满族特色村寨不会随着社会、经济的发展与进步而湮灭。

第四，对铸牢中华民族共同体意识具有重要意义。实质上，中华民族共同体是一个命运共同体，它的主要特征是：政治共同体、经济共同体、社会共同体、文化共同体和生态共同体①。乡村文化建设具有积极的产业、生态和文化功能，与乡村振兴战略高度契合，二者的融合发展是构建中华民族共同体意识的有效途径。

在政治层面上，各族人民既是历史的缔造者，也是历史的推动者。在政治、经济、文化、社会生活等各方面，国家保证了各族人民在所有方面都能享受到平等的待遇，并保证了他们在法律面前享受同样的权利、履行同样的义务。民族地区村寨文化建设与乡村振兴的结合，需要加强基层党组织建设，加强法治建设，不断健全政策制度，这样才能更好地保证各族人民在社会生活中的主体平等地位，从而打造一个强有力的中华民族政治共同体。

在经济层面上，民族认同既有血缘关系、地缘关系、历史传承等因素，又有民众自身的利益与意愿②。中华民族认同感与群体意识的生成，主要是由国家的发展水平与群体自身的利益所决定的③。将民族地区的村寨文化建设与乡村振兴相结合，不仅能够推动民族地区产业结构、经济增长方式的调整，提高居民的收入水平，而且能够帮助民族地区更好地融入社会主义市场经济体系，构建经济共同体。从社会发展的观点出发，乡村振兴和乡村文化的发展，可以使民族地区的基础设施、教育、医疗、就业等方面得到持续提高。以持续的方式提高民生水平，使民族地区的人们能够生活得更好。

在文化层面上，推动各民族文化的保护、传承、交流、融合、创新利用，树立并彰显中华文化的共同标志和形象，是建设文化共同体的重要组成部分。民族村寨最核心的吸引物是文化，而中国的文化根植于乡村。强化对民族文化的保护、传承、创新、交流与融合，不仅是文化建设的要求，也是乡村振兴的一项关键工作，还是增强文化自信、打造文化共同体行之有效的方法。

从生态学的角度审视，"人与自然"的生活共同体构成了"人类社会"的基础。唯有在"人类文明"的宏观理念指导下，方能真正构建起"人类社会的生存共同体"。乡村文化建设的开展，离不开乡村良好的生态环境。加强生态自然空间的整体性保护，促进乡村生态环境的恢复与改善，是当前乡村振兴战略中的一项重要内容。

---

① 邹丽娟，赵玲. 边疆民族地区实现高质量发展与铸牢中华民族共同体意识的辩证逻辑 [J]. 云南民族大学学报（哲学社会科学版），2020，37（6）：12-17.

② 林尚立. 现代国家认同建构的政治逻辑 [J]. 中国社会科学，2013（8）：22-46.

③ 顾超. 西北地区中华民族共同体意识培育研究 [D]. 兰州：兰州大学，2020：223.

本书通过解读辽东地区满族特色村寨文化建设与乡村振兴战略的关系，探讨了辽东地区满族特色村寨文化的适应性发展战略。完善满族特色村寨的文化发展策略，满族特色村寨不仅要保持传统文化和传统乡村生活的特点，还要适应现代生活的变化和需求。完善满族特色村寨的文化发展策略，可以有效提高村寨的经济发展水平和居民的生活条件，实现满族特色村寨文化、经济、社会、环境等要素复合体系的正常运行和良性循环，为其他民族村寨开展乡村振兴和文化建设提供借鉴。

》》 第二节 相关学术研究综述

一、关于中国乡村的研究

（一）国外关于中国乡村的研究

1. 中国乡村政治的相关研究

美国社会学家明恩溥（代表著作《中国的乡村生活——社会学的研究》）、葛学溥（代表著作《华南的乡村生活——广东凤凰村的家族主义社会学研究》）等人是第一批以中国乡村为研究对象的学者。裴宜理在著作《华北的叛乱者与革命者，1845—1945》中，运用社会生态学与结构理论，揭示了地域环境如何影响农民的政治行为。20 世纪 80 年代以来，随着经济结构的不断调整，中国社会经济结构、利益关系及经济利益关系都出现了明显的转变。在这一时期，国外学者对中国乡村地区的各种现象进行了深入探讨，主要涉及税费改革、选举、土地纠纷、公共服务及官员贪污等问题。戴瑞福和米歇尔等学者对中国农村地区的冲突特点、成因及化解机制进行了初步探讨，指出农村问题日趋复杂，农村居民的利益诉求也随之改变。

一些学者主要从国家和农村两个层面对中国农村的政治进行了分析。黄宗智在"国家-社会"的理论框架下，对华北及长三角农村的社会与政治变迁进行了深入研究，并在此基础上，引入了"第三领域""过密化"等理论。杜赞奇在对中国北方北部农村基层组织转变的剖析中，对"过密化"学说进行了修改。他指出，中国农村基层政治体制在现代化进程中存在着不能很好处理的

"传统社会结构"与"现代化社会组织"之间的矛盾，造成工作效率低下，也被称为"内卷化状态"①。此外，萧凤霞运用"细胞化社区"、舒绣文运用"蜂窝结构"的概念来探讨中国的乡村政治。

2. 中国乡村经济的相关研究

瓦格纳（代表著作《中国农书》）、卜凯（代表著作《中国农家经济》《中国土地利用》）、理查德·H. 托尼（代表著作《中国的土地和劳动》）等对中国农村经济有较深的研究。国外的一些学者也在很大程度上关注着中国农村的社会生活。施坚雅根据地域中心理论，提出了四川地区市场架构的特点。他指出，中国社会的最基础单位是集贸市场，而集贸市场的构造又不可避免地构成了当地的社会组织。中国的经济体制是由农民、地主、士绅、商人等共同参与，并以一种新的市场经济体制来联结统一的②。20 世纪 90 年代末期，中国农村经济由计划经济向市场经济转变，引起了国内外学界的广泛注意。一些研究者分别从政府层面、产业层面和技术层面对中国农村经济的近代化进行研究。

3. 中国乡村文化的相关研究

早期的西方人类学者在达尔文进化理论的指导下，把那些与西方人有着完全不同信念和习俗的人们称作"他者"。关于"中国人"与中国农村文化的"他者"与"异文化"等方面的内容，在詹姆斯·乔治·弗雷泽的《金枝》中已得到了广泛的关注。燕京大学李景汉曾于 1930 年到河北定县做过一次考察，他的研究课题之一是对农民生活、传统与风俗进行调研，这一成果已被西德尼·戴维·甘博译作《定县——一个华北乡村社区》。20 世纪 60 年代后期，中国乡村文化受"中国民间宗教"和象征主义思想影响成为关注的重点，研究者从信仰、仪式和符号体系来探讨中国的文化与社会组织模式。

21 世纪以来，随着中国经济的快速发展，中国农村地区的社会与文化得到了越来越多的关注。大量的国外研究者来到中国农村开展实地考察。他们运用象征主义、结构主义、文化生态学、社会生态学、女性人类学和后现代主义等多种学科的研究方法来解释和构建中国农村的社会与文化。其中包括黄树民

---

① 杜赞奇. 文化、权利与国家：1900—1942 年的华北农村 [M]. 王福明，译. 南京：江苏人民出版社，1995：5.
② 施坚雅. 中国农村的市场和社会结构 [M]. 史建云，徐秀丽，译. 北京：中国社会科学出版社，1998：1.

的《林村的故事——1949 年后的中国农村变革》、王斯福的《帝国的隐喻——中国民间宗教》等。

（二）国内关于中国乡村的研究

1. 中国共产党早期乡村工作理论

毛泽东为了认清中国的具体国情，探寻中国革命的正确道路，对中国乡村进行了深入调查和实践，探索了中国共产党早期的乡村工作理论。他先后撰写了《湖南农民运动考察报告》《兴国调查》《才溪乡调查》《长冈乡调查》等报告，详细考察了被调查地区的商业状况、土地关系、土地斗争和阶级情况。因此毛泽东通过调查研究，制定并实施了以土地革命为主的农村社会变革纲领，动员全国数千万农民拥护和参加革命，开辟了以"农村包围城市"的革命道路，并在全国范围内取得了胜利。中国共产党在解放战争时期与新中国成立之初，在解放区及全国范围内进行了土地改革。以这些为依据，促进农业、手工业和资本主义工商业的社会主义改造，从而确立了社会主义的经济体制和基础。可以说，毛泽东与中国共产党对中国乡村理论与实践的探索是民国以来影响中国农村最为深远的，也是影响至今的最主要的农村工作理论。

2. 民国时期乡村建设研究与实践

清末民初，在洋务运动的影响下，"以农为本"的传统中国社会格局逐步解体，中国农村的传统社会秩序也面临着解体的危险。"改造乡村，改造中国"是近代知识分子对中国农村改造的一种普遍认识，这一认识以梁漱溟、卢作孚、晏阳初、费孝通等人为代表。梁漱溟认为，中国数千年来沿袭已久的社会制度的瓦解、新社会制度的缺失，是中国农村问题产生的根源①。中国农村问题的根本之道在于创建新的文明，复兴传统农村，这是中国农村问题的根本所在，也是中国农村发展之道②。晏阳初指出，农村是中国政治基础、经济基础和人口基础，农村现状是造成民族衰老、民族退化、民族松弛的根本原因③。晏阳初针对这一问题，从"乡村建设"的角度出发，以"文艺教育""健康教育""民生教育""公民教育"为主，力图通过"乡村建设"来推进

---

① 梁漱溟. 梁漱溟全集：第 1 卷 [M]. 济南：山东人民出版社，1990：614.
② 梁漱溟. 乡村建设理论 [M]. 北京：商务印书馆，2015：25.
③ 宋恩荣. 晏阳初全集：第 1 卷 [M]. 长沙：湖南教育出版社，1992：294.

"民族再造"①。卢作孚的农村建设理念以"农村近代化"为中心。它的基本途径是通过建立实业来带动农村的发展，以城市带动农村，以工业带动农业，积极发展文化和公益事业，为整个社会营造一个良好的教育文化氛围②。费孝通是我国当代知名的社会学家，他在 20 世纪 40 年代左右，从一种社会学的视角对中国现代农村建筑问题做了较为系统的探讨。通过对农村的深入调研，他以"乡土工业"为中心，从根本上改变农村居民的生存状态出发，对农村进行了改革。在他看来，中国农村的"土地"制约了农村的发展，而农村的文化也处于"固化"阶段，他认为当时中国农村的现实问题是人民的饥饿问题，"提高农户的收入"是中国农村的终极出路，而振兴农村经济是根本举措③。

民国时期兴起的乡村建设运动是当时局势的产物，主要研究怎样发展农村，更具有"改造乡村"的社会含义，力图以复兴农村的方式挽救国家的命运。然而，由于民国时期特定的政治、经济条件及现实条件的限制，关于乡村建设的理论与实践还存在着一些缺陷，并不能作为乡村建设者所期望的中国现代化问题的基本出路。

3. "三农"问题的相关研究

从 20 世纪 80 年代中期开始，人们对"三农"问题的关注可以划分为以下四个时期。20 世纪 80 年代中期至 90 年代初期，这一时期学界的关注重点主要集中在乡镇企业发展问题、农民收入问题、农村体制改革与深化问题。到 20 世纪 90 年代中后期，学界的关注重点集中在乡镇企业、农民工问题、区域扶贫、农民负担等方面。21 世纪初至 2012 年，学界对"全面小康""农民减负""乡村城镇化""配套支持""脱贫攻坚"等问题给予了高度关注。从 2012 年开始，根据我国乡村政策的变化，学界的关注重点集中在精准扶贫、美丽乡村建设、乡村振兴等三个方面。具体研究内容如下。

第一，"三农"问题的表现。20 世纪 80 年代中后期，随着农村经济的迅速发展，农村出现了一系列的问题。农民收入增长缓慢，收入水平低，就业渠道狭窄，生存压力大，城乡居民收入与消费差距扩大，是该时期我国"三农"

---

① 晏阳初. 晏阳初文集 [M]. 詹一之，编. 成都：四川教育出版社，1990：110.

② 苟翠屏. 卢作孚、晏阳初乡村建设思想之比较 [J]. 西南师范大学学报（人文社会科学版），2005，31（5）：129-133.

③ 费孝通. 江村经济：中国农民的生活 [M]. 南京：江苏人民出版社，1986：202.

问题的突出矛盾①。农村居民收入增长困难，农村居民基本生活保障不足，农村医疗、教育、环境卫生等资源配置失衡。一些学者更深入地提出，农民的问题最终是一个生存权和发展权的问题②。他们在享受社会资源的程度、劳动待遇及政治权利的发挥等方面，都与城镇居民有着很大的不同。农民和农村的贫穷，造成了"农业危险"的局面，致使农业产业发展水平不高、产业结构不合理、农产品品质较差③。21世纪初，"三农"问题在经济发展、人口增长、消费结构等方面出现了新的发展趋势。李培林在文章中指出了"新三农"问题，即失地农民、流动人口及乡村农业的衰退④。温铁军等学者指出，在新时代，"三农"问题要从维护农民权益、维护农村社会的可持续发展、重视农村基层治理、重视农业现代化与资本化内生的负外部性等方面入手⑤。项继权等人的研究表明，"三农"问题在农村劳动力进城的过程中，集中体现在农村"空心化"、土地闲置和外来务工人员融入城镇困难等方面⑥。

第二，"三农"问题的成因。学界更多地从制度的角度来分析"三农"问题产生的原因。在"三农"问题中，由于城市与农村之间存在着一种相互排斥、相互冲突的二元经济格局，这就限制了"三农"问题在城市与农村之间的关系。在"城乡分治、一国两策"的体系下，城乡差别对农村剩余劳动力的非农转移造成了极大的障碍，而农村产业结构升级的落后，使其调整也十分迟缓，造成了农村经济运行中政府制度供给的缺失，从而进一步加重了农业比较效益的降低和损失⑦。

第三，解决"三农"问题是学界关注的焦点。通过对城乡户口体制进行改革，突破城市和农村的二元社会体制，实现了农村居民在教育、就业、社会保障、公共服务和公共财物上的均等。在城乡一体化中，实行工农协调发展战略，推动城乡优势互补、分工协作，实现一、二、三产业的互动。要建立农村的市场经济体系，要处理好土地、人力资源、资本等方面的问题，尤其要对土

① 吴靖，罗海平. 我国现阶段"三农"问题的成因、性质与对策研究：基于农民组织化的重新审视 [J]. 中国软科学，2009（3）：17-22.
② 王云坤. "三农"问题的表现、成因及总体解决思路 [J]. 红旗文稿，2005（5）：7-9.
③ 高汝熹，张国安，陈志洪. 关于中国"三农"问题的思考 [J]. 上海经济研究，2001（2）：3-8.
④ 李培林. 全球化与中国"新三农问题"[J]. 福建行政学院学报，2006（2）：5-8.
⑤ 温铁军，孙永生. 世纪之交的两大变化与三农新解 [J]. 经济问题探索，2012（9）：10-14.
⑥ 项继权，周长友."新三农"问题的演变与政策选择 [J]. 中国农村经济，2017（10）：13-25.
⑦ 冯继康，李岳云. "三农"难题成因：历史嬗变与现实探源 [J]. 中国软科学，2004（9）：1-9.

地的所有权进行改革，让农户拥有租赁权、入股权、抵押权和继承权①。

二、关于乡村振兴的研究

（一）关于乡村振兴的理论研究

1. 乡村振兴的必要性

基于我国城乡发展不均衡和乡村发展不充分等客观事实，国家对乡村发展提出了更高的要求。第一，从城市与乡村的发展来看，乡村与城市之间的发展是不均衡的，乡村持续消失或"空心化"、城乡发展不平衡②、地区间差异扩大等问题凸显③。第二，在产业层面上，农村的农业生产因素迅速地被非农化，农村的社会组织迅速地被削弱，农村的人口分布不平衡④，农村的经济基础薄弱，农村的集体经济日渐式微，这对农村的产业与文化发展造成了很大的制约⑤。第三，从生态环境来看，乡村水土环境破坏严重，极大地限制了广大乡村居民对美好生活的追求。

2. 实施乡村振兴战略的基础

我国整体经济水平的提高，为乡村地区的发展打下了坚实的经济基础。同时，国家对乡村的发展能力进行了改进和提高，对乡村的基础设施、公共服务和管理体制进行了进一步的完善，为乡村振兴打下了坚实的经济基础。推动城市与农村之间的资源与要素的充分流通⑥，是推动乡村发展的重要动力；推动乡村一、二、三产业的发展，是推动乡村经济发展的一种有效途径。

3. 乡村振兴的顶层设计

要有序地推进乡村振兴，要对其总目标、总方针和总要求进行明确，农业

---

① 吴靖，罗海平. 我国现阶段"三农"问题的成因、性质与对策研究：基于农民组织化的重新审视 [J]. 中国软科学，2009（3）：17-22.

② 康永征，薛珂凝. 从乡村振兴战略看农村现代化与新型城镇化的关系 [J]. 山东农业大学学报（社会科学版），2018（1）：9-12.

③ 吴晓萍. 论乡村振兴战略背景下民族地区的乡村建设与城乡协调发展 [J]. 贵州师范大学学报（社会科学版），2017（6）：54-59.

④ 郑小玉，刘彦随. 新时期中国"乡村病"的科学内涵、形成机制及调控策略 [J]. 人文地理，2018，33（2）：100-106.

⑤ 陶元浩. 近代中国农村社区转型中的两次"相对性衰落" [J]. 江西社会科学，2018，38（3）：124-132.

⑥ 李梦娜. 新型城镇化与乡村振兴的战略耦合机制研究 [J]. 当代经济管理，2019，41（5）：10-15.

农村现代化是其总目标，坚持农业农村优先发展是其总方针，产业兴旺、生态宜居、乡风文明、治理有效、生活富裕是其总要求。乡村振兴要突出整体建设。实现农业现代化，既要实现产业振兴，又要实现文化振兴，涵盖教育卫生事业繁荣发展、农村社会有效治理、居民生态宜居、环境优美等内容。建设乡村美、农民富的新农村，使乡村变成人们向往的美好家园，使乡村变成人们记得住"乡愁"的乡村，使现代化变成有文化的现代化①。

（二）关于民族地区乡村振兴战略与文化建设结合的研究

自乡村振兴战略政策出台后，很多学者开始关注民族地区乡村振兴战略的制定与执行，并将重点放在产业发展、文化传承与保护两个方面。目前，国内外学者关于民族地区产业发展的相关研究，大多侧重于开发旅游资源，推动乡村产业的整合。张莞对羌族地区旅游业的整合进行了系统的分析，为羌族地区旅游振兴提供了借鉴②。徐顽强等人通过对地区文化产业发展状况的分析，从文化产品创新、文化产业结构、文化人才培养及运作机制四个角度，对地区文化产业的发展进行了探讨③。肖怡然等人分析了阿坝州的人口就业结构、产业结构和第三产业结构的偏离程度，认为促进旅游业振兴是转移该地区乡村剩余劳动力的有效途径④。同时，民族地区非物质文化遗产的保护和传承是学界关注的焦点。陈家明等人指出，民族传统体育文化对于乡村振兴具有重大意义，对于增强文化自信、增强民族认同、优化乡村治理具有重大意义⑤。刘超通过对松潘县小姓乡"毕曼"歌节的研究，提出了以民族文化为核心，通过民族文化的传播培育乡村文化品牌，是乡村文化振兴的一个关键路径⑥。刘超还指出，在乡村振兴战略的执行中，利用非物质文化遗产继承人在乡村的社会影响，不仅可以推动地方文化的继承和发展，还可以与产业、生态、乡村治理等

---

① 彭万勇，王竞一，金盛. 中国"三农"发展与乡村振兴战略实施的四重维度 [J]. 改革与战略，2018，34（5）：55-60.
② 张莞. 羌族地区旅游产业融合发展研究 [D]. 成都：西南民族大学，2019：1.
③ 徐顽强，任勇俊. 乡村振兴战略下阿坝州旅游文化资源保护与开发探析 [J]. 阿坝师范学院学报，2019，36（1）：58-65.
④ 肖怡然，李治兵，董法尧. 乡村振兴背景下民族地区农村剩余劳动力就业问题研究 [J]. 农业经济，2019（9）：69-71.
⑤ 陈家明，蒋彬. 少数民族传统体育融入乡村振兴路径研究：以川西北地区为例 [J]. 云南民族大学学报（哲学社会科学版），2020，37（4）：62-68.
⑥ 刘超. 非物质文化遗产与乡村文化振兴：松潘小姓乡"毕曼"歌节的人类学研究 [J]. 阿坝师范学院学报，2018，35（4）：22-26.

形成良性互动①。除了产业和文化，众多学者还从扶贫②、生态建设③、传统村寨经营④、民间信仰和村寨管理⑤等角度探讨了乡村振兴战略在民族地区的初步实施情况。

三、关于乡村文化建设的研究

自从我国实行改革开放政策以后，很多学者都在探讨怎样才能更好地解决乡村文化的问题。在每个阶段都出现了大量具有重要意义的研究结果，这对研究乡村振兴视野中的乡村文化建设起到了重要作用，对乡村文化振兴具有很大的参考价值。其主要表现在以下几个方面。

（一）我国乡村文化建设的相关研究

第一，关于我国乡村文化定义与特征的研究。学界对"乡土"的界定与特点进行了多方面的探讨。费孝通在《乡土中国》一书中将乡村文化界定为"乡土文化"，认为它有"文化共性"，还具有明显的乡土特色，是一种特殊的文化形式，它是中国特殊的农村地域文化环境所形成的⑥。吕宾提出，"乡村文化"是村民在长期的农业生产生活实践中积累下来的物质文明与精神文明的总称，具有很强的地域性与地方性，并从"历史""现实""未来"三个维度对"乡村文化"进行了阐释⑦。李国江认为，"乡村文化"与"乡土文化""农村文化""村落文化"之间存在较多的概念混淆现象，当前学界对于"乡村文化"的界定并不统一。因此，他从两个方面来理解乡村文化，即乡村文化纵向发展的历时性和不同于城市的社会空间⑧。张波波通过对传统观念和改革

① 刘超. 乡村振兴背景下羌族非物质文化遗产传承人现状调查研究 [J]. 阿坝师范学院学报，2020，37（3）：5-12.

② 耿静. 兜底扶贫成效探析：基于高山羌寨扶贫户的个案考察 [J]. 民族学刊，2020，11（1）：44-50.

③ 何星. 乡村振兴背景下民族地区旅游扶贫中的生态化建设：以阿坝州为例 [J]. 云南民族大学学报（哲学社会科学版），2019，36（2）：73-79.

④ 黄利利. 羌族传统村落类型、分布与运行研究 [D]. 南充：西华师范大学，2018：1.

⑤ 邝良峰，陈书羲. 羌族民间信仰的乡村治理价值研究 [J]. 阿坝师范学院学报，2020，37（1）：13-23.

⑥ 费孝通. 乡土中国 [M]. 上海：上海人民出版社，2007：30-40.

⑦ 吕宾. 乡村振兴视域下乡村文化重塑的必要性、困境与路径 [J]. 求实，2019（2）：97-108.

⑧ 李国江. 乡村文化当前态势、存在问题及振兴对策 [J]. 东北农业大学学报（社会科学版），2019，17（1）：1-7.

开放后乡村文化含义的辨析，总结出乡村文化建设具有以下四个显著特点：始终坚持农民利益第一；坚持乡村民主文明的价值取向；弘扬优秀传统乡村文化；努力实现乡村文化制度创新。同时，他认为乡村文化是指以乡村和广大村民为载体，在特定的乡村经济条件下形成和发展的，源于乡村、依附于乡村的一种特殊文化形态①。

第二，关于我国乡村文化建设影响因素的研究。我国乡村文化建设的影响因素也是当前学者比较关注的课题。陈梦琳采用实证分析的方式，从利益、身份和制度三个方面对农村新乡贤参与农村文化建设的要素进行了探索，并提出要保护农村新乡贤者的基本权利，培养和发扬农村新乡贤者的精神，同时要加强农村新乡贤的社会参与，并加强相应的制度保障，以提高农村新乡贤的社会参与性，进而促进农村文化的发展②。吕秋霞从农村文化建设的角度，对农村文化建设的现状进行了剖析；从体制机制、财政投入、资源整合、人文生态环境改善、文化可持续发展等角度出发，对乡村人口流动、科技进步、增收和领导干部对乡村文化建设的作用进行了分析，并对文化权益保护主体的构建进行了讨论③。涂才民深刻分析了市场经济对社会精神文化的作用，认为市场经济的发展使现代社会的精神文明建设产生了许多新情况和新问题。当前，中国农村地区的农村文化建设，只有把市场经济的发展与社会主义精神文明的构建有机地联系在一起，才能更好地解决农村地区存在的新问题④。

第三，关于我国乡村文化建设面临的困境和解决对策的研究。陶维兵认为在新时期要做到以下四点：要充分利用多种形式的农村文化保证参与主体的地位，要对农村文化发展之路的长远性质有一个客观的理解，要正确使用农村文化发展的方式和手段，要加强农村文化的建设⑤。陈晓霞指出，部分地区对农村文化建设不重视，公共文化生活空虚，公共文化设施不健全，文化内生动力不足，文化资源整合和使用效率低下⑥。刘欣认为，在农村文化建设中，应当

---

① 张波波. 当前我国乡村文化建设问题研究 [D]. 济南：齐鲁工业大学，2014：10-18.

② 陈梦琳. 新乡贤在乡村文化建设中的参与度及其影响因素分析：以晋江市为例 [D]. 福州：福建农林大学，2019：20-25.

③ 吕秋霞. 农村文化建设影响因素分析与对策 [J]. 山东省农业管理干部学院学报，2010，27（4）：5-7.

④ 涂才民. 市场经济与当代中国农村文化建设 [D]. 郑州：郑州大学，2000：21-30.

⑤ 陶维兵. 新时代如何实现乡村文化振兴 [J]. 学习月刊，2018（5）：29-31.

⑥ 陈晓霞. 乡村振兴战略下的乡村文化建设 [J]. 理论学刊，2021（1）：141-149.

按照提质增效、知行合一、内容与形式相结合、目标与规律相统一的原则，始终保持农民的主体性，不断改进农村文化的基本条件，以改善农村文化的现状，切实推动农村经济发展，创造一个更好的农村生活环境，进而提高农村整体水平①。邱少明提出，要走乡村振兴的道路，首先要健全农村的文化治理体制，确立农村的行政管理体制；其次要建立一支高质量的农村文化治理队伍，通过教育资源的合理配置，倡导社会主义核心价值观，自觉培育农民的精神风貌，健全农村的精神风貌；最后要从政治、法律和资金三个层面上建立健全农村社会保障体系②。

（二）民族地区乡村文化建设的相关研究

1. 关于民族地区乡村文化建设的个案研究

邓旭等人以云南省澄江县（今澄江市）海口镇作为典型案例，认为在现代农村社会的构建过程中，民族文化对于提升群众的文化素养、丰富群众的文化多样性、增强村民的凝聚力起到了一定的促进作用。海口镇存在传承人老化、创新意识薄弱、部分村寨参与度低、政府与民间艺术家之间的交流缺乏等问题，迫切需要政府、公众和学界齐心协力③。邱丽花等人以广西融水苗族自治县为例，运用文献调研与实地调研相结合的方式，对乡村文化发展状况进行了深度发掘，从多个角度对乡村文化的发展进行了分析④。胡浪等人对六盘水农村地区彝族文化的继承和运用进行了调查，发现农村地区彝族文化中还存在着一些问题，如民族特色缺失、节日气氛淡薄、少数民族文化异化等。同时，从彝族的角度，阐述了提高民族文化的继承性、发展民族文化的重要性、开展民族文化的传播、开展民族文化的交流及政府与企业的合作等方面的对策⑤。朱学良以黑龙江省杜尔伯特蒙古族自治县为例，对农村文化进行了实证分析，认为农村文化在资本逻辑、同质化、绩效评估等方面存在着被"边缘化"的

---

① 刘欣. 乡村振兴视域下乡村文化建设的路径探析 [J]. 艺术科技, 2021, 34 (3): 167-168.

② 邱少明. 新时代乡村文化振兴之路 [J]. 决策咨询, 2018 (4): 51-53.

③ 邓旭, 李希锐, 曾少金. 新时代边疆民族地区乡村文化建设现状研究: 以云南省澄江县海口镇为考察中心 [J]. 创造, 2020 (1): 10-16.

④ 邱丽花, 张宝英. 乡村振兴背景下少数民族地区乡村文化建设发展研究: 以广西融水苗族自治县为例 [J]. 安徽农业科学, 2019, 47 (14): 258-260.

⑤ 胡浪, 程雪花, 郝翔. 六盘水少数民族文化在美丽乡村建设中的传承与应用研究: 以海坪村彝族为例 [J]. 中国民族博览, 2019 (11): 40-41.

风险，必须主动消除制约农村发展的种种体制因素，进而构建农村发展行之有效的保证体系①。

2. 关于民族地区乡村文化建设与其他关联问题的研究

当前，有关民族地区乡村文化的文献和其他方面的内容比较缺乏，但是其中也不乏一些思路新颖、视角独特的论文。面临高质量发展的两难选择，张丽君等人在对少数民族传统文化与区域农村治理整合的途径进行分析之后，提出了在新的历史条件下，民族地区农村社会治理中仍然存在着治理环境复杂、治理主体结构不完善、治理方式创新不够等问题，在民族地区进行社会治理创新，实现乡村善治已成为我国民族地区面临的重要课题②。

李凯等人通过对民族地区乡村文化与旅游业的整合分析，认为目前少数民族文化与旅游业的整合已取得明显成果，但同时存在着一些问题，如缺乏对文旅整合文化内涵的挖掘、缺乏对文旅整合的独特性与创意等③。

综上所述，我国学界对乡村文化建设的研究具有多维度、多层次、多角度的特点，为本书所述研究奠定了重要的基础。从目前的各种文献和资料中可以看出，当前我国乡村文化建设存在一些共性和个性因素。共性因素主要是目前背景下政策倾斜和资金支持带来的结果；个性因素主要受地区和民族独特文化的影响，并受制于当地资源的不足，如人力资源和自然资源等。辽东地区村寨文化建设一直备受学者关注，相关学术研究从社会学、人类学、管理学等不同角度展开，这对本书思考辽东地区满族特色村寨文化建设具有一定的参考意义。在深入阅读各类文献和经典的基础上，本书从马克思主义国家理论和政策的专业角度出发，将研究视野缩小到辽东地区满族特色村寨文化建设的领域中，并以深入细致的研究方法开展了一系列的田野调查和理论研究工作，为当前该领域的学术研究提供更加多样化的研究视角和创新观点。

---

① 朱学良. 现代化进程中民族地区乡村文化建设研究：以黑龙江省杜尔伯特蒙古族自治县为例［D］. 哈尔滨：哈尔滨师范大学，2013：102-110.

② 张丽君，李臻. 民族地区乡村振兴的元思考［J］. 中央民族大学学报（哲学社会科学版），2021，48（5）：151-160.

③ 李凯，龚晨，刘煜. 乡村振兴视域下乡村文化生态重塑的现实困境与纾解策略：基于广西贺州瑶族乡村的样本分析［J］. 广西民族研究，2022（6）：146-152.

四、关于辽东地区历史发展与文化演进及村寨建设的研究

（一）关于辽东地区历史发展与文化演进的研究

关于辽东地区历史发展演变的研究成果主要分为历史和人文环境、生产和生活方式、民俗文化三个方面。

第一，在历史和人文环境方面。对辽东地区较为全面的史籍记载有《全辽志》和《辽东志》，其中内容主要包括建制沿革、山川形制、屯堡、烽燧、学校、军卫、坛、庙、桥等。《明代辽东档案汇编》记载了明清时期的辽东历史及明代与女真族的关系。《明代东北》记述了明代东北地区政权在政治、军事、经济、文化和民族交往等方面的历史，具体研究成果主要基于汉唐、宋（辽、金）明女真族发展的断代史等主要内容。王欣媛的《高句丽"南进"研究》描述了高句丽政权诞生于浑江流域、发展于鸭绿江流域的史料①。刘彦红等人的《建州女真在本溪桓仁的早期活动》描述了桓仁浑江流域分布的建州女真早期活动区域②。刘蕊的《论元末明初女真族的迁徙活动》论述了辽东地区女真族的迁徙与发展③。

第二，在生产和生活方式方面。于逢春在研究中国文明时，将辽东地区划分为渔猎耕牧文明④。此外，《东北渔猎文化》《北方民族渔猎经济文化研究》《中国北方渔猎民族发展研究》分别从广义上阐述了辽东地区各民族的渔猎生产、文化和发展问题。栾凡主要从明代女真族的生产、政治、经济等方面进行了论述。

第三，在民俗文化方面。由于大多数满族人民生活在辽东地区，所以研究成果主要集中在女真族和满族文化方面。韩沫等人从保护民居生态环境的角度分析了满族历史文化，从环境景观的角度将满族民居文化置于人类发展的长河中。研究成果还包括《清原满族》《北方满族民居历史环境景观》《图像中国满族风俗叙录》等。目前，学界对满族的其他文化和风俗习惯的研究尚不系统。此外，一些辽东地方志（如《新宾满族自治县志》《抚顺市志》《桓仁建

---

① 王欣媛. 高句丽"南进"研究 [D]. 长春：东北师范大学，2018：89-96.
② 刘彦红，李勇. 建州女真在本溪桓仁的早期活动 [J]. 辽金历史与考古，2011（0）：191-197.
③ 刘蕊. 论元末明初女真族的迁徙活动 [D]. 哈尔滨：哈尔滨师范大学，2011：156-167.
④ 于逢春. 构筑中国疆域的文明板块类型及其统合模式序说 [J]. 中国边疆史地研究，2006，16（3）：9-24.

州女真志》《桓仁县志》等）都对辽东地区的历史发展和文化演变有系统的描述。

（二）关于辽东地区村寨建设的研究

关于辽东地区村寨建设的研究成果，历史时期主要集中在辽、金、明三代。解丹论述了女真族自金朝建立皇城之初的定居形式，分析了其军事组织和生产组织形式，总结了女真民族定居的特点①。王飒通过对明代辽东地区满族特色村寨的分析，探讨了努尔哈赤所建满族特色村寨的社会地位与地理空间的关系②。

在资料检索中发现，关于辽东地区村寨建设与发展的相关研究相对较少。詹娜在研究中论述了农业技术的普及给乡村带来变化后，当地人凭借自身对生存空间的理解，积极寻求应对变化的策略和手段，体现了在生活的"变化"中寻求"不变"的生存逻辑。她以岫岩满族自治县③为例，着重分析了土地改革前辽东地区满族特色村寨的社会经济政治状况和农民生活状况④。此外，对于辽东地区的村寨建设，有对传统村寨的保护规划设计文本，如腰站村和赫图阿拉村的保护发展规划。

综上所述，对于辽东地区，研究成果涵盖了历史地理、人口问题、土地问题和民族关系，其中研究最多的是该地区历史上的军事定居点和防御系统，以及对林业、土壤、动植物的分析。在满族特色村寨建设方面，乡村产业转型主要是从文化保护的角度来研究的，没有具体系统的文化建设理论成果。因此，关于辽东地区满族特色村寨文化建设与发展的研究较少，亟须进一步调查研究。

（三）关于辽东地区满族特色村寨文化建设的研究

对辽东地区满族文化进行专题研究的论著并不多，主要集中在对满族生活

---

① 解丹. 简述金代东北女真族初期聚落特点 [J]. 建筑学报，2012（增刊1）：182-185.

② 王飒. 中国传统聚落空间层次结构解析 [D]. 天津：天津大学，2012：168-177.

③ 本书涉及的自治县较多，为行文方便简洁，在后文叙述中，岫岩满族自治县、宽甸满族自治县、桓仁满族自治县、本溪满族自治县、新宾满族自治县、清原满族自治县分别简称为岫岩县、宽甸县、桓仁县、本溪县、新宾县、清原县。

④ 詹娜. 变与不变：辽东山区村落民俗变迁与俗制厘定：兼论民俗的本质 [J]. 民俗研究，2009（3）：127-137.

习俗和历史文化的研究上。如杨英杰所著的《清代满族风俗史》、杨锡春所著的《满族风俗考》等，对满族民风民俗做了较完整、较系统的论述。张佳生所著的《满族文化史》是一部涵盖满族文学、艺术、法律、宗教和族名等方面的著作，对牛录制度建立初期存在较大争论的问题进行了探讨。刘小萌对满族社会的社会组织、八旗制度和文化生活进行了剖析①。朱诚如对辽宁的发展史进行了概括，同时对清代时期辽宁地区的行政体制和经济文化进行了较为详尽的论述。有些明清地方志著作也记录了辽东满族人民的生存情况，这对于满族文化的研究具有很大的借鉴意义，如《柳边纪略》《辽阳闻见录》《辽东志》《辽阳州志》《全辽志》等一批史书。于基鹏对辽东地区的满族文化进行了较为系统的考察，重点考察了清朝前期和后期盛京地区满族习俗上的变化，并指出满族习俗的转变是由于对汉族文明的高度认可，这一转变是大势所趋②。王兴以田野调查为基础，对满族文化的特征及精神意蕴进行了论述③。王素香着重探讨了满族人民在迁居到辽东地区以后，满族在政治、军事、文化等各方面所发生的改变与发展④。

≫ 第三节 研究的重要性

一、国家和地方战略层面

党的十九大报告指出，农业农村农民问题是关系国计民生的根本性问题。党的二十大报告提出，全面推进乡村振兴，坚持农业农村优先发展。因此，必须始终把"三农"问题摆在全党工作的第一位，把乡村振兴战略的实施摆在优先位置。乡村繁荣则国泰民安，乡村衰则国家衰。

实施乡村振兴战略，对解决中国社会主要矛盾，实现"两个一百年"奋斗目标，具有十分重要的意义。乡村振兴战略的实施，既要促进乡村经济的发

① 刘小萌. 清朝史中的八旗研究 [J]. 清史研究, 2010 (2)：1-6.
② 于基鹏. 清代前中期盛京社会风俗变迁研究 (1644—1800) [D]. 大连：辽宁师范大学, 2014：56-66.
③ 王兴. 论辽东满族文化与满族文化精神 [J]. 哈尔滨学院学报, 2020, 41 (6)：100-105.
④ 王素香. 略论明末辽东满族社会生活的变迁 [J]. 满族研究, 2006 (1)：57-62.

展，又要促进乡村精神文化的发展。在乡村振兴战略中，强化民族特色村寨文化建设，有利于为乡村振兴提供人才支撑、维护文明风尚、保障社会和谐、推动产业发展。

自党的十九大明确提出实施乡村振兴战略以来，辽东地区满族特色村寨开始立足于"产业兴旺、生态宜居、乡风文明、治理有效、生活富裕"这一总体要求，形成了一套行之有效的制度体系。经过政府和人民的共同努力，当地的民族特色村寨文化建设已经初见成效。随着有关政策的号召与支持，民族文化精神的复兴也在逐步推进。近些年来，辽东地区满族特色村寨在实施乡村振兴的过程中，充分发挥其引导、规范等功能，有效地引导群众形成良好的价值观念，推动着社会风尚的逐渐好转，使群众的精神生活更加充实，使人民的生活变得更加有趣和文明。大力推进乡村文化建设，既能规范乡村居民的生活方式，确保社会文明、和谐、美好，又能提升乡村居民的科技、文化素养，推动农村经济的发展。

辽东地区满族特色村寨文化建设主要采取挖掘历史文化遗产、开发满族特色旅游、加强公共文化设施建设、创新文化产业开发等措施，以此促进地区经济的发展，提高农民的收入。辽东地区满族特色村寨文化得到了充分弘扬，不仅提高了当地民众的民族团结性，而且提高了他们对自己民族和国家的自信，使其更加重视中华文化，形成了塑造中华民族共同体的良好契机。

二、文化传承层面

乡村特色文化的构建，是传承中华优秀传统文化的必然选择。一个民族的发展需要文化力量的支撑，它是民族发展的源泉。加强乡村文化的构建，可以使乡村更好地传承中华优秀传统文化。辽东地区满族特色村寨是中华传统文化的一个主要内容，它的构建对于推动民族村寨的发展，服务国家的经济、政治和社会都有着十分重大的现实意义。辽东地区既是满族的发源地之一，也是满族人民主要的居住地。独特的民族特征、丰富的民俗风情、辉煌的历史与文化，使满族文化在辽东地区独树一帜、无可取代。辽东地区满族特色村寨相对于其他地方的满族特色村寨而言，保存着较多的民族特征，具有较强的精神文明特征，是中华优秀传统文化的宝贵财富。

伴随着城镇化、产业化进程的加快，满族传统村落的保护与开发也面临着严峻挑战。满族正处于"非农化""空心化""老龄化"的威胁之中，这使得满族特有的乡村文化在继承与发展的道路上会遇到许多艰难险阻。在满族传统村寨中，怎样突破传统村寨的文化发展所面临的困难，使传统村寨的传统文化在当代的发展中得以延续，这是每个从事民族村寨文化研究的人都要认真考虑的问题。在乡村振兴建设过程中，既要加强对乡土文化的继承与发扬，又要加强对中华优秀传统文化的重视与保护。辽东地区满族特色村寨文化在一定程度上为人们提供了丰富的精神生活和物质生活。随着满族文化被更多的人所了解，这个带有浓厚地域特征的民族文化也在不断地被传承与发展。辽东地区满族特色村寨文化的发展，离不开其特有的地域文化。

三、精神需求层面

为了满足人们对美好生活的需求，进行乡村文化的构建是一种现实的抉择。党的十九大报告对新时代中国社会的主要矛盾进行了新的定义：中国特色社会主义进入新时代，我国社会主要矛盾已经转化为人民日益增长的美好生活需要和不平衡不充分的发展之间的矛盾。新中国成立后，随着社会的进步，人们的生活质量不断提升，对更高的生活质量要求也在不断提升。从 20 世纪八九十年代解决了温饱问题，到 21 世纪初期对温饱的关注，再到如今对文化自信的追求，人们的要求也一直在发生着改变，对文化需求的重视程度也越来越高。

辽东地区满族特色村寨的文化建设正在有条不紊地进行。目前，辽东地区满族特色文化建设已经形成了系统化的建设模式。为了吸引异地投资，当地文化产业不断扩大规模，调整生产方式，饮食、建筑、民俗活动等满族特色资源得到生动展示，为人们提供了一场赏心悦目的文化盛宴。辽东地区将满族特色文化的优势融入当下流行的元素，结合满族的民俗特色，建设特色民宿、文化节庆等，以满族传统文化为主，让游客领略辽东地区满族特色村寨文化独特的民俗文化。在乡村文化建设的浪潮中，不仅满足了人民群众的基本生活需要，也实现了人民群众对美好生活的精神向往。在时代的发展过程中，乡村文化建设衍生出丰富多样的创新形式。在发展乡村文化的过程中，更加注重人民群众的幸福感和满意度，以传承特色村寨文化为基础、增强村民文化自觉为着力点，通过不断丰富和发展特色村寨文化，满足人民群众对美好生活的需要。

第二章　指导思想与理论基础

≫ 第一节　指导思想

一、乡村振兴战略

（一）乡村振兴战略基本架构

1. 前提条件

我国在过去一段时期内积极推动城市与农村的一体化，城市化进程加快，乡镇和农村的生存和发展条件得到了极大的改善。但是因为历史欠账，城乡之间仍然存在着二元结构，城乡之间、产业之间、农民之间的差距仍然十分显著，尤其是在基础设施建设、城乡要素配置、公共服务等方面。农村地区的优先发展，是站在社会主义现代化国家的高度上，推动农村地区的整体振兴，而不仅仅是把农村地区作为单一的领域。从制度层面来看，我们将继续健全和深化城乡一体化的制度体系，使城乡居民能够共同分享改革发展的成果。在生产要素分配上，以乡镇和农村为重点，实现生产要素在城市与农村的双向流转。从基础设施建设来看，要推动农村基础设施现代化，加大农村基础设施建设力度；从公共服务来看，要强化农村的公共服务制度与体系，并在此基础上，通过不断完善农村的社会保障体系，实现农村社会保障的发展目标。

2. 总目标

实现乡村振兴的最直接和最根本的目标是农业农村现代化。农业农村现代化是一个由产业、生活、文化、治理等四个方面组成的整体、全面、系统的过程。"产业现代化"意味着将文化创意、休闲、旅游等产业高效地引进到农村，将这三大产业进行有机结合，最终实现产业创新的整合；"产业现代化"是对农村的产业结构进行重新构建，它并不仅限于农业的现代化。"生活现代化"是从基础设施、公共服务和生态环境三个方面来推动城乡公共服务的均衡发展，进而达到农村居民的宜居标准。"文化现代化"是把农村的优秀传统文化与现代文化相结合。在此基础上，进一步完善农村的社会保障制度，以提高农村居民的文化水平和生活水平。"治理现代化"要克服治理人才缺乏、治理模式单一等实际问题，在基层党建的领导下，把多层级的社会治理和农村居民的主动参与相融合，增强农村的自我组织能力和自治能力，从而使农村的治理制度和治理架构得到持续改进。

3. 发展动力

构建完善的社会保障制度与政策，需要充分发挥市场与政府的双重功能。首先，要将市场在资源配置中的基本功能充分地发挥出来，将乡村地区的资源要素进行有效活化，让乡村地区的商业发展新业态、新模式充满活力，从而培养出乡村地区产业发展的新增长点。其次，要将政府在资源配置中的调节作用充分地发挥出来，要加强对"三农"政策和公共服务的保护，对国家收入分配和公共资源进行优化，推动公共政策向农村倾斜，推动公共资源在农村进行合理配置，推动城乡发展的权利和机会得到平衡。尽力消除阻碍城市产业、企业、人才等要素不能有效向乡村流动的壁垒，减少农民权利因市场失灵而受损的风险。

4. 发展保障

"三农"问题是新时代中国共产党工作的中心任务，也是党对农村工作的一项重大方针。推动乡村振兴，应从强化和改善"三农"工作入手，着力抓好农村工作。历史和实践证明，农村的发展离不开内在的团结与支撑[1]。目前，我国农村基层党建工作存在一定的薄弱环节，如农村精英人才大量流失，农村基层党组织的组织力、领导力、战斗力低下，农村缺乏凝聚力，一些农村干部出现了腐败等问题，乡村面临着严峻的形势，等等。因此，强化党对农村工作的领导，既能使干部配置、要素配置、公共服务更好地发挥作用，又能使农村的基层党组织更加健全，保证党的路线方针政策和各项决定的贯彻执行，还能强化对"三农"工作的领导。

---

① 徐俊忠. 十九大提出"乡村振兴战略"的深远意义 [J]. 经济导刊, 2017 (12): 10-15.

（二）乡村振兴战略的特性

1. 系统性

乡村振兴战略是一个全面推进乡村发展、重塑乡村与城市之间联系的整体构想，是我国建设中国特色社会主义市场经济体制的一项重大战略，也是我国建设"三农"事业的必然选择。从战略目标、战略内容、战略执行主体三个层面来看，都有着明显的系统特征。从战略目标上来看，最直接和最基本的目标是实现农业农村现代化。农业农村现代化是一个涉及农村社会、经济、文化等多方面的综合问题。各个子系统之间互相联系、互相作用，构成了一个有机的整体，这是一个多指标体系的综合。在战略内容方面，乡村振兴战略并不仅限于发展乡村产业、建设新农村等方面，而是将政治建设、经济建设、文化建设和生态建设进行系统的结合。从战略执行主体上来观察，乡村振兴战略主体并不只是村民和政府，还包括返乡人员、流动乡村产业工人、城市来乡村养老的居民、城市资本、社会团体、集体经济组织、专业合作社等多元化的实施主体。这些主体拥有多样化的利益诉求，因此需要对利益关系进行有机整合。

2. 一体化

在乡村振兴战略中，存在着显著的一体化特点，既包括城乡规划布局、产业发展、基础设施、公共服务、生态环境等领域的一体化，也包括政府、农民、各类新型经营主体、社会组织等乡村振兴主体，以及市场机制和政府力量的一体化。同时要注意农民与外来人口、农民与农民、农民与集体经济组织、农民与各类新型经营主体等都存在着不同程度的一体化问题。

3. 差异性

特殊的地域和人文背景导致不同村寨的自然特性不同，因此不能不加区分地、笼统地探讨在不同村寨实施相同的乡村振兴战略。要想实现乡村振兴，就要以乡村的类型、区域和资源禀赋为基础，注意对乡村进行分类，并制订出与其发展现状相适应的计划，从而探寻乡村振兴的多元化途径。

4. 阶段性

乡村振兴战略是全面建成小康社会和全面建设社会主义现代化国家的重要内容，这是一项长期而复杂的系统工程。在执行乡村振兴战略时，要始终贯彻长远的理念，循序渐进地推动每项战略，不能因为一时的利益追逐而对农村的长期可持续发展造成损害。乡村振兴战略是现在与将来乡村基层党建、产业、文化、生态保护、基层治理等许多工作的大背景和整体指引。本书对乡村文化建设的研究是在乡村振兴战略初步实施的背景下进行的，其成果、存在的问题和下一阶段的发展思路与乡村振兴的各个维度紧密结合。

二、乡村振兴战略与民族村寨文化建设发展的联系

乡村振兴从多个角度、多个层面对中国农村、农业、农民进行了多维规划，为乡村文化建设提供了一个重要的理论基础。乡村振兴战略的提出，既给乡村经济社会发展提供了新的契机，又给乡村经济社会发展注入了新的活力。乡村文化是乡村发展的重要载体。乡村文化建设能够促进乡村产业、人才、文化、生态、组织等方面的振兴，它与乡村振兴的战略意义有着很高的契合度，而发展文化建设是实现乡村振兴的一个重要手段和有效途径。

（一）乡村振兴战略是未来民族村寨文化发展的统领方略

乡村振兴战略给当代乡村价值以新的定位。相较于"城乡一体化""新农村建设"等乡村战略，乡村振兴战略的目标由"农村"向"乡村"转变，意味着"村"的内涵由以农业生产、生活方式为主的村寨，转变为一个产业类型多样、空间要素丰富的社会实体①。乡村振兴战略强调"绿色发展""增加农业生态产品与服务供给"；重视城乡要素的自由流动、平等交换与融合；提高农村民生水平，塑造农村新面貌。这些措施都是根据乡村经济、生态、社会价值而制定的。

新的历史阶段赋予乡村建设新的内涵与价值。由于受地理、自然和历史等多方面因素的制约，乡村文化发展相对滞后。乡村文化的发展是乡村经济发展的重要组成部分。在新的历史条件下，民族地区的乡村文化建设必须与其生产、生活、生态和社会治理等多种价值功能相协调。民族村寨文化建设已不再是一个简单的产业开发问题，而是一个涉及经济、文化、生态、基层治理等多个领域的复杂问题。从长远来看，民族村寨文化建设应围绕乡村振兴战略来规划，并以此为指导。

创新发展优秀乡村传统文化是乡村振兴的重要举措。传统文化既是乡村人民群众的精神基因，也是乡村社会的重要背景色。《乡村振兴战略规划（2018—2022年）》中指出，"实施乡村振兴战略，深入挖掘农耕文化中蕴含

---

① 孙九霞，黄凯洁，王学基. 基于地方实践的旅游发展与乡村振兴：逻辑与案例［J］. 旅游学刊，2020，35（3）：39-49.

的优秀思想观念、人文精神、道德规范，结合时代要求在保护传承的基础上创造性转化、创新性发展"。由此可见，乡村传统文化的价值挖掘和内涵转化是乡村振兴的重要组成部分。乡村振兴必须首先实现从传统到现代的转变，旨在促进乡村社会顺应世界和历史发展的潮流，从而建立一个符合现代人需求的社会环境。

（二）乡村振兴战略对民族村寨文化建设具有重要的引领作用

乡村振兴战略有具体的任务、指标体系和阶段发展要求，作为新时期"三农"工作的总抓手，必然要求各项工作涉及"三农"事业和产业，自觉响应乡村振兴战略的总要求，自觉融入乡村振兴战略实施。乡村振兴战略对乡村文化建设具有重要的引导和制约作用。

从文化产业融合的角度来看，民族地区文化建设已经从原来的农家乐等自发形式的文化产业，向健康、休闲、度假、体验的形式转变，但主要是乡村文化建设形式的演变，其文化建设内涵仍有较大的发展空间，包括文化产业、健康产业、休闲农业等内容。在实施乡村振兴战略的进程中，民族地区要对一、二、三产业进行更深层次的融合，逐渐形成包括农产品加工、生态产业、文化创意产业和休闲农业等内容的乡村文化产业集群格局，推动乡村文化产业调整，提高其对乡村文化产业的全过程建设和创新价值。

生态宜居包含整齐的村容村貌、优美的生态环境、宜人的生活环境等内容，这些内容都蕴含着生产、生态和生活一体化发展的内在需求。在乡村振兴的过程中，以民族乡村为载体，推动生态宜居乡村建设，并不是单纯的旅游服务设施建设与维修，而是应打破"板块""功能"分割，把乡村文化建设的需要与推动乡村生态建设、促进乡村自然资本增值、提高乡村居民居住环境品质的需要有机地融合起来。通过对各区域的合理规划，调整各区域的产业结构，充分发挥其独特的自然景观和人文景观的地域特征，从而发挥其独特的社会价值。与此同时，在发展民族地区的乡村文化建设过程中，要认识到乡村生态环境是一个全域性的空间概念。在空间利用方面，要按照系统工程的思路，对村内外、村寨景观、村寨环境进行统筹规划和开发，将生产、生活、生态融入乡村文化建设。

乡风文明不仅反映了一个国家的文明水平，而且反映了一个国家的文化底蕴。实现乡风文明建设，一是要重视农村人口的权利，完善农村人口的社会保障制度，为农村人口提供更多的医疗卫生、文化娱乐设施，以充实农村人口的精神生活。二是要鼓励并扶持村民参加当地的文化活动，让村民通过展现当地的文化来提升自己对当地传统文化的自信；在各种形式的展示与演绎中，让当地的传统文化与优良的乡风得以继承。因此，在乡村文化发展过程中，村民的道德观念受到了制约并进行了调整。

从制度经济学视角分析，一个高效的农村社会治理系统，其实质就是一种能够提高农村社会效率、充分激发农村社会活力的一种机制。在乡村振兴战略的执行中，资金、劳动力、土地和信息等要素在城市和乡村的相互流动，使乡村文化建设逐步变成一个多要素相互结合、共同发展的行业。尤其是在我国，新兴的行政机构、社会团体等不断涌现，这使我国的基层政府必须进行有效的改革。在乡村振兴过程中，民族地区的文化建设必须担当起基层多元治理平台的重要角色，为探索构建"人、地、物、业和谐"的生态、文化、产业、社会全方位治理提供支持，构建政府、市场、社会组织、社区等多方参与农村社会管理的有效机制①。

在乡村振兴战略进程中，生活富裕的本质要求是保证村民可以在乡村文化的发展中取得稳定可持续的经济利益，但仅仅依靠一个乡村文化产品、一个项目或一些分散的企业，难以达到这一目标。所以，在实施乡村振兴的过程中，民族地区要把重点放在对农村文化组织形式进行创新、对商业模式进行优化、对新型经营主体进行培育等方面，从而提升农村旅游的组织化和集约化程度。除此之外，还要积极地指导村民把闲置的房屋和土地等资源用来进行文化产业建设，把生产资料转化成运营资本，然后把它们转化成股份，让这些资源能够更好地被活化，从而为村民带来可持续的文化发展效益。

（三）村寨文化是民族村寨实现乡村振兴的有效路径与选择

村寨文化是村寨社会发展的重要组成部分。部分民族地区生态环境脆弱、自然灾害频发，是防止返贫工作的重点区域，加之地理位置和历史等因素，使民族地区产业的发展更加困难。从农业视角来看，由于土地资源、气候条件等因素的影响，民族地区的经济发展水平较低，很难通过传统方式实现增收致富。从产业层面来看，主要是以规模化、聚集化为特征，而在目前的环境条件下，由于地理位置、资源等方面的影响，农村产业化带动农村发展成为不容易实现的现实。为此，必须大力发展乡村文化新业态，以促进民族地区经济社会

---

① 黄细嘉，赵晓迪. 旅游型乡村建设要素与乡村振兴战略要义 ［J］. 旅游学刊，2018，33（7）：5-6.

的发展和繁荣。

文化建设是一种具有代表性、涉及面广、具有整体拉动效应的复合性产业①，其基本特点为：生产性和消费性的"同时性"和"同在性"、要素回流、主体团聚、社会资本发育在某种意义上对乡村整体振兴具有推动意义②。首先，民族地区的文化建设推动乡村产业的整合，能有效地提高乡村的生态质量，提高乡村的生态宜居水平。这不仅能扩大乡村居民的就业机会，而且能提高乡村居民的经济收入，推动农村社会的发展。其次，它能促使村民养成良好的生活习惯，提高村民的文明素质，从而推动乡风文明的发展。最后，它对减少农村人口外流、保护农村留守儿童、推进农村有效治理具有重要意义。部分民族地区经过多年的建设，已具备了一定的基础。乡村民族特色文化建设既是实现乡村振兴的有效途径，也是实现乡村振兴的首要选择。我们必须认识到，在新时期实现乡村振兴，文化建设是一条行之有效的途径。

（四）村寨文化建设效应与乡村振兴战略的目标和要求高度契合

民族村寨文化在资源要素、地域空间和组织管理等多个层面上与乡村振兴密切相关。从资源要素的角度来观察，民族村寨文化建设发展所需要的土地、水源、生态环境、文化、设施设备等，同样离不开乡村振兴。从地域空间上来看，民族村寨文化建设大多选择在有物质文化、非物质文化和精神文化等建设条件的民族村寨，这些文化领域是实现乡村振兴目标的一个主要方面，要在一个共同的空间中才能有效地实现。在组织管理方面，民族村寨文化建设需完全依赖乡村振兴规划，与乡村振兴是相互依赖、共同发展的。

一方面，乡村振兴战略是新时代党的执政理念的一个重要组成部分，它是实现全面建成小康社会宏伟目标的有效途径，也是乡村文化建设的基础和根本。乡村振兴的支柱是产业的蓬勃发展，这就要求多种要素的输入，使民族地区农村的传统农业产业结构步入生产性的共生或融合状态，从而给乡村文化建设带来新的发展机会。在实现乡村振兴的过程中，最根本的一个因素是生态宜居，这就需要民族地区将其优良的自然生态环境和独有的民族文化、传统文化

---

① 李治兵，肖怡然，毕思能，等. 深度贫困地区旅游精准扶贫的多维约束与化解策略：以四川藏区为例 [J]. 湖北民族学院学报（哲学社会科学版），2019，37（3）：142-147.

② 孙九霞，黄凯洁，王学基. 基于地方实践的旅游发展与乡村振兴：逻辑与案例 [J]. 旅游学刊，2020，35（3）：39-49.

作为一种资源要素，并将其纳入经济生产之中，从而为乡村文化建设奠定一个资源的基础，也成为其发展的根本动力。文明作为乡村振兴的重要精神要素，应该努力建立一个人、地、物、自然等方面的发展模式，为村寨文化的保护与传承工作提供良好的文化氛围。实现乡村振兴的关键是进行有效的治理，要建立并健全村寨的治理制度和管理体制，保证乡村居民生活幸福、工作幸福、社会安定，这就给民族地区的村寨文化建设带来了一个良好的外部环境。全面的小康生活是乡村振兴的一个目标因素，它不仅可以提高村寨居民的收入水平，还可以减少城乡差距，进而为民族地区乡村文化的深入发展提供可持续的内生动力。

另一方面，在民族地区，乡村文化建设具有的产业发展、经济繁荣、文化传承发展、生态环境保护、民族团结、社会稳定等功效，与乡村振兴战略要求有着很好的一致性。从产业角度来看，乡村文化能够推动产业之间的相互结合，从而催生出新产业、新业态，例如休闲、观光、采摘等与农业相结合的新业态，演艺、科研等与文化、健康相结合的新业态，以及娱乐和其他与文化相结合的新业态。从人居环境角度来看，需要进行乡村文化基础设施和生态环境的改善，使乡村成为一个适合居住的美好的社会生活环境。从乡风文明角度来看，在发展乡村文化建设过程中，要把重点放在对村寨传统文化的重新认识上，要重视对民俗、民情等非物质文化的保护与发展，要重视对古村寨、古建筑等物质文化遗产的保护与开发，为乡村传统文化的复兴提供有力的支持。从基层治理角度来看，文化建设与乡村多元要素的融合，以及乡村治理机制的创新，是构建和谐乡村治理体系的重要动力。从提高农村居民收入角度来看，乡村文化建设所带来的经济利益，与乡村振兴战略提出的"生活富裕"要求相一致。从推广路径角度来看，乡村文化建设和乡村振兴具有相似性。因此，必须坚持以政府为主导、以市场为导向，依靠当地干部群众，并积极引入外部资源与力量，使其有序推进。

（五）民族村寨文化建设与乡村振兴融合发展、紧密结合

站在文化发展的角度来看待乡村文化建设，可以将民族村寨文化建设的文化多样化特点分成四个子系统，即乡村文化产业、农耕文化、伦理文化和自治文化，它们与乡村振兴战略的总要求（产业兴旺、生态宜居、乡风文明、治理有效、生活富裕）相匹配。

第一，乡村文化与其所处环境的关系。乡村文化与乡村社会生存和发展是

一种重要的关系。生态宜居提倡现代化的绿色农业经济。在民族地区的农业中，要遵循生态农业与其他产业相结合的发展路径，始终坚持生态农业的发展方向，大力发展绿色、有机的农作物，发展由生态农业所衍生出来的产品加工、乡村旅游、乡村教育、乡村养老等产业链，推动三个产业的相互结合，努力实现人、自然、社会的和谐共生。

第二，道德文化与文明乡风的融合。乡村的伦理道德和民风民俗是一种规范，对农民的行动起着制约作用。农村道德建设的目的基于社会主义核心价值观，改善道德建设，创造新型道德建设，立足于已有的优良传统，并与现代社会相结合，创建新型乡风文明。道德文化的管理，主要有两个层面。一是对优良的传统道德进行保护与改进，例如，对古老的民间习俗进行革新，提倡尊老爱幼的传统美德，提倡优秀的人物故事与尊重相应的宗教信仰，等等。二是吸纳并融合当代优良的人文精神，例如，大力倡导社会主义核心价值观念，严格执行乡间民俗，大力培养优良家风，实施先进文化的利益均沾，等等。

第三，把自治文化与政府管理有机地融合起来。乡村作为以血缘为基础、以区域为黏合剂的社区，其内部天然存在着一种统一的联结关系。村庄可以建立一个独立的社会团体来处理村庄的日常生活，并利用共同体的关系推动村庄的民主建设。例如，在广东省清远市，与村委会平行地成立了一个"村民理事会"。村委会对行政事务负有责任，而村民理事会对日常公益事务负有责任，这样做不仅能够降低基层政府的工作量，也能够推动服务型政府职能的转变，还能够凝聚人心、激发出村民自治的潜能。

》》 第二节　理论基础

一、当代中国民族理论

（一）当代中国民族理论的基本内涵

当代中国民族思想建立在马克思的国家学说、毛泽东的中国特色的民族理论学说之上，是我国改革开放后几代党的领导人的政治智慧结晶。首先，中国是由多民族组成的国家。近代中华民族屹立于世界各民族之间，拥有明确的领土和主权利益，自主地开展国内外的各种活动。其次，中国的国家构成是一个具有特征的"多元一体"模式。一体就是统一的民族、理想、目标、使命，多元就是多民族、多语言、多文化、多传统①。最后，建立了平等、团结、互助、和谐的社会主义民族关系。中国各民族的共同特征，是具有大杂居、小聚居的特点，各民族人民相互融合、相互团结、相互扶持、相互尊重、共同繁荣，组成了一个大家族，各民族谁也离不开谁。

（二）各民族共同繁荣是党的民族理论与政策的归宿

由于历史、地理等因素的影响，我国少数民族及民族地区在现阶段经济社会发展中处于相对落后的位置。近年来，党和政府采取了振兴东北、兴边富民、扶持人口较少民族、精准扶贫等方针，对少数民族及民族地区的经济、社会、文化发展都起到了巨大的推动作用。但是，相对于东部发达地区而言，我国大部分民族地区在经济和社会发展上都与东部地区存在着较大的差距。民族地区的共同富裕，是顺利完成全面建设社会主义现代化国家的伟大目标的必要条件。民族地区目前所面临的各种矛盾和问题，都是自身发展和客观条件所导致的，因此根本目的在于通过发展来克服这些问题。而达到各个民族的共同富裕，是党的民族理论和民族政策的终极目标。

各民族的共同富裕不是某一方面的富裕，而是指各民族经济社会的发展、自身素质的提高、各民族特色的展现，以及向繁荣文明社会迈进。这一过程不仅包含了民族自身的发展，而且包含了民族地区的发展。具体而言，第一，各民族在政治、经济、科技、文化、卫生等方面都得到了很大的发展；第二，继承和发扬各民族的优秀传统文化；第三，各民族的身体素质、政治素质、道德素质、文化素质都达到了现代文明的水平；第四，各民族之间的差距不断缩小，实现了全国范围内的协调发展。

---

① 丹珠昂奔. 中华民族共同体意识的概念构成、内涵特质及铸牢举措［J］. 民族学刊, 2021, 12
（1）：1-9.

（三）铸牢中华民族共同体意识

我国 56 个民族都是中华民族大家庭的平等一员，共同构成了你中有我、我中有你，谁也离不开谁的中华民族命运共同体①。早在 1988 年，费孝通就提出了多元一体的思想雏形，次年整理得出"多元一体格局"框架，即由许多分散存在的民族单位，经过接触、混杂、联结和融合，同时经过分裂和消亡，形成一个你来我去、我来你去，你中有我、我中有你，而又各具个性的多元统一体②。随后，马戎结合研究情况，进一步提出了跟进补充理论，认为在我国现代化过程中实现民族繁荣，应当是重建中华民族多元一体的战略目标③。基于此，理论研究界对中华民族多元一体格局的认知达成了共识。接下来的一段时间，学界围绕多元一体格局进行了广泛的研究思考，不断论证该理论的正确性与适用性。谷苞提出："在中华民族多元一体格局中，多元与一体化是并存的，多元充实着一体，一体维系着多元。中华民族是一体，56 个兄弟民族是多元；中华民族的共同性与 56 个民族的民族特点是并存的，各民族的民族特点不断充实着中华民族的共同性，中华民族的共同性构成了各兄弟民族强大的向心力和凝聚力。"④ 随着研究的深入，中华民族"多元一体"理论已经成熟，这一理论是研究民族结构、民族关系、民族政策等的核心理论，是解开中华民族构成奥秘的钥匙⑤，也对中华民族构成的全局和中国的民族问题做了高层次的新概括⑥。

2014 年 5 月，习近平总书记在第二次中央新疆工作座谈会上提出"中华民族共同体意识"重大论断。同年 9 月，习近平总书记在中央民族工作会议上强调"坚持打牢中华民族共同体的思想基础"。2017 年 10 月，将"铸牢中华

---

① 习近平在会见基层民族团结优秀代表时强调：中华民族一家亲 同心共筑中国梦 [EB/OL]. (2015-10-02) [2024-01-08]. https://www.neac.gov.cn/seac/xwzx/201510/1002490.shtml.

② 秦桂芬，王毓川. 中华民族共同体理论的发展与建构基础 [J]. 云南社会主义学院学报，2022，24（1）：44-52.

③ 马戎. 重建中华民族多元一体格局的新的历史条件 [J]. 北京大学学报（哲学社会科学版），1989（4）：20-26.

④ 谷苞. 中华民族多元一体格局赖以形成的基本条件 [J]. 西北民族研究，1993（1）：1-6.

⑤ 陈连开. 关于中华民族结构的学术新体系：中华民族多元一体格局理论的评述 [J]. 民族研究，1992（6）：21-28.

⑥ 宋蜀华. 认识中华民族构成的一把钥匙：《中华民族多元一体格局》读后 [J]. 中央民族大学学报（哲学社会科学版），2000（3）：25-26.

民族共同体意识"正式写入党的十九大报告和党章。2019 年 9 月，习近平总书记在全国民族团结进步表彰大会上进一步指出，"实现中华民族伟大复兴的中国梦，就要以铸牢中华民族共同体意识为主线"。2020 年 8 月，习近平总书记在中央第七次西藏工作座谈会上特别强调铸牢中华民族共同体意识的重大意义。在同年 9 月第三次中央新疆工作座谈会上再次强调，要以铸牢中华民族共同体意识为主线，不断巩固各民族大团结。在这次中央民族工作会议上，习近平总书记把铸牢中华民族共同体意识提升到民族工作"纲"的高度。在习近平总书记亲自部署指挥下，各族儿女在中华民族大家庭中手足相亲、守望相助，在脱贫攻坚和全面建成小康社会进程中，啃下了民族地区脱贫攻坚这块硬骨头，兑现了"全面建成小康社会，一个民族都不能少"的庄严承诺。从雪域高原到天山南北，从祖国北疆到西南边陲，我国各民族面貌、民族地区面貌、民族关系面貌、中华民族面貌发生了翻天覆地的变化。在全面建成小康社会的进程中，全国各族人民得到实实在在的获得感，对伟大祖国、中华民族、中华文化、中国共产党、中国特色社会主义的认同达到了一个新高度。实践充分证明，中华民族共同体意识是国家统一之基、民族团结之本、精神力量之魂。

二、乡村文化理论

乡村包含"故乡和乡愁"的含义，体现了更多的文化和情感。"乡村"的概念强调了乡村在社会整体结构中的独特文化意义。"乡村文化"是指以农民为主体的社会中的内容，以及乡村社会的行为模式、风俗习惯、知识结构、社会心理和价值观。乡村文化在一定程度上反映了乡村居民独特个体生活形态的社会背景知识，呈现了乡村居民独特的人际交往模式。同时，为乡村居民在现实生活中的逻辑思维能力和行为选择模式提供了一定的认知基础。乡村文化背景是在我国历史悠久的自然经济时代条件下，构成的以农业社会为主体形成的传统社会形态，以及以农业发展为主体的重要产业发展态势。同时，以农民为主导的农业产业，对于长期在同一片土地、同一个地区共同成长的人们来说，将形成一个独特的乡村文化体系，如相同的生活观念、日常行为、艺术表现形式和民间禁忌。而这一体系的存在，也是形成独特乡村文化的重要前提。

三、乡村文化变迁与文化保护理论

（一）乡村文化的不断变迁性

从人类学意义上来讲，"文化变迁"通常是由一种文化自身的演变或者由两种文化相互影响而引起的[①]。任何一个社会都处于发展和变动之中，作为其特点的文化也是不断变动的，平衡具有相对性和暂时性，而变动具有绝对性和永恒性[②]。文化的特点是适应社会发展，与时俱进，不断更新[③]。在城市化和信息化快速发展的背景下，中国乡村的社会结构正在发生变化，乡村文化正在经历一种全新的认知与转型。

（二）乡村文化变迁的因素

乡村文化中改变的内部因素是文化内部的社会生产形态发生了改变。由于生产方式的改变，许多社会现象发生改变，这种改变始于一种文化形态的增减，进而引起一种文化变迁[④]。文化变迁外在因素就是一种文化被另一种文化所影响进而发生变化。乡村产业的发展，对乡村文化产生了深远的影响。乡村的生态环境、乡村的生产性与生活性，都是乡村文化的宝贵源泉，它既有美学意义，又有休闲意义。在新的时代，新的生产方式的出现，必然会引起乡村文化的改变。在乡村地区，通过对产业、社会、环境等方面的整合，乡村地区的经济结构、生产方式、生活方式及服饰、饮食、风俗、节日等都将产生一些改变，使乡村地区的文化发生改变。例如，乡村的变迁必然与国家政策、区域布局变化等相关，从而引起乡村地理面貌、经济行为、社会结构、文化空间等方面的变化。

（三）乡村文化保护

在全球化发展趋势下，民族文化和传统文化等都受到了严峻的挑战，而在

---

① 陈国强. 简明文化人类学词典 [M]. 杭州：浙江人民出版社，1990：136.

② 宗晓莲. 布迪厄文化再生产理论对文化变迁研究的意义：以旅游开发背景下民族文化变迁研究为例 [J]. 广西民族学院学报（哲学社会科学版），2002，24（2）：22-25.

③ 陈煦，李左人，等. 民族·旅游·文化变迁：在社会学的视野中 [M]. 成都：四川人民出版社，2009：5.

④ 朱沁夫. 旅游与旅游目的地文化变迁 [J]. 旅游学刊，2013，28（11）：7-8.

此过程中，更多的人开始担忧在全球化进程中会产生文化同质性。实际上，在全球化进程中，地方文化呈现出一种"异质"的特征。在此基础上，通过文化商业化的方式，突出了民族文化的特色，从而促进了民族地区民族文化的保护与传承。在市场的需要和利润的推动下，为了让旅游者对当地独特的文化产生浓厚的兴趣，在进行文化建设过程中，村庄经常会在景观的构建和文化的构建方面做出努力，有意地维持着原有的风貌，寻求一种文化回归的方式。在这一过程中，这些方式在一定程度上发挥着继承乡村文化并促进乡村文化发展的功能。乡村文化是伴随着乡村经济和社会的发展而产生的。尤其是近几年，随着新农村建设、精准扶贫及民族文化建设的推进，乡村文化建设的步伐有明显的加速。如何准确认识乡村文化的变化，加强对乡村文化的保护与传承，对于满族特色村寨文化的建设和发展具有重要的战略和实践价值。

四、文化治理理论

文化治理是国家文化战略的一个重要部分，其推进与乡村的政治、经济和社会实践密切相关。文化治理能推进乡村地区的文化建设和文化振兴，也有助于实现乡村的全面振兴。

（一）从外源性发展向内源式发展转变

文化治理模式在实践中的转变是指乡村社会由外源性发展向内源式发展的转变。外源性发展增加了就业，改善了乡村地区的技术、通信和基础设施，但对外部投资的依赖，使当地经济成果难以实现，公众参与度低，不利于可持续发展。在反思外源性发展模式的基础上，内源式发展模式应运而生①。

早在 20 世纪 70 年代，联合国教科文组织便提出"内源式发展"理念，即一个地区应依靠当地自然资源、文化遗产、居民知识和创造力，在内部寻找发展动力，探索适合当地的、具有特色的发展途径②。内源式发展意味着改变社会和经济体系的能力，以及应对外部挑战的能力，促进社会学习、引入符合当地社会规则的具体形式。内源式发展是指当地的创新能力。该模式包括三个核心点：乡村居民参与、地方认同和地方资源利用③。其基本内涵如下：区域发

---

① ② 黄文记. 地方性知识驱动乡村文化振兴：历史逻辑、价值共生与体系重构 [J]. 西南民族大学学报（人文社会科学版），2023，44（11）：186-193.
③ 谢新松. 多元化社会的文化治理模式研究 [J]. 云南社会科学，2013（3）：138-141.

展的目的是立足内部，培养地方增长的能力；维护和保护当地的生态环境和文化传统；建立有权干预区域发展决策的有效基层组织；培养地方发展能力，把地方人民作为区域发展的主体，使地方人民成为区域发展的主要参与者和受益者。

内源式发展以当地的科技进步作为发展的着力点，其发展进程具有网络化的特点。同时，内源式发展依靠自身力量进行，需要有较强的地区经济和社会力量。因为民族地区村庄的根基比较弱，所以必须用外源性发展来积累资本、经验和技术，并培育出一批能够为内源式发展提供支撑的人才，进而构建出一种由外源性发展到内源式发展的乡村文化管理模式。

（二）从"文化代理"到"文化自理"

外源性发展向内源式发展转变的过程，主要表现为从"文化代理"到"文化自理"的过程。外源性发展为文化代理模式，即政府遵循政治逻辑，通过制度设置、权力调整、项目规划等行政方式，对地方文化资源进行统一规划布局；企业遵循市场逻辑，运用市场化手段管理当地文化资源，获取经济效益。

外源性发展以市场为导向，对地方文化资源进行有效经营和管理，从而获得良好的经济利益。它主要表现为文化资源由资本与政治力量所支配，在促进民族地区经济与社会发展的同时，也极大地干扰了文化民主的进程。

数字化技术与社交网络的兴起，重塑了文化与社会之间的关系，使人们在地方文化建设中有更多的参与渠道，认识到了文化的重要意义，从而形成了"文化自理"意识。这标志着在文化与社会的互动过程中，从集中的层次模式向分散的共享模式转变，人们越来越积极地保护自己在当地文化资源开发中的权利，如提供信息、倾听意见、拥有决策权或共同制作等。

在内源式发展模式中，"文化自理"遵循"多元治理逻辑"，并不排斥政府与市场的参与，提倡多元主体共存，从而创造最大的地方文化效益。具体来说，政府要做好引导、服务、政策导向、规划及文化基础设施建设等工作；企业在文化资源的开发、经营、管理等方面起到支撑作用；人民群众是文化资源开发的主体，对文化产业、文化资源的保护与开发负有具体责任。

从"文化代理"外源性发展模式向"文化自理"内源式发展模式的转变，关键是指人们的观念发生了变化，也就是文化自觉的产生。著名社会学家费孝通认为，所谓文化自觉性就是生活在一个历史文化圈中的人，他清楚地认识到自己的文化，也清楚地了解自己文化的发展过程与未来①。

"文化自觉"对人的文化行为起着重要的作用。在"文化自觉"以前，人们更多的是以追求地区文化资源经济效益最大化为目的的工具理性的文化行为。产生"文化自觉"后，人们开始认识到文化的重要意义，重视合理的文化经济与管理，促使他们自觉地对传统文化资源进行保护，并产生一种对文化的自豪与依恋。"文化自觉"的产生，使文化行为由工具理性转向价值理性，这是一种新的文化现象。其本质就是要重塑人们的文化价值观念，培养人们的文化主体意识，通过文化资源的保护和开发来实现乡村文化的振兴，通过文化治理推进乡村全面振兴。

本章小结

本章对所要涉及的重要思想及理论进行了梳理，对乡村振兴与民族村寨文化建设的内在联系进行了讨论。中央提出和实施乡村振兴战略是基于改革开放以来我国"三农"问题的发展变化，以及国内发展不平衡不充分问题依然突出且农村是发展不平衡不充分的薄弱环节的现实，以推进我国农业农村现代化为宗旨，以产业、人才、文化、生态、组织为一体，多元化解乡村衰落问题的综合性方略。

辽东地区满族特色村寨在辽宁省和全国民族地区中均属欠发达地区，乡村发展不平衡不充分的问题更加突出。同时，辽东地区是自然旅游资源和民族文化旅游资源禀赋十分优越的地区，乡村旅游文化产业起步较早。因此在这一地区，大力实施乡村振兴战略具有紧迫性，而以发展民族村寨文化产业为其产业振兴路径和切入点是具有现实可行性的选择。

乡村振兴与民族村寨文化建设具有紧密的内在联系。在民族地区发展村寨文化，必须置于乡村振兴这一大的历史进程之中；乡村振兴是未来数十年中国乡村发展的全方位指南，有具体任务、指标体系和阶段发展要求，对民族村寨文化具有重要的引导作用。民族地区村寨由于特殊的区位、自然生态、历史等因素，传统农业、工业对乡村振兴的作用有限，必须走新型产业发展道路。民族村寨文化是具有发展文化条件的民族村寨推进和实现乡村振兴的有效路径和

---

① 张琦，杨铭宇. 民族地区乡村文化治理：逻辑起点、理论机理与实践路径 [J]. 西南民族大学学报（人文社会科学版），2021，42（10）：114-121.

优先选择。民族村寨文化产业本身具备的产业发展、经济富民、文化传承与开放、生态环境保护、乡风文明、社会治理、民族团结和社会稳定等效应，与乡村振兴战略的目标与要求高度契合，因此对于民族旅游村寨而言，二者具有内在的逻辑联系。同时，村寨旅游与乡村振兴的融合发展，对民族地区铸牢中华民族共同体意识、加强民族团结进步、促进民族地区长治久安与各民族共同繁荣，具有重要的意义。

第三章 辽东地区与满族特色村寨文化建设概况

辽东地区居住着多个民族，不同民族之间相互影响、相互融合，从而形成了各自独特的地域文化。开展乡村文化建设和实施乡村振兴战略，不仅使各个民族之间的交流与融合得到更深层次的提升，从而更好地推动地区的经济和社会发展，还有利于地区内的各民族群众更好地铸牢中华民族共同体意识。在此基础上，进一步深化对中国特色社会主义建设的认识，促进中国特色社会主义建设事业的进一步发展。

》》 第一节 辽东地区概况

一、区域范围

历史上，"辽东地区"是一个地理学名词，在不同历史时期，其行政区划和地域范围均有差异，在历史上经历了从广义向狭义的演变过程，到明清时逐渐缩小为以明代"辽东边墙"和清代"柳条边"为中心的狭小范围①。目前，辽东地区是指辽宁省东部的中低丘陵区，辽长铁路以东的长白山脉支脉哈达岭与龙岗山由西向南延展的东北地区，位于沿鸭绿江、黄海、中朝边境的"三沿"地带。本书所述的辽东地区正是基于此区位认同之上，结合辽宁省人民政府 2021 年 3 月发布的《辽宁省国民经济和社会发展第十四个五年规划和二〇三五年远景目标纲要》中提出的辽东绿色经济区的行政区划范围，确定本书所述研究的范围为辽东绿色经济区包含的岫岩县、凤城市、宽甸县、本溪县、桓

---

① 王艳，王帅. 辽东文化生态保护区建设问题研究：基于文化整体保护的视角 [J]. 大连民族大学学报，2018, 20 (4)：299-304.

仁县、抚顺县、新宾县、清原县、西丰县 9 个县（市）。

居住在辽东地区的少数民族有 40 多个，包括满族、蒙古族、回族、朝鲜族、锡伯族等，其中满族约占全区总人口的三分之一，辽东地区是满族的发祥地和我国少数民族聚居区之一。辽宁省东部山区是东北地区重要的基因库，拥有"四个绿色屏障"（"绿色屏障""绿色水库""绿肺""绿色银行"）、"五个基础"（水电、水产品及矿业生产基地，林果土产品生产基地，绿色有机农业园区，生态旅游度假区，生物多样性和基因宝库、栖息地和生态卓越区），人文和自然景观丰富。辽东地区满族特色村寨的发展，直接关系到"四个绿色保障""五个基础"的可持续性，关系到辽东地区经济社会协调发展的进程。辽东地区受历史渊源、地理环境、生态环境、民族文化、生计方式、风俗习惯、语言等多种因素的共同作用和影响，形成了具有地域性的物质文化和精神文化，这种文化被称为辽东文化。

二、自然情况

（一）地貌水文

辽东地区位于辽河平原东部，东临鸭绿江，面积 5.15 万平方千米，约占全省总面积的 34.6%。境内山丘众多，是长白山向西南的延伸。地势由东北向西南逐渐降低，形成了辽河与鸭绿江的分水岭。辽东地区水系十分发达，其中以大沙河、大洋河、碧流河、鸭绿江为主要水系，境内江河有 200 余条。北段是吉林哈达山脉的南端，大部分海拔在 700 米以下；东段为辽吉两省交界，属松辽流域，地势略高；西段靠近山前，以海拔 200~300 米的丘陵为主；中部的龙岗山和千山是浑河、太子河和鸭绿江的分水岭。境内海拔 1000 米以上的山峰（如花脖子山、白云山等）较多，构成了辽东地区的山脉骨干。

（二）气候

辽东地区总体上属于温带大陆性季风气候，年平均温度在 5~10 ℃。四季分明，温差较大，雨量充沛，全年有 2270~2990 小时的日照。该地区年降水量为 400~1130 毫米，从东南到西北呈逐渐减少的趋势。大多数地区的降水量超过 800 毫米。鸭绿江下游宽甸县是最大降水中心，降水量达 1021.4 毫米；区域内降水量由南向北迅速减少，降水主要集中在太子河、苏子河等河流的上游；清原县周边地区降水量小于 800 毫米，各季节降水量存在较大差异。

（三）风物特产

辽东地区的主要优势物产是在山林和森林下的野生植物。其森林面积是耕地面积的 1.7 倍多，有树种 200 多种。其中，紫椴、黄檗、刺楸、水曲柳等是珍贵树种，还有松木、冷杉等木材林，以及橡树、栗子树等经济林。此外，山林之下还有丰富的野生资源，如山核桃、黑葡萄、木耳、榛子等，可以采集和加工的野果有 70 多种。栗子、冬梨、山楂、香菇、平菇等人工栽培的产量也相当可观，有利于批量出口。野生药用植物也很丰富，已确定的有 600 多种。辽东地区有"天然中药仓库"之称，其中，柱参、东党、辽五味、辽细辛等闻名中外。此外，烟草、柞蚕、绒山羊等名优产品是主要的出口创汇产品。

三、历史文化

（一）历史发展

辽东地区文化源远流长，自远古以来就属于战略要地，因而形成了历史悠久的传统文化。《魏书》中记载，"勿吉国，在高句丽北，旧肃慎国也"①。肃慎族自两千多年前起，便已分布于长白山以北、松花江、黑龙江等地，并以渔猎为主要生活方式。随后，在先秦、东汉、晋、北魏、唐、宋时期逐渐形成了挹娄、勿吉、靺鞨和女真。此外，东北地区还存在着索伦族、鄂伦春族、赫哲族、锡伯族等多个民族，他们相互斗争、相互合作，共存于此。明代前期，在辽东地区形成了三大女真部族：建州女真、海西女真和东海女真。1424 年初，建州女真族酋长李满柱率部迁入桓仁，桓仁及其周围的宽甸和凤城成为满族先民的聚居地。女真与明朝界碑如图 3-1 所示。1583 年，以努尔哈赤为首的女真人在辽东地区兴起，都城位于今天的新宾县赫图阿拉村。1616 年，努尔哈赤统一女真各部，在赫图阿拉即汗位，国号"金"（史称"后金"）。此后女真人迁入辽河平原，居住地由山岳逐渐过渡到平原。1635 年，皇太极废除"女真"族名，改族名为"满洲"，满族正式出现在历史舞台上，并迅速壮大起来②。女真统一以前，东北地区仍以汉族与其他少数民族混居为主。皇太极

① 冬利. 满族居住形态的建筑人类学解读［D］. 北京：中央民族大学，2012：88-89.
② 王铁军. 部族、地理、家园：近代东北概念生成的政治文化空间［J］. 社会科学战线，2024，347（5）：140-148.

建立清朝后，汉族开始向中原迁徙。清军入关后，山海关仅存八旗军、少数汉族及少数民族在东北地区活动。到 19 世纪末期，大量的汉族难民向东北地区涌来。中华人民共和国成立以后，辽宁地区出现了以汉族为主体的多民族融合发展的趋势。

图 3-1　女真与明朝界碑，现存宽甸县灌水镇人石村

（二）文化发展

　　辽东地区的文化遗产分布集中、形式多样、保存完好。截至 2023 年，辽东地区已有 196 项国家级、省级、市级和县级的非物质文化遗产项目，其中 3 项为人类非物质文化遗产项目，13 项为国家级，30 项为省级，80 项为市级，70 项为县级。拥有 2 处世界文化遗产，22 处全国重点文物保护单位，30 处省级文物保护单位，108 处市级文物保护单位，340 处县级文物保护单位。据统计，辽东地区共有 70 项少数民族文化项目列入各级非物质文化遗产名录，其中列入人类非物质文化遗产名录 2 项，国家级 5 项，省级 15 项。省级以上少数民族非物质文化遗产项目数占全区同级非物质文化遗产项目数的 47.8%；少数民族项目列入世界级、国家级、省级、市级、县级非物质文化遗产名录的数量分别占全区同级项目数的 66.7%，38.5%，50.0%，33.8%，30.0%。

　　同时，辽东地区共有涉及少数民族文化事项的市级非物质文化遗产项目

27 项，占全区少数民族非物质文化遗产项目总数的 38.6%；县级少数民族非物质文化遗产项目 21 项，占全区少数民族非物质文化遗产项目总数的 30.0%。少数民族传统文化作为辽东地区文化生态环境的重要组成部分，不容忽视，具有重要的历史、文化和社会价值。

由上述资料分析可知，辽东地区是以农业区为主体，具有地域性特色的多民族文化聚集区，并以汉族、满族、朝鲜族和锡伯族等多民族文化形成了多民族融合的特色文化聚集区。辽东地区丰富多样的民族文化资源，是该地区文化建设不可或缺的一部分。

四、经济社会发展

（一）经济发展概况

一是经济增长迅速。2014—2022 年，辽东地区 9 个县（市）的 GDP、财政收入和农民人均纯收入的增长速度都超过了全省平均值。辽东地区 6 个贫困县和 567 个少数民族贫困村全部实现脱贫摘帽。辽东地区 9 个县（市）全部通了公路，所有建制村都通了柏油路和公共汽车；发展现代农业取得显著成绩，岫岩县和桓仁县两个少数民族自治县成为辽宁省"一县一业"示范县；形成了一批特色民族产业园区、服务业集群、扶贫基地、优势产业集群，为打赢民族地区脱贫攻坚战、实现乡村振兴发展提供了有力支撑。

二是新经济、新业态优势开始显现。随着电子商务的快速发展，宽甸县与京东、阿里巴巴等知名电子商务平台实现了多元化合作。2019 年，"宽甸鸭绿江冷水鱼"被纳入京东自营品牌。2022 年，"满乡印象""品味宽甸"电商平台销售额突破 2400 万元，实现 179 个行政村乡村电商服务网点全覆盖。岫岩县玉石文化产业园电子商务产业基地正式揭牌。鞍山继万玉石床垫有限公司等 5 家企业被批准为电子商务试点企业后，新宾县被国家确定为乡村电子商务综合示范县。各地积极发展"旅游+"新业态，生态旅游、红色旅游、健康旅游、边境旅游、民俗旅游等旅游产品不断丰富。

（二）生态文明建设成效显著

"十三五"以来，辽东地区大力推进生态文明建设。辽东生态安全屏障不断巩固。蓝天、碧水、青山、净土、乡村生态环境修复五大工程不断深化，区域生态环境建设成效显著。

一是大气环境质量持续改善。各县（市）坚持打赢蓝天保卫战，加大空气质量监测和治理力度。各县（市）10 吨以下燃煤锅炉的拆除改造基本完成，空气质量明显改善。本溪县年均空气质量优良天数超过 90%，清原县、新宾县被评为全国"百佳深呼吸小城"。

二是水环境污染得到有效遏制。辽东地区 9 个县（市）水资源丰富，是浑河、清河、柳河、柴河、太子河、富尔江、辉发河等大中型河流的发源地。建有大伙房水库、观音阁水库等大中型水库。水资源总量占全省的 62%，为辽宁中部、南部城市群提供 80% 的生产和生活用水。深入开展水污染防治行动，城市黑臭水体和重污染河流治理取得明显成效。桓仁县地表水比例优于三级水体 100%，主要监测河流水质达标率为 100%，城市生活污水处理率为 100%。

三是森林资源保护取得成效。辽东地区 9 个县（市）森林覆盖率高。9 个县（市）的林地面积和林分蓄积量占全省一半以上，年固碳量可达 950 万吨以上。经计算，辽东地区森林生态系统服务总价值为 1933 亿元/年，其中涵养水源价值约 930 亿元/年，年涵养量为 120 亿立方米。辽东地区大力开展封山造林、村寨绿化、闭坑矿山生态治理等。岫岩县加大矿山植被恢复力度，推进公路两侧生态治理，累计完成植树绿化 10.73 万亩①、矿山地质环境修复治理 1028 亩、闭坑矿山治理 325 亩；桓仁县和本溪县的森林覆盖率分别达到 78.9% 和 78.7%；桓仁县和凤城市大梨树村被确立为国家"绿水青山就是金山银山"实践创新基地；宽甸县青山湖村等 6 个行政村被国家林业和草原局评为"国家森林乡村"，青山沟村等 3 个行政村被中国生态文化协会评为"全国生态文化村"。

四是乡村生态环境明显改善。抚顺县大力推进乡村振兴战略，完成 10 个美丽示范村建设，乡村公路网基本建成，先后被授予辽宁省首批"四好农村路"示范县和全国"四好农村路"示范县等荣誉称号。凤城市刘家河镇被列入国家"美丽宜居小镇"示范名单，被认定为首批省级特色小镇——生态宜居小镇。新宾县被农业农村部授予"全国村庄清洁行动先进县"称号。

（三）绿色经济发展基础良好

依托资源优势和产业基础，因地制宜发展生态农业、生态旅游、新能源等特色产业，加快构建低碳、高效、集约的绿色产业体系。

---

① 1 亩 ≈ 0.067 公顷。

一是生态农业具有丰富的特色。"十三五"以来，辽东地区特色农业规模不断扩大，重点发展中药、食用菌、林下人参、鹿产业、野菜等特色产业，推动生态农业发展。农业供给侧结构性改革成效显著。桓仁县现有多个农产品品牌和国家地理标志产品。岫岩县继续坚持"农业精细化""专业化"方针，成为辽宁省首批国家级"生态原产地产品保护示范区"。新宾县先后被授予"农产品质量安全县""中药产业技术体系基地示范县""省级现代农业产业园（中药材）创建县"等称号，并被认定为辽宁省首批国家级"生态原产地产品保护示范区"。素有"中国鹿乡"美誉的西丰县，依托鹿产品进出口加工贸易和保税贸易试点，以及国家级鹿产品出口质量安全示范区，大力打造世界鹿产品集散地。2023 年，西丰县实现进出口收入 3.7 亿元，增长 5.7%。

二是生态旅游蓬勃发展。辽东地区 9 个县（市）生态优势明显，文化资源丰富。积极推动生态旅游与红色旅游、休闲旅游与乡村旅游融合发展，文化建设成为重要支柱产业。到 2022 年，辽东地区 9 个县（市）拥有国家级自然保护区 2 处，世界文化遗产 2 处，国家级风景名胜区 4 处，省级以上森林公园 22 处，形成了以自然景观、地方农副产品、满族文化为代表的特色旅游目的地。桓仁县成为首批国家全域旅游示范区，凤城市、宽甸县、岫岩县入选创建名单。宽甸县是辽宁省首个生态旅游试验区。生态旅游、红色旅游、健康旅游、边疆旅游、满族文化旅游等旅游产品丰富，文化建设的驱动力不断增强。

三是新能源产业蓄势待发。投资 109 亿元、总装机容量 1800 兆瓦的辽宁清原抽水蓄能电站正在加快建设。截至 2024 年 6 月 29 日 0 时，项目进展顺利，电站 1 号、2 号、3 号机组均已投产发电，且运行稳定。中能建投（清原）新能源有限公司 40 兆瓦生物质热电联产项目获批破土动工。桓仁核电作为辽宁省唯一的内陆核电项目，已上报国家发展和改革委员会，大雅河抽水蓄能电站项目的前期工作取得重大进展。

（四）生态制度改革不断完善

一是国有林场改革。桓仁县枫林谷景区由 8 家国有林场投资开发，成立了国有全资独立股份制企业——桓仁枫林谷森林公园旅游有限公司。全面实行股份制改革，开创了"枫林谷改革模式"。枫林谷的公有制改革模式非常成功，实现了生态效益、社会效益、经济效益的"三丰收"，并在全国进行推广。

二是林业碳汇交易。宽甸县于 2020 年启动林业碳汇建设。计划推进 300

万亩林地碳汇建设，约占全县森林面积的 42%。截至 2020 年底，累计收集碳汇林基础数据及相关信息 57 万余亩。宽甸县成为辽宁省第一个推进碳汇开发利用的县。未来，当地林农将在传统收入的基础上，获得碳汇交易收入的额外份额。

（五）社会发展概况

"十三五"以来，辽东地区 9 个县（市）的经济实力得到了显著提高，各项社会事业得到了长足发展，人民生活得到了改善，经济得到了快速发展，民族团结得到了巩固，社会稳定得到了巩固和发展。同时，打赢了脱贫攻坚战，与民族地区同步实现了全面小康。辽东地区 9 个县（市）的各族人民获得感、幸福感明显增强，进一步巩固了平等、团结、互助、和谐的社会主义民族关系，呈现出中华民族大家庭携手共筑中国梦的良好局面。具体成效如下。

一是全面推进社会事业的发展。2022 年，辽东地区 9 个县（市）有 1819 所中小学（幼儿园），在校生 66.2 万人，已建立起较为完备的民族教育体系。"十三五"期间，辽宁省教育投入了 212 亿元，重点用于改善民族地区的教育质量和发展水平。辽东地区的 9 个县（市）全部入选义务教育优质均衡发展县（市、区）。卫生基础设施明显改善，县级、乡级和村级三级医疗机构基本建成。实施了 969 项农村饮水工程，使 48.6 万人饮水得到改善。社会保障制度进一步健全，基本实现了全民养老保险制度的全覆盖，实现了城乡居民基本医疗保险和城乡低保覆盖率的目标。连续 8 年保持"零就业家庭"动态清零，城镇登记失业率低于 4.2%。加大了对民族地区的援助力度，解决少数民族群众上学、看病、饮水、旅游等方面存在的问题，使民生得到明显改善。

二是对优秀传统文化的继承与发展。实施了少数民族文化教育"星光计划"，在辽宁省建立了 10 个少数民族传统体育项目训练基地、7 个少数民族文化传承与保护基地。在民族地区，基本形成了城乡体育服务网络。加强了民族文化遗产的保护工作，满族剪纸等 23 项入选国家非物质文化遗产名录，50 项入选省级非物质文化遗产名录，岫岩民间剪纸等 3 个项目入选了联合国教科文组织非物质文化遗产名录。对少数民族古籍进行了抢救、收藏和保护，组织出版了有地方特色的少数民族古籍 150 多部，出版了一批优秀著作。加大了满族特色村寨文化建设力度，把一批有民族特色的村落纳入国家扶持范围，包括新宾县赫图阿拉村在内的多个村庄获得了"中国少数民族特色村寨"的称号。

加强了文化设施建设，辽东地区的9个县（市）有105个文艺演出场所、112支文艺演出队伍、18座公共图书馆、12座博物馆。

三是民族团结进步事业的繁荣。继续加大宣传教育力度，加强民族团结进步的宣传教育力度，增强中华民族共同体意识。辽东地区9个县（市）每年都要举办省级民族团结进步宣传月活动，开展以"七个先进"为主要内容的民族团结进步创造活动。辽东地区9个县（市）涌现出一批全国民族团结进步模范集体和模范个人，受到国家、省、市、县表扬。

（六）主要问题

1. 经济总量占比有所下降

2020年，辽东地区9个县（市）地区生产总值占全省经济总量的3.2%。与2016年相比，虽然经济总量有所增长，但在辽宁省的比重下降了0.3个百分点。可见，"十三五"以来，辽东地区9个县（市）对辽宁省的经济贡献呈现下降趋势。未来如何实现生态保护与经济的协调发展，是一个亟待突破的难题。

2. 财政实力总体偏弱

2020年，辽东地区9个县（市）的一般预算收入占全省一般预算收入的2.3%，仅比2016年全省的比例高0.2个百分点。但从公共财政支出来看，9个县（市）2019年支出总额是一般预算收入的3.7倍。由此可见，辽东地区的财政收支存在很大的不平衡。经过"十三五"时期的发展，辽东地区仍然是全省经济基础最薄弱、财政最困难的地区之一，依靠地方财政支持区域绿色经济发展难度较大。

3. 生态保护形势严峻

辽东地区9个县（市）是我国重要的水源涵养区和天然林保护区，承担着生态保护和经济发展的双重任务。尽管经过多年的生态修复，生态治理的负担仍然很重，由于其财政资源薄弱，在生态建设和保护方面的投资不足。辽东地区有许多矿区，早期无序开采造成了严重的生态破坏，矿山的生态恢复也是一个大问题。从区域三产结构特征来看，第一产业比重过高，农业面源污染和饮用水水源保护区污染形势依然严峻。

4. 生态补偿力度不够

近年来，辽宁省不断完善生态补偿制度，但与其他大部分省份相比，补偿标准偏低。以非公有制森林生态补偿为例，主要是对自然保护区内被纳入生态非公有制森林范围的林地进行补偿，其中被纳入国家级公有林范围的非公有制森林的集体和个人所有制补偿标准为每年 15 元/亩，当地公益林补偿标准为每年 7.5 元/亩（自然保护区为每年 10 元/亩）。尽管这一标准与 2009 年的规定相比有所提高，但仍低于林地正常经营所产生的经济效益。

5. 绿色转型任重道远

总体来看，辽东地区 9 个县（市）的绿色农业资源相对不足，特色产业集聚，同质化竞争明显，大型农业企业缺乏，主导产业水平较低，绿色经济发展仍处于起步阶段。畜牧废弃物尚未得到充分利用，其为现代农业生产模式下产生的大规模粪肥，利用率不高。农产品加工能力不足，无法形成农产品有效再利用和增值的效果。以林下作物为例，规模化食用菌产品只能销售干鲜产品，加工潜力难以发挥。9 个县（市）的主导产业大多属于传统产业，如岫岩县的氧化镁产业、凤城市的石墨烯产业等，辐射带动能力不强，缺乏龙头企业和大型项目支撑，绿色转型的动力不足。

❯❯ 第二节　辽东地区满族概况

辽宁省既是满族的发源地之一，也是全国满族人口最多的省份。辽东地区是辽宁省满族的主要聚居区。辽东地区北邻吉林省，南临渤海、黄海，东南与朝鲜接壤。就地形而言，辽东地区主要由山脉和丘陵组成。在人口方面，根据 2021 年辽宁省公布的第七次全国人口普查结果，辽宁省总人口为 4259 万人，其中满族人口 508.6 万人，占全省总人口的 11.9%。辽东地区总人口为 318 万人，满族人口约 211 万人，占辽东地区总人口的 66.4%，约占全省满族人口的 41.5%。

辽东地区现设岫岩县、新宾县、宽甸县、清原县、本溪县、桓仁县 6 个满族自治县，其中，新宾满族自治县、岫岩满族自治县、凤城满族自治县（1994 年更名为凤城市）是 1985 年国务院设立的首批满族自治县。辽东地区的满族主要以定居形式分布，90% 以上的人口分布在辽东地区各满族特色村寨中。

一、满族发展历程

满族虽然形成于明末，但其祖先可追溯至先秦，其文化源远流长。满族先民历经几千年的发展，为满族文化奠定了基本内涵。先秦时期，肃慎为今天满族的祖先，他生活于山洞之中，饮食单一，生性彪悍，在婚姻观、丧葬习俗等方面均有独到见解，此时，肃慎文化尚处于相对原始阶段。南北朝时期，满族的统称是"勿吉"，此时，满族先民文化已有长足发展。在饮食文化上，他们开始种植粮食和蔬菜，掌握了酿造技术，有了固定的住所，农业和手工业等方面取得了一定的进步。

隋唐时期，满族的祖先被称为靺鞨族，共分为七部落。其中，粟末部族与唐朝有密切联系，并不断向唐朝学习先进文化。他们受唐朝文化影响很深，在保持自身传统文化的前提下，不断吸收唐朝和高句丽文化，并借助唐朝体系来建立政权。女真人的直系先祖靺鞨族中的黑水靺鞨，居住于黑龙江和松花江下游，受唐朝影响不大。黑水靺鞨人在继承祖先文化传统的同时，注重狩猎，同时大力发展农牧业和手工业。他们用铁制工具和陶瓷来饲养猪和马等牲畜。辽宋到元明时期，满族先祖被称为女真部族，部族经济得到了快速的发展，为满族的形成打下了坚实的基础。辽朝时期，女真族的农业达到了相当发达的程度，饮食也更加多样化，生活水平有所提高。一种与热炕相似的取暖设备应运而生，形成了一种固定的审美观。辽朝末年，完颜阿骨打统一了女真部族，建立大金政权。大金的建立，使女真文化得到了质的飞跃。1234 年，大金灭国，女真人分为三部分，一部并入中原，一部融入蒙古族，还有一部留在东北。

明清时期，留在东北的女真人逐渐成为满族的主体。1616 年，努尔哈赤建立了后金政权，基本实现了女真部族的统一，并在此基础上大力发展自身文化，发布了统一文化的法令。其后，努尔哈赤创立八旗制度，并创造满文，推动了满族文化的形成。1625 年，后金政权迁都沈阳，正式迁入辽沈地区。

1635 年，皇太极定族名为"满洲"。在此之后，他通过不断缓和满汉关系、积极吸纳汉族文化之精华、改变满族文化原生态特征等方式，推动了满族与汉族文化的交流与融合，使满族文化在很短的时间里得到了快速的发展。清军入关以后，满族文化得到蓬勃发展。与汉族文化的融合给满族文化注入了新的血液，满族文化在吸收汉族文化的同时，保持着自己的文化根基，表现出旺盛的生命力。入关以前，满族以渔猎为主，以农业为辅。入关以后，满族的生产模式向农耕模式转变。生产方式的变化使整个民族的文化由单一的渔猎文化过渡到以渔猎和农业为主体的二元文化。满族文化通过与汉族接触并受汉族文化影响，且融入汉族文化得以发展。满族发展历程如图 3-2 所示。

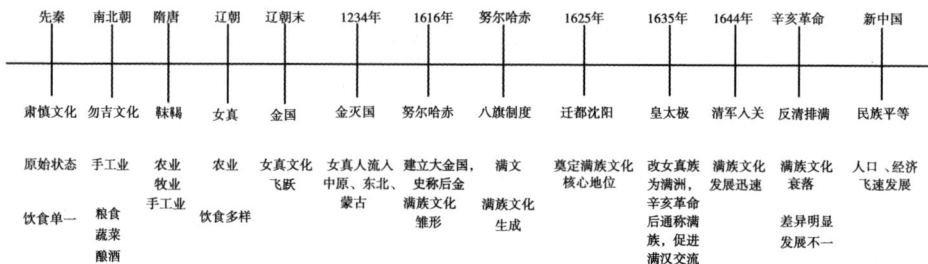

时间	文化/事件	状态
先秦	肃慎文化	原始状态 饮食单一
南北朝	勿吉文化	手工业 粮食蔬菜酿酒
隋唐	靺鞨	农业 牧业 手工业
辽朝	女真	农业 饮食多样
辽朝末	金国	女真文化飞跃
1234年	金灭国	女真人流入中原、东北、蒙古
1616年	努尔哈赤	建立大金国，史称后金 满族文化雏形
努尔哈赤	八旗制度	满文 满族文化生成
1625年	迁都沈阳	奠定满族文化核心地位
1635年	皇太极	改女真族为满洲，辛亥革命后通称满族，促进满汉交流
1644年	清军入关	满族文化发展迅速
辛亥革命	反清排满	满族文化衰落 差异明显发展不一
新中国	民族平等	人口、经济飞速发展

图 3-2　满族发展历程

二、满族文化概况

（一）语言

满语是满族使用的语言。它属于阿尔泰语系通古斯语族的满语分支，属于黏着语，元音不完全和谐。满文是在蒙文基础上改进而成的一种垂直书写的拼音文字。满语在清朝被指定为国语，也被称为清文。在清初，大多数诏书和文诰都是用满语发布的（见图 3-3），成为纪念、官方文件、教学、翻译和日常生活中使用的主要语言。自康熙晚期以来，满文的使用逐渐减少。

清朝时期，满语是中西文化交流的重要载体。当时，西方耶稣会士学习满语，将中国介绍给西方。此后很长一段时间，满语一直是外国了解中国的途径之一。目前在德国、意大利、美国、日本等国，已经建立了一些研究满族语言的机构。1884 年，新疆设省后，说满语的人数达到 4 万多人，除满族外，还包括锡伯族等民族。辛亥革命后，满族逐渐转向使用汉语。现阶段，掌握满语的人较少，只有少数老年人和一些语言专家还能使用这门语言。

（二）宗教信仰

满族信仰萨满教、佛教和藏传佛教，其中萨满教是最有代表性的。萨满教是一种古老的史前宗教。满族崇拜的神有很多，大致可以分为自然神、动植物神和英雄祖先神。自然神包括日、月、星、雷、雨、山、河等，以火神为头

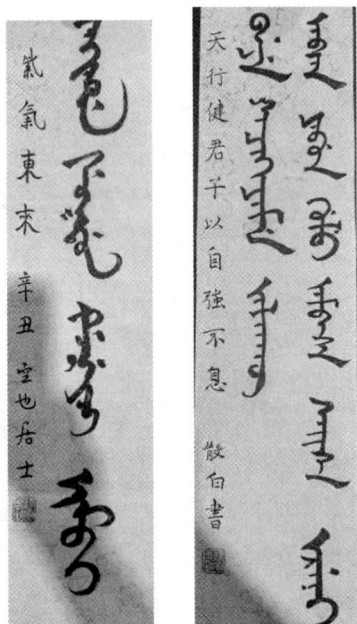

图 3-3 满文书法

神。火神是一位高尚的女神，她牺牲自己来拯救别人，使满族的火节异常壮观。动植物神俗称野神，包括老虎、狼、水獭、蛇、鹰、喜鹊、乌鸦等动物，以鹰神为头神。鹰神与萨满有一定的关系，根据神谕，女萨满是由鹰魂转化而成的。

满族萨满教对灵鸟的崇拜十分突出，其他神兽多为氏族部落的保护神。常见的植物神灵包括柳树、橡树、榆树、桦树等。其中，柳树崇拜是最主要的，它与女性崇拜密切相关。在神话中，柳树孕育了万物。

（三）习俗

1. 居住

住宅是组成满族特色村寨的最基础单位，满族传统村寨的住宅布局具有大分散、小聚集的特征，村寨的布局较为散乱，但住宅的空间布局却呈"群"状，其原因在于满族祖先重视血缘关系，早期满族特色村寨大多以氏族为单位，直到今天，满族氏族仍沿用"群居"的生活模式。满族村寨住宅如图3-4 所示。

满族的生活习惯和文化形态经历了因应自然环境和生产方式演变的变迁。

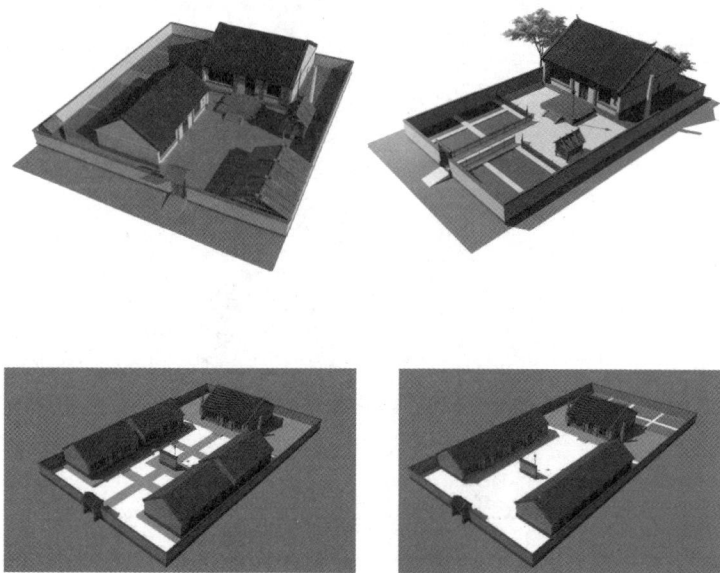

图 3-4　满族村寨住宅

由于气候多风且寒冷，满族的居住习惯和住宅结构亦随自然环境和生产需求而调整。无论是村落的布局选择还是住宅的构造，均旨在构建一个能够抵御东北地区严酷气候条件的稳定居所。

满族民居通常呈口字形布局，俗称口袋房，又因其形状类似斗形，故又称为"斗室"。其中正房朝向北方，房内布局通常进门处为伙房，两侧开门处为卧室。在满族的建筑习俗中，西厢房先于东厢房建造，长者居住在西屋，体现了"以西为贵"的传统。西炕虽空间不大，但通常不允许人们坐卧其上，因为西厢房的西墙是供奉祖先神位的特定区域。满族人在建造房屋时，会先搭建房架，随后砌墙安装门窗。在这一过程中，亲朋好友会前来祝贺，并赠送红布，将红布覆盖在新房的房梁上，以示祝福。满族先祖倾向于选择山林地带作为定居点，背靠山峦，面向水域，并且偏好在向阳的山坡上建设村落。此外，满族没有设立独立的祭祀场所，而是在自家院落中安置索伦杆，以便在院内进行祭祀活动。

在满族的祭天与祭祖仪式中，民居空间布局的发展亦受到显著影响，对祖先的居住空间有着严格的规范。影响传统村落空间布局的主要因素分为自然环境与人文环境两类。辽东地区满族传统村落的空间布局形态，主要受到萨满教这一满族宗教信仰的影响，进而影响了满族的居住文化。传统的"口袋房"

"以西为贵"等居住文化特色,体现了满族独特的居住理念。满族村落的选址遵循"依山为富""近水为吉"等原则,反映了满族先民在村落选址上的风水观念和生存智慧。

2. 服饰

在古代,满族民间服装很少有面料,主要为皮料。冬天的衣服通常被称为光板皮,而在夏天,他们穿着刮薄的成熟皮革。民间把鹿皮看得很珍贵。狍子皮虽然质地脆,但透气性好,透光感轻微,重量轻,是满族妇女喜欢穿的一种衣物。羊皮和小动物的皮等是满族的日常用品。满族妇女善于用小动物皮毛制作小物件和饰物,如钱包、腰袋、烟袋等,以及装燧石、筷子、刀具等杂项物品。直到满族进入辽沈地区,他们才从汉族聚居区购进布料、丝绸和缎子,并在与汉族人的交往中学会了种植棉花和纺布。满族服饰如图3-5所示。

图 3-5　满族服饰[1]

3. 饮食

满族祖先生活在东北地区,渔猎生产占很大比例。因此,满族的饮食文化富含鱼、肉等高蛋白食物。另外,东北地区寒冷,不适合果蔬生长,所以满族饮食中甜食的种类不多,而浸渍或腌制的蔬菜种类较多,如腌制白菜、糖蒜、豇豆等。由于气候寒冷,满族人喜欢吃油炸食品,喝加热的烈性白酒,特别是在过去,满族男女都会喝酒。东北地区盛产黄米、糯米、高粱和豆类,因此满族人经常把高粱米和大米混合在一起作为主食,被称为"二米饭"。黄米和糯米多用于制作糕点,如黏豆糕、宝塔糕、年糕、芸豆卷等。满族饮食如图3-6

---

① 富育光. 图像中国满族风俗叙录［M］. 济南:山东画报出版社,2008:10.

所示。

图 3-6　满族饮食①

4. 医药

满族医药文化是指满族人民创造的与医药有关的物质文化、精神文化和制度文化的总称。作为民族非物质文化遗产，保留了满族文化的原始状态，是中医传统文化的重要组成部分。满族医药文化起源于多民族文化。在其形成过程中，吸收了中医、蒙医等医学文化和技术。满族医药文化不仅是今天满族自己的文化，而且融合了东北亚许多民族的优秀传统文化。满药传承者掌握的许多技术无法追溯到起源，但通过整理他们的收藏，人们可以清楚地看到满药与东北亚古代民族（如靺鞨、契丹和女真）之间的文化联系。历史上的一些民族虽然消失了，但其文化技能没有消失，并在满族传统医药中流传下来。满药的历史文化是由不同民族共同创造的，可以为东北亚地区民族历史文化的研究提供重要的线索。保护、传承和发展满药，有利于增强中华民族共同体意识，体现中华民族共同的精神家园，增强中华民族的文化自信。

（四）文化艺术

1. 艺术

满族歌舞在艺术方面是独一无二的。早期的满族歌舞比较简单，主要是举手定额、转袖背、盘旋作势，大家配合唱"空齐"（被称为空齐曲），这种舞蹈也称为莽式舞。在莽式舞中，更复杂的部分包括各种动物的动作。民间还有"笊篱姑姑舞""太平鼓"等舞蹈。从清初开始，满族秧歌开始发展。满族秧歌由汉族秧歌演变而来，但秧歌的特点和动作却具有鲜明的满族特色。满族秧

---

① 富育光. 图像中国满族风俗叙录［M］. 济南：山东画报出版社，2008：39，47.

歌增加了穿着反皮夹克，拿着鞭子、铃铛，以及穿着八旗官方服装的角色。角色动作中加入了鹰、熊、老虎、蟒蛇等动物的姿态。此外，满族秧歌中还有碰肩、对刀把、抱腰等数十种满族特有的礼仪动作。满族秧歌形成后，在群众中广泛流传。春节期间，各个村寨组织秧歌队，成为满族重要的娱乐形式。近年来，随着乡村改革开放，在此基础上，满族秧歌又进行了新的发展与改革，内容与形式不断丰富，深受广大群众的喜爱。满族宫廷舞蹈以"扬烈舞""喜起舞"为主。这两支舞主要用于大型祭祀活动，并对原始民间舞进行了移植加工。目前这两支舞被广泛地应用于戏剧演出中。

2. 满戏和说唱

满族剧种也称八角鼓戏，起源于满族曲艺的八角鼓。满族先民在狩猎、骑马、射箭之余，围着篝火，一边说一边唱，一边用自制的八角鼓伴奏，逐渐形成了一种"说""唱""舞"相结合的艺术形式。八角鼓呈八角形，上面覆盖着蟒蛇皮。七边各带一只铜环，另一边下系一条长长的穗子。它可以用来弹奏、摩擦、摇动和歌唱。八角鼓与扬琴、琵琶、四弦、锣鼓等乐器相配合，并吸纳了诸宫调、杂剧、地方民歌、小曲等，形成了品牌曲剧。另外，八旗子弟书影响最大，它是一种流行于北京和东北的民间艺术演唱形式[1]。同时，满族对京剧的形成和发展也作出了重要贡献，产生了一批著名的剧作家和表演艺术家。

3. 民间工艺

民间工艺记录着远古人类的诸多文化信息，如同文化的活化石。满族尤其擅长剪纸和刺绣。满族民间剪纸艺术是一种极富审美意蕴的艺术形式。满族先民早在以狩猎经济为主的初期，就已经将桦树皮、亚麻、兽皮等材料切割、雕琢成各式各样的花纹，用于服饰、日用器皿等。满族剪纸的起源可能与祭祀祖先的场所有关。随着人们生活条件的改变，用纸变得越来越普遍，剪纸的种类也越来越多（见图3-7）。

在东北满族聚居区，九月贴窗花的习俗仍然盛行。民间流传着"九月糊窗花，不糊鬼来抓"的说法。每年到九月，家家户户窗上挂满了各种花鸟、动物、花卉、古今人物的剪纸，外观都栩栩如生，不仅美化了环境，还使生活热闹繁华。

---

[1] 富育光. 图像中国满族风俗叙录［M］. 济南：山东画报出版社，2008：205-206.

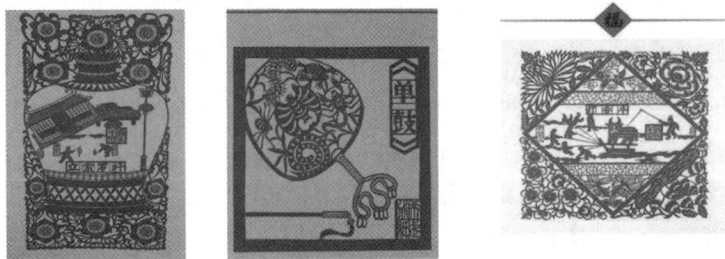

图 3-7　满族剪纸

春节期间，满族特色村寨家家户户喜气洋洋。他们用五颜六色的剪纸雕刻出"云"形的字画和犬牙穗头，挂在门窗横幅和房屋内的横梁上，艺术形式温馨、新奇、趣味盎然，代表着满族民众祈求好运。

剪纸早在清代已经登上了朝廷的高雅殿堂。例如，皇帝举行婚礼的坤宁宫按照满族习俗在墙上贴满剪纸，四角上贴着双喜字的剪纸，天花板中央贴着龙凤花的剪纸。在宫殿两侧的走廊墙壁上，也贴着花鸟剪纸。

满族剪纸另一种常见的类型是刺绣"花样子"，如枕顶花、鞋花、围裙花、钱包花等，内容大致为花卉、蝴蝶和幸福生活的图案。生活中常见的装饰性剪纸，色彩和图案更为丰富，有打猎、钓鱼、坐轿子、犁地等生活场景，以及动植物形象和装饰图案，用作窗饰、墙花、棚花等。这些剪纸技术有时与熏蒸和熨烫等特殊技术相结合。

此外，满族民间刺绣技术也被称为钉线，主要流行于东北乡村地区。它是由家用梭织面料和棉线裁剪缝制而成，以黑白为主色调，中间穿插其他颜色。刺绣主要由"石榴盛开百籽""吉祥年""葫芦盘长"等吉祥图案组成。它们通常与黑色边框装饰搭配，并绣在窗帘和靠垫上。时至今日，东北地区的一些满族家庭仍然保留着许多刺绣物品（如钱包、绣花鞋等），其中一些已成为珍贵的民族民间工艺文物。

4. 节庆与祭祀

满族传统民族节日大多与农业活动和宗教信仰密切相关。满族的传统节日主要有颁金节、开山节、春节、元宵节及端午节。其中颁金节是满族成立的日子，由皇太极颁布谕旨宣布设置。开山节一般在每年的中秋以后，是一个为了采集草药获得丰收而进行的祈福活动。

春节来源于汉族的习俗，原名元旦。每到过年的时候，满族人都很忙碌。比如一次蒸几天的馒头，再放到外面冷冻起来，作为春节前后的主食。除夕之前，满族还要打扫屋子、贴春联，庭院中还要种植象征长命百岁的松树，象征着长寿和健康。元宵节也是一个重要的节日，一般举行打秧歌、看灯笼、请"笊篱姑姑"等各式活动。正月十五，满族青年用白纸把柳编篱笆包好，画上少女的脸，涂上胭脂，系上丝带，插上鲜花，这就是请"笊篱姑姑"。

端午节是满族人民非常喜欢的一个节庆。满族人民也像汉族人民那样，在端午节吃粽子、煮蛋，但是大部分人还是把端午看作一种避难的日子。早在渤海国时代，满族先民就有在端午节采集艾叶、吃艾饼的习俗，目的是避灾迎福。人们喜欢在端午节早晨采摘艾草，同时在孩子的手腕和脚踝上系好五种颜色的线，这种习俗在满族特色村寨仍然十分流行。满族把长白山作为本族的发祥地，后又封它为长白山神，并年年拜祭。此外，满族还有添仓、龙抬头、大神节、虫王节等岁时风俗。

满族每年祭祀三次，被称为三大祭祀，包括清明节、中元节（农历七月十五日）和除夕。例如，清明节期间，人们用五种颜色的纸把柳枝粘在一起做成"佛托"。经祭拜、清扫后，将佛托插入墓首，作为花束使用，以显示墓主子孙世系的繁荣。在中元节，人们会去墓地为逝者提供祭品并清除坟墓上的杂草。

➤➤ 第三节　辽东地区满族特色村寨概况

一、满族特色村寨基本情况

（一）满族特色村寨的分布

从满族特色村寨的分布来看，辽宁省满族特色村寨主要分布在辽宁省东部的新宾县、抚顺县、清原县、本溪县、桓仁县、宽甸县、凤城市、岫岩县、西丰县等地，以及西部的北镇市、义县、兴城市、绥中县等地。辽宁省现有6个满族自治县，均集中在辽东地区，分别是岫岩满族自治县、宽甸满族自治县、桓仁满族自治县、新宾满族自治县、本溪满族自治县、清原满族自治县。辽东地区的凤城市原来为凤城满族自治县，现改为县级市。

根据第七次人口普查结果，我国满族人口为1042.3万人。其中，辽宁省满族人口为 508.6 万人,占满族人口的 48.8%。全国近一半的满族人口在辽宁省生活和发展,辽宁省成为满族人口的主要分布省份。辽宁省 40%的满族人口在辽东地区,辽东地区 90%以上的人口分布在各县(市)的满族特色村寨。目前,辽东地区共有中国传统村落(满族特色)7 个和中国少数民族特色村寨(满族特色)8 个。

(二)满族特色村寨的形成

辽东地区满族特色村寨的形成是人口增长和清政府垦荒政策共同作用的产物。清代的土地开垦政策为满族家庭的"分枝散叶"提供了机会,出现了一批新的满族特色村寨。满族特色村寨一般分为五批形成,与满族定居和家庭分离的时间相对应,并以满族特色与辽东地方特色相结合的方式命名。

第一批村寨——以营子、旗命名。八旗军根据安排进驻某个地方安营扎寨,设立屯驻点。当人口增加时,新的屯驻点可以分开,以满足开垦、狩猎和军事训练的需要。每个屯驻点大约有 10 户居民,可以称为一个村寨。因此,屯驻点是最早的村寨。屯驻点的八旗军基本上以半兵半农的形式在驻防地区过着有组织的生活。最早的村寨名称是"营子"或"旗",用来代表屯驻点。例如,保存至今的红旗营子,因其规模而得名的大营子、小营子;以方位作类名的前营子、后营子;以民族和姓氏作类名的鞑靼营、蒙古营子、包家营子等;以旗作通名的有黄旗、正白旗、白旗、镶白旗、红旗、蓝旗等。例如,在1986 年凤城满族自治县的 25 个乡中,乡级命名有红旗乡、蓝旗乡、白旗乡等。

第二批村寨——以堡子等为名称。雍正四年(1726 年),满族家庭结束了半军事半农业的生活,完全进入了农业耕作状态。满族家庭各个分支的人与土地一起定居繁衍,逐渐形成了第二批村寨。由于农业的需要,第二批村寨一般位于平原或盆地,这一时期最突出的特点是村寨形成堡垒,并以堡垒为名称。以堡子作通名、以姓氏作类名的村寨,如关家堡子、佟家堡子、王家堡子等;以堡子作通名、以旗作类名的村寨,如蓝旗堡、白旗堡、黄旗堡、红旗堡。在形成的第二批满族村寨中,其名称还包括地势平坦、有草地可供放牧的甸子,如坦甸、马鹿甸等;有在河湾处形成小平原的隈子,如石家隈子、唐家隈子等;有道路较宽的街道,街道旁建有房屋,如红旗街;有一些坡度平缓的山峰可以通过,如石头岭、汤河岭、妈妈岭等。

第三批村寨——衍生或衍生自第一、二批的主要地名。乾隆二十二年

（1757 年），承认新开垦的土地归个人所有。这为满族家族的壮大创造了另一个机会，形成了第三批村寨。为了显示归属，即第三批村寨与第一批和第二批村寨有同一血缘关系，在第一批和第二批村寨的名字前常常需要添加"老"字或"大"字，或者在第三批村寨的名字前再加上"小"字。例如，凤城市东汤镇的大蓝旗沟、小蓝旗沟。因分支而平行的血缘关系，多以东西南北、上下前后、门口腰头、里顶等方位词来表示。又如，正黄旗巴尔虎蒙古包氏根据氏族居住地为凤城市红旗镇包家营子，有包营前街、包营后街、包营南沟、包家店等地名；红旗镇为锡伯瓜尔佳氏居住地，有关家堡、关家沟堡、关家沟西、关家沟里等地名。

第四批和随后的村寨——继续从它们以前的名字派生和区别。嘉庆五年（1800 年），报领红册地和余地之外开辟的土地。由此，"村寨"再一次产生并分裂，形成了新的"村寨"。这些村寨在原有的基础上，延续着原有的名称，村寨与村寨之间存在着主次和并行的联系，构成了较为错综复杂的格局。以满洲地区正红旗瓜尔佳氏为例，第一个迁入凤城市宝山镇的红色城堡的先祖，传至四世后，分为六支，其中四支分别迁往红旗镇的山猫谷，形成了山猫沟、小山猫沟、山猫沟里、山猫沟下 4 个村寨。很明显，这四个村寨并非并立的支系，亦非同一时期建成。

第五批村寨——在外围的禁地中诞生。清政府规定了柳栏杆的外侧为禁止入内的区域，禁止进行开垦、捕鱼、打猎、伐木和采矿等活动。在同治三年（1874 年），清政府颁布了"整个东部地区的禁令"，以及"凡是有土地的，不论旗人，一律登记在户籍上"的规定。因此，便在满族村寨外围的一片荒地上开辟出一片禁地。因其形成比其他四批村寨较迟，所以被称作第五批村寨。

（三）满族特色村寨的特点

辽东地区满族特色村寨自古以来就具有渔猎文化属性，这一文化属性成为满族特色村寨原始分布特征的主要影响因素。

1. 满族特色村寨分布特征

辽东地区山（林）河（岸）地貌是渔猎文化聚居最集中的地区，也是最具代表性的一片区域。整体而言，满族特色村寨表现为大分散、小聚落的特点。"大分散"受到地势的影响，从地域上来说，这里群山环绕，沟壑纵横，不管是因为土地资源、森林资源，还是因为地势，聚落的面积并不大，也不能连接在一起，聚落与聚落之间的间隔比较远，比较分散且灵活。另外，较早的部族还建立并扩大了村寨，每个村寨都占据了山丘用来抵御外敌。之所以出现"小聚居"现象，有以下两方面的原因。第一，因为村寨所处的地域和生产模式的关系，这一区域以山峦起伏为主，因此可供开发利用的耕地空间很小，不宜进行大型农业生产，所以个体聚落的人数远低于平原区的人数，聚落的规模也很不平衡。但是由于捕猎、防卫等行为都是由多个人共同进行的，其社会形态又决定了人们必须共同行动。第二，由于我国东北地区的天气比较冷，虽然居住的人较少，但是居住结构却比较集中，能天然地构成满族特色村寨的聚落。

2. 满族特色村寨的总体规模和密度

辽东地区满族特色村寨的规模受自然地形限制最大，规模小于同级平原村寨。由于地形起伏，土壤保水能力差，资源条件分布不均匀，有利于生产和住房建设的平坦地块少且不规则，因此住宅建筑可根据当地实际情况进行设计，并具有很大的灵活性。所以，满族特色村寨模式与其山林资源的质量、面积及分布形式也有着密切的联系。住房建设可能位于山之间的山谷中，可能生长在山之间的间隙中，也可能在更宽的山谷中，逐水而居。就单体满族特色村寨而言，其民居分布随着地势复杂程度的增大，房屋密度呈现由小到大再到小的趋势（见图3-8）。这就是说，在地形比较平缓的地方，因为有大量的可耕地和建设用地，所以居住点的建筑密度比较低，一般在13%~18%；在地形略复杂，土地面积和资源稀缺的情况下，优良土地的利用率会提高，建筑密度会变得更密集，一般在14%~20%；在最复杂的地形上，只有很小的面积可以用来盖房子。因为缺乏足够可以利用的地形和资源，以及房屋对阳光的高需求，一般没有太多的人口聚集。经过大量数据统计，人口密度一般在9%~14%。

图3-8　满族村寨布局

二、满族特色村寨社会情况

(一)村寨资源

辽东地区村寨的农业和渔业资源相对丰富,自然环境优势明显。明代以前,农业和渔业发展已有一定规模,但其生产模式较为粗放;明代以后,由于人口密集程度和农业技术水平的提高,农业的发展也得到了很大的提高。在辽东地区地下,有大量的矿产资源,其中以铁矿、煤炭、金银等最为重要。清中期以前,辽东地区矿业因技术所限及官府禁止,其发展较为受限,但局部区域仍可进行煤炭和铁矿的采掘,以满足人们的生产、生活需求。目前,这些矿藏资源已经基本被当地人采空了。

新中国成立以来,辽东地区在社会经济总体上取得了长足的进步,但经济发展仍处于较低水平。随着辽东地区经济的发展,钢铁、医药、机械及森林资源的开发与利用水平更加突出。当前,由于辽东地区的资源、运输等方面的有利条件,地区的经济总体上得到了提升。

(二)村寨居民职业

在传统社会中,辽东地区以农业为主体,乡村人口以农耕为主。粮食作物以玉米、高粱为主,经济作物以核桃、蓝莓、苹果为主。除了以农业为主,村民还多从事采药、制药、果品加工等副业;有些村寨还有木匠、石匠、铁匠等手艺人。随着区域产业结构的调整,村寨居民职业日趋多样化。当然,农业仍然是满族村民从事的主要产业。同时迅速发展的服务业也吸纳了一部分村民。作为位于主要交通干道及旅游景点周围的村寨,其居民往往利用村寨地理位置及资源优势,从事旅游业、餐饮业、住宿业、交通业及零售业等相关产业。

目前,满族特色村寨居民的就业渠道日益多样化,专业岗位日益精细化,兼职现象普遍存在。举例来说,以蔬果为业的村民,也可到林下采药及外出打工,以增加其收入;在工业园区或企业工作的村民,往往要在农忙时节平衡农业生产;在某些旅游区,有的村民把导游、文化表演和观光农业等工作融为一体,从事多种工作,并从中获取一定的收入。专业从事畜牧业、交通运输、农产品采购、旅游民宿的人越来越多。

（三）村寨居民生活

21世纪初，国家对民族地区村寨建设给予了更多的扶持。通过"以工代赈"和"专项扶贫资金"的资助，村寨基础设施得到了进一步改善。具体政策实施过程如下：实施基本农田、小型水利和人畜饮水工程，加强了农业基础设施建设，对农业生产环境进行了改进，并对村寨道路进行了改造和提升，从而减轻了边远地区的运输压力，增强了边远地区与外界的联系；在国家专项和兴边富民项目的支持下，大力发展太阳能等乡村新能源，实施厕所、厨房改造等工程，改善乡村人居环境。随着精准扶贫的推进，各级政府和社会各方投入了大量资金，使农村地区的交通、水电、医疗、教育、工业、住房、生态环境等方面都得到了显著的提高。到2019年，辽东地区9个县（市）全部通过国家扶贫摘帽验收，基本消除了辽东地区的绝对贫困。外资的注入极大地改变了满族特色村寨的面貌，进一步增强了村寨的内源式发展能力。近年来，乡村居民的生活质量不断提高，乡村居民的生活水平较高。除了居民的收入和消费水平之外，近几年来，辽东地区的农村总体生活水平得到了很大的提高。

（四）村寨产业融合发展

新时代的乡村产业融合发展，是一种对乡村资源进行战略整合的方式，是一种推动村民持续增收、加快农业转型升级、让村民更好地共享增值收益的一种重要方式。在满族特色村寨的市场化进程中，满族特色村寨产业逐渐朝着一体化的方向发展，具体体现在乡村产业链的扩展和整合、农业与其他产业的交叉融合。农业生产向生产、加工、流通、销售和服务等方面发展，扩大了农业的工业职能，使农业与其他产业实现了互补性发展。农业与文化建设的融合是融合发展的典型案例，辽东地区满族特色村寨文化产业发展取得显著进展，多个地理位置优越、旅游资源丰富的村寨转型为满族特色旅游村寨。满族特色村寨的餐饮、住宿、文化娱乐和民族工艺品等以旅游为主导的多种行业，展现出村寨的产业结构日趋多样化。

三、满族特色村寨面临的现实问题

（一）村寨产业弱质化问题

辽东地区满族特色村寨在经历了长期的"脱贫攻坚""新农村建设""美

丽乡村建设"后，乡村产业有了很大的发展。但是，一些满族特色村寨仍然出现了产业弱质化的现象。

第一，从产业规模上看，一些满族特色村寨产业规模较小，分散且产值低。由于辽东地区地势垂直差异大，部分满族特色村寨可利用的土地资源极其有限。许多满族特色村寨人均耕地不到 1 亩。由于土地资源有限，即使是推进住房、道路、饮水等基础设施建设，也没有足够的土地用来支持其发展。从地理位置上来看，部分满族特色村寨坐落在崇山峻岭之间，与中心城镇和大城市相距甚远。同时，村寨地区独特的自然环境导致资金、技术和人才等生产要素在村寨地区的集聚程度较低，使其在开发利用上存在一定的困难，因此，满族特色村寨地区的生产经营很难实现规模经济。在产业结构方面，满族特色村寨还存在着产业结构比较简单、缺乏一体化等问题。

第二，除具备良好区位优势和资源优势的村寨进行产业多样化发展之外，辽东地区也存在着大量以农业为主体，二、三产业基础不强的满族特色村寨。主要表现为两个方面。一是农产品深加工程度不高，工农结合不紧密。在这一区域内，农业生产中的深度加工企业数量不多，农产品深加工的村庄比例也不高，农产品附加值很难得到有效提高。二是与第三产业不能很好地融合。没有深加工的支持，仅靠生产、销售，很难取得较好的经济效益。由于受距离中心城市较远、市场购买力较弱和自然灾害等影响，村寨产业发展面临着一定的市场风险。从产业组织结构来看，以家庭农场、专业合作社和集体经济为代表的新型经营机构在农村地区的发展状况不容乐观。主要表现为：一是因为农村的耕地资源相对分散，农村的集约经营程度不高，畜牧等生产模式相对落后；二是因为规模较大的龙头企业和较大的农户数量较少，各种产业发展较慢。

（二）村寨产业化发展不充分

辽东地区满族特色村寨经济构成具有自己的特点。辽东地区自古就存在着农、林、牧、渔四种不同的经济形式，它们相互依存、互为补充。尽管经过多年的发展，但是农业组织总体水平低且分散经营的模式是制约辽东地区经济发展的主要因素。同时，缺乏龙头骨干企业来带动区域经济一体化也是影响因素之一。现有的农业经济组织结构很难实现多维度、可持续地整合经济资源和生态环境的协调发展。

第一，农业欠发达且农村专业合作经济组织发展不充分。根据调查问卷的统计分析，当前，农民专业合作社所能提供的服务水平一般都比较差，缺少在企业家、社会管理者等方面的专门知识和综合竞争实力强的企业管理人才。合作社内部制度建设的缺失和滞后，导致经济结构的运行模型主要关注商品的买卖关系，没有在不同的主体之间形成共同的利益。另外，农民专业合作社干部缺乏社会工作经验，影响了合作社整体提升的有效性。从访谈中得知，在农村方面，尤其是边远地区，缺乏懂得经营、愿意带领村民致富、敢于开拓市场的带头人，这是导致农村尤其是边远地区发展缓慢的重要因素。这在无形之中造成了很多村里企业或村办合作社的实际管理者都是从外面引入的局面，因而将农村专业合作经济组织发展所带来的直接利益进行了分割，进而对产业的发展和合作社经济组织的构建造成了不利影响。

第二，乡村基层的公共技术服务系统还没有完全建成。在我国，随着耕地面积的不断扩大和大多数农产品供给过剩的情况，一些具有相当规模的农业公司纷纷加入到农业社会化服务中来。然而，乡村基层自发的农业推广技术组织还没有真正发展起来。因此，在建设基层农业实用技术推广服务网络、提高乡村公共福利方面，不能满足政府的需要和农业技术服务能力的目标需求，这一现象背后的重要原因是缺乏资金支持，这就要求农民向市场推销自己。为降低成本和解决资金短缺问题，农业推广技术一般采取自发性的"边种边促"方式。这种方式不仅缺少政府的支持与保障，还缺少成功的推广模式及推广成果的应用，这就导致了村民和农业技术推广部门等政府组织之间的社会信任体系没有建立起来，存在着组织结构僵化、缺乏创新的问题。

第三，辽东地区满族特色村寨的经济发展中，由于投入与输出的不均衡性，对将来的效益难以准确估计，大部分公司都不愿意在这方面进行投资。因而，融资难及融资率低成为辽东地区满族特色村寨面临的一个共同难题。社会结构金融发展趋势主要表现为"少投资、观望、回报、再投资"。若导致短期的循环损失或营运利润较低，则有关投资人将很难进行可持续的投资。相反，他们选择"短、平、快"的撤资，且不愿意在辽东地区满族特色村寨投资方面做大做强相关产业，导致满族特色村寨产业发展的封闭性。

（三）村寨"空心化"问题

辽东地区满族特色村寨"空心化"问题主要表现在两个方面：一是村寨建设用地浪费；二是乡村人口结构失衡。

建设用地浪费的主要表现为"建新不拆旧"和"人在地不动"。首先，除一些有特殊人文价值的村寨之外，辽东地区各地大多出现"新建不拆旧"的情况，造成满族特色村寨用地不断扩张、原有宅基地被荒废与浪费。与此同时，部分搬迁村庄因安置区土地紧缺，缺少基本生活保障，人们既不愿迁入新迁入地，又不能迁入原有迁入地，形成了建设用地的双向空缺。其次，在城乡二元格局背景下，农民工城镇化速度较慢，将原本由城市承担的社会安全职能向农村地区迁移，形成了"人在地不动"的局面。然而，由于农村二元结构、农村土地流转障碍等因素的影响，乡村建设用地被锁定、耕地被遗弃。

从人口层面来看，我国农村"空心化"是指农村常住人口不断减少，青壮年劳动力不断流失，农村留守老人、妇女和儿童不断增多的局面。这一问题也造成满族特色村寨的人口结构失衡。农村常住人口数量的下降对农村有两方面影响：一方面，大力推进人口城市化进程，提高了城镇居民的收入与生活水平，是促进区域扶贫开发的重要动力；另一方面，由于进城人口主要为农村劳动力和高学历精英，他们的流失是农业现代化难以实现的直接原因。目前，辽东地区的农业生产和管理模式在进行深入转型，现代化的农业种植技术和新型的农业经营组织模式不断出现，这对农业劳动力的质量提出了更高的要求。人口结构不合理，是制约农村产业发展的一个重要因素。在数量快速增长的同时，它们自身的可持续发展能力却相对缓慢，一些合作社和集体经济组织仍然存在着"有组织无产出"的现象，对乡村产业发展的带动作用有限。新型经营组织没有得到很好的发展，没有把分散的小农户和市场有效地联系起来，没有产生足够的再生产积累投资，也没有创造出经济利益，因此村级组织没有足够的财力来发展社区公共服务。

（四）传统文化传承与建设问题

满族特色村寨经济活动模式、生活方式随经济社会的发展而发生着变化。由传统的农业文明形态向现代市场经济和科技进步主导的现代农业文明形态转变。满族特色村寨在传统服饰、饮食、节庆活动、婚丧嫁娶等方面都有不同程度的改变，这些改变在一定程度上影响着人们的生活：市场经济意识增强，物质交换意识增强，经济效益至上的思想成为主流。在"经济效益至上"的思想推动下，易于学习和产生经济效益的文化风俗更容易被人们所认可，而剪纸、建筑等工艺复杂、难度大的文化风俗，因其无法在短时间内产生明显的经济效益而陷入"无人继承"的窘境。目前，辽东地区省级以上非遗继承人的数量还不到 100 名，且年龄构成偏大，造成了难以发展的尴尬局面。

随着满族特色村寨的不断发展，文化建设也呈现出一些突出的问题。一方面，政府资金的支持加快了农村现代化文化建设，实现了村寨文化站和村级图书室的全覆盖；但是整体的使用率还需要进一步提升。目前，部分村寨图书室存在着开放次数少、利用率差、文化站闲置等问题。另一方面，一些人缺乏现代科技和创新创业的理念，在乡村建设、景观整治、旅游建筑建设等方面都出现了只注重外在因素而忽视内在因素的趋势，缺乏丰富的民族文化内涵。

（五）推进乡村治理现代化现实问题

辽东地区满族特色村寨在党和政府的领导下，通过对乡村社会管理体制与管理能力的不断摸索，在维护民族团结、维护区域社会稳定、推动经济社会发展等方面发挥了重要作用。但是，辽东地区满族特色村寨乡村治理兼具乡村治理与民族事务治理的双重属性，对于国家治理现代化的推进有着重要的现实意义。

目前，在辽东地区推进乡村治理现代化的过程中，存在着许多现实问题亟待解决。一是没有足够的基层管理人才，部分满族特色村寨出现了"空心化"现象，主要表现为人才流失严重、村干部年龄偏大、文化水平偏低、学习能力不强等问题。宽甸县青山沟村的一名村干部在一次采访中表示："现在村里的工作常常要上报各种各样的数据和报告，我们年纪大了，又不会用电脑，处理起来很费劲。"① 二是农村居民缺乏对农村治理的参与热情。一方面，部分农村留守人口大多是老年人和孩子，他们的参与能力有限；另一方面，部分村民把注意力集中在个人收入的增加和致富上，把更多的精力投入到经济生产上。三是需要进一步加强基层政府的法治建设。近几年来，满族村寨居民的法治意识显著增强，村寨里的治安状况也得到了显著改善，但是个别村寨仍然存在赌博、铺张浪费的恶习，这不仅影响村寨里新乡风文明的形成，也影响基层的法治建设。

---

① 2020 年 7 月 21 日，对青山沟村村干部的访谈。地点：青山沟村村委会。

》》 第四节　辽东地区满族特色村寨文化概况

一、辽东地区满族特色村寨文化资源

满族文化是由满族在中华文明中所创造出来的一种绚丽多彩的文化瑰宝。满族文明是从女真文明发展而来的。以女真文明为根基，对汉族和蒙古族文化进行了广泛的吸收与融合，并有诸多独到的创新，如创立满族文字、确立八旗制度等。满族进入中原之后，沿袭汉族的政治经济文化，促使满族文化与汉族文化融合，共同推动着满族文化的迅速发展。"国语骑射"、八旗制度、服饰、宗教信仰等是满族传统文化的重要组成部分。辽东地区满族文化是在辽东地区独特的气候和山林环境下展示的一种满族地域文化。它是在承袭了满族起源文化的基础上发展起来的，是满族的一种重要地域性文化。

（一）满族特色村寨物质文化资源

辽东地区满族特色村寨文化遗产分布集中、表现形式多样、保存状况良好。截至 2023 年，辽东地区共有世界文化遗产 2 处，全国重点文物保护单位 22 处，其中满族特色重点文物保护单位 18 处，省级文物保护单位 30 处，市级文物保护单位 108 处，县级文物保护单位 340 处。

（二）满族特色村寨非物质文化

截至 2020 年，辽东地区满族非物质文化遗产 56 个，锡伯族非物质文化遗产 1 个。根据分类统计，满族非物质文化遗产有 16 种传统舞蹈，16 种民俗，10 种传统技艺（图 3-9），12 种传统艺术，9 种民间文学，5 种传统体育、娱乐和杂技。

（三）精神文化

精神文化是一个国家的道德理想、价值信仰、生活智慧和美学倾向的综合反映，是一个国家的文化积淀和人们的思想信仰。对满族文化的传承与发展，是维护中华民族文化的一个重要课题。在满族的发展过程中，满族精神文化不断地被创造，并不断地发展着。满族精神文化是满族价值观念、道德理想、审

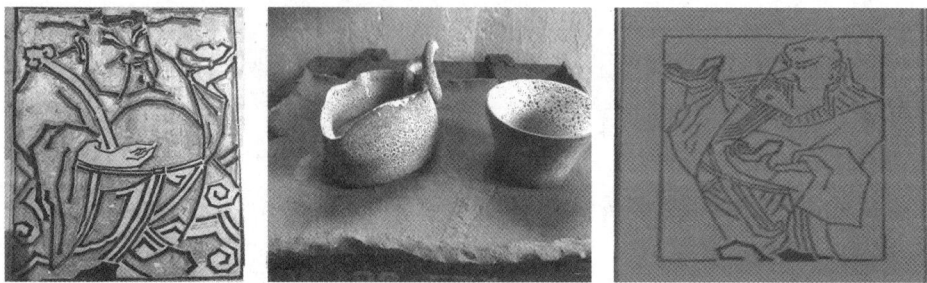

图 3-9　满族特色工艺品

美追求、个性特征等综合体现的结果，是满族的精神内核。满族的精神文化特色包括勇敢进取、敬畏自然、敬祖、感恩、包容等内容。

1. 勇敢进取

勇敢进取是满族人民传统民族性格的典型概括。满族与其先祖女真人，曾经是一个捕鱼和狩猎的民族，擅长骑马和射箭。在我国东北地区，有茂密的森林、纵横交错的河流和凶猛的野兽，冬天严寒且食物匮乏。满族先民在恶劣的自然环境下，以顽强的毅力和顽强的求生能力，坚持生存繁衍。因此，环境培养了他们勇敢进取的民族性格。辽东地区的满族人民继承和发扬了勇往直前、坚韧豁达的民族性格。

2. 敬畏自然

历史上，满族先民长期处于渔猎文明阶段。敬畏自然源自满族先祖女真人的渔猎文化及宗教信仰，反映出满族与自然之间的相互联系。通过渔猎生活，他们形成朴素的生活理念，认识到只有保护自然环境，才能确保在自然环境中获得可持续的食物。在满族宗教信仰中，天象和动物为满族人民崇拜的主要对象。他们认为只有尊重和顺应自然，自然才能赐福于人。因此，满族人民继承了女真人"立竿祭天"的习俗，坚信天神和天命的观念。例如，他们把老虎奉为山神，在进山猎取人参之前，都要去山庙祭拜虎神，而人参也被认为有通灵的能力。辽东地区至今保留着保护森林和野生动物的优良传统，不仅禁止狩猎，而且修建了寺庙供人们祭祀。满族"尊天"思想中所蕴含的"尊重自然""保护森林"的质朴观念，可与现代社会人与自然和谐相处的生态文明观相衔接及转化。

3. 敬祖

敬祖起源于满族的祭祖习俗和萨满教。满族人民把祖先的神灵视为本家族、氏族、部落乃至整个民族的神灵，认为其对自己的家族、氏族、部落、民族起到祝福和保护的作用，由此衍生出祭祖的风俗。辽东地区的满族人民仍然继承并保持了祭祀祖先、祭祀汗王的传统。满族人民希望借助祖宗板、"妈妈口袋"、神偶及家族谱单、谱书与祖先进行沟通，得到一种心灵上的安慰和保护，让家族兴旺发达。在新的历史时期，满族人民敬祖的传统，已经没有那么多的神秘感，取而代之的是人们珍惜传统、尊老敬老、不忘祖先、重视孝顺的良好品质。

4. 感恩

感恩是满族人民重视的传统美德，它主要体现在对自然、对祖先、对人类的感谢上。感恩源于对天地自然神的崇拜，以及对祖先的崇拜和感恩。从历史上来看，出于对祖先的崇拜和感恩，满族人民有许多不同的祭拜风俗，可以看到满族人民对天地及人类的感恩，以及对百姓祈求平安、避灾、过上更好生活的向往。"立竿祭天"是人们向具有超凡能力的神灵或拯救过汗王的乌鸦的崇敬和感激。祭祀是对先人的尊重。在祭祀过程中，为了表达对神灵和祖先的感激之情，除了在祖宗板上指定供奉的香盘外，还会杀猪祭祀神灵，并在祭祀过程中进行"领头动物"仪式。感恩是中华民族的传统美德，也是中华民族的一种精神追求。倡导感恩有利于化解社会矛盾，促进人与人、人与自然的和谐发展。

5. 包容

包容是满族的一种文化态度，反映出满族人民善于学习、开放包容的文化心态，这是满族能够在辽东地区迅速发展壮大的主要因素。满族是以女真族为主，吸纳汉族和蒙古族及其他少数民族而形成的新民族。在文化上，满族人民以一种开放包容的心态，从汉族及其他各少数民族中吸取了许多先进的文化。满汉文化表现出双向融合、互学互鉴的特点。满族人民向汉族人民学习农业技术，并逐渐精通汉字。汉族人民在其居住地向满族人民学习"盘炕"技术和人参加工技术。同时，辽东地区的满族人民也在有意识地对自己的传统文化进行保护和传承，保留了古代祭祀祖先、挂灯笼、挂佛像等传统风俗，并保存了祖宗板、神偶、家谱等遗物。满族的宽容精神与我国现阶段的改革和发展精神，以及当今世界的文化发展趋势是息息相通、紧密相连的。

满族精神是满族优秀传统文化的象征和核心。满族精神文化经过长期的发展，在思想观念、思维方式、民族性格和心理状态上具有普遍的心理特质。这是满族共同的心理特征，能够在维护满族团结、促进满族发展方面发挥重要作用。这体现着满族的创造力、想象力和凝聚力，与满族的历史、现实和未来有着千丝万缕的联系。

二、满族特色村寨文化发展历程

满族是起源于气候寒冷的白山黑水间的北方民族，是以渔猎为主要生产方式且具有原始边疆民族特色的民族，拥有本民族的语言、文字、特有习俗等。满族文化发展历程是满族与其生存环境共同发展的过程。这个过程不仅是指时间的连续性，而且主要是因为满族文化与生存环境的关系充满了变化和发展，并以不同的形式和阶段表现出来。从宏观上来看，满族文化发展历程大体可分为三个阶段，它们表现为不同的自然观念、不同的文明形态和不同的文化形态。

（一）渔猎文明时代的满族文化

满族文化发展的第一阶段是原始的渔猎文明时代。这一时期的特点是自然处于统治地位，满族先民只能臣服于自然。当时的满族祖先无法从事真正的物质生产，只能依靠大自然来采集植物性食物和狩猎动物性食物为生。它是一种以自然资源为生活物资，以直接从自然界获得现存生物食物为基本特征的文明。这一时期，满族先民对自然的认识还处于愚昧状态，与自然的关系还没有得到充分发展，主要表现为满族先民没有改造自然。在满族社会漫长的进化史上，采集狩猎的生活方式持续时间最长，长达数千年。由于采集狩猎是一种最基本的劳动，因而只能说是对自然秩序的扰动，自然环境的变化不是直接的，而是伴随的，因此对自然环境的影响很小，其影响是在一个非常有限的区域内。在渔猎文明时代，尽管此时的满族祖先规模很大，但是在大自然面前仍然很脆弱。

（二）农业文明时代的满族文化

满族文化发展的第二个阶段是农业文明时代。在这一阶段，自然仍然占据主导地位，但是满族先民对自然的从属关系发生了变化，取而代之的是改造关系。在农业文明时代，满族先民主要的物质生产活动是农耕。与渔猎采集经济形成鲜明对比的是，农业文明开创了一个新时代。在这个时代，人类自己控制着食物的生长，不再完全受自然产品的束缚，可以通过自己的劳动生产自然不易提供的生活消费产品。当农业成为满族社会生活中的一项重要活动和与自然互动的重要方式时，自然的主导地位相对削弱。满族先民不再受其统治和约束，生存能力和对自然的主动性显著增强。在使用自然力方面，满族先民在农业文明时代已经扩展到一些可再生能源，开始使用畜力、风力、水力等。一些生产工具和仪器也被广泛应用于生产活动中。尤其是冶炼技术的引进，使满族先民拥有了金属工具，极大地促进了社会生产力的发展。这一阶段，满族的文化在生活方式、家庭和社会组织形式、精神信仰等多方面发生了深刻变化，许多带有农业文明印记的自然生态观和民间价值观也相继出现并日趋完善。满族民间文化传统的塑造继续产生着广泛、巨大和持久的影响力。与渔猎时期相比，农业文明时代满族社会生活中的文化发生了根本性的变化。随着土地成为满族先民生活的基础，满族先民对自然的感情变得细腻而深刻。

在农业文明时代，满族文化是以自然经济为基础建立起来的。农牧业生产都要遵循自然规律，对于模仿自然过程的原始农业和畜牧业生产，自然力量仍然强大，不可战胜，人们别无选择，只能服从它们。在农业文明的发展过程中，随着满族社会生产力的逐步提高和集中，满族先民对自然进行了前所未有的动态改造。人们对耕地需求的增加导致人口急剧增加，促使满族社会不断向农耕社会转型，土地面积扩大，部分山林、土地、湖泊、河流在这一阶段发生了不同程度的变化。与此同时，长期以来逐渐完善了民族共同体内部人与自然的和谐共存改变。在改变自然景观和构建各种人工生态系统的过程中，满族凭借优越的自然条件和先进的生产技术取得了优势，多种发展机遇并存。在文化快速发展的同时，人口也快速显著增长。

（三）工业文明阶段的满族文化

在 20 世纪，人们多次无视自然规律，过度抢夺资源，强行改造自然景观。东北地区滥伐森林、烧炭等肆意破坏生态系统的行为也持续存在。这些违背生态理性的行为积累到一定程度，催生了环境灾害。当然，从宏观上来看，在科技不发达的农业文明时代，包括满族在内的东北农业人口对自然环境的破坏仍然是局部性和长期性的，这与工业文明时代人与自然关系的恶化是无法相比的。

工业文明阶段的特点是人类依靠科学技术进行生产，控制、改造和支配自然，取得了前所未有的胜利；人类利用科技的不断进步创造了这个时代的辉煌成就。在工业文明时代，人与自然的关系已经是全面而深刻发展的，人类已经完全把自然看作自身发展所必需的客观条件，而不是将自然视为一种必须服从的外来力量。从全球范围来看，工业文明虽然只有几百年的历史，但是它很快改变了人类在长期的渔猎文明和农业文明中形成的对自然的认识，从根本上改变了人与自然的关系。在渔猎文明时代，自然是满族先民无法抗拒的、强大的"神"。它既是人依赖的对象，又是人的敌对力量。在农业文明时代，首先，人类依靠自然而生，虽然自然在更多的情况下仍然对人类的生存造成一定的压力。其次，自然仍然被人类视为友好的伙伴。当然，在工业文明时代，自然变成了人类征服的对象，人类已经成为自然的"主人"。

（四）满族文化在 20 世纪的发展状况

20 世纪，满族文化也经历了几次重大冲击，发生了重大变化。20 世纪 90 年代以来，受到全面市场经济和经济全球化浪潮的冲击，在政治、经济、社会环境和自然环境发生深刻变化的背景下，满族传统文化逐渐失去赖以生存的文化土壤，不断萎缩。在满汉文化融合的不断加速中，满族民族特色不断丧失，满族文化汉化现象日益严重。20 世纪 90 年代以后，满族及其文化陷入了前所未有的濒危状态，甚至有人惊呼满族及其文化已经消失。由于满族发源地的深刻影响，辽东部分地区至今仍保留着鲜明的满族民族文化。20 世纪 90 年代，民俗学家在实地考察后惊奇地发现，辽东地区新宾、清原、宽甸等地区仍有大量的满族后裔，他们仍然坚持着本民族的文化传统[①]。以新宾县永陵、赫图阿拉村为典型的辽东地区满族物质文化遗产为例。就劳动、生活技术而言，凤城市满族养蚕技术、新宾县人参加工技术是满族至今仍在传承的劳动技术。以满族秧歌、满族剪纸、满族故事、汗王信俗和祭祖习俗等为代表的满族民俗文化，保留了很多未经过现代化加工的原生态满族文化，体现出显赫厚重的历史文化与丰厚的满族文化遗产。在生产生活、民间文艺、生活习俗和宗教信仰等方面，保有了鲜明的满族民族特点和辽东地域特色。

（五）总结

满族入关后，由于生计方式和生活环境的不同逐渐分化，主要分化为驻防满族、京旗满族和东北地区满族三部分，并产生了差异巨大的地域性满族文

---

① 阎蕾. 满族守陵人后裔的现状与发展研究：以河北省易县忠义村为例 [D]. 北京：中央民族大学，2010：55.

化。其中，驻防满族因生活在广大汉民族的包围之中，其传统文化受强势的汉文化影响而迅速地发生了文化转型；京旗满族则在传统文化与汉文化相互交融过程中，形成了满汉合璧的"旗人文化"；东北地区满族在生活环境与生计方式方面都没有大的变化，加之清政府近200年的"封禁"政策，使得原本就生活在比较偏僻闭塞地区的村民更难以与其他民族进行接触、交流，因而得以较完整地保留了本民族的传统文化风俗。

辽东地区满族特色村寨村民属于东北地区满族，至20世纪清朝灭亡，辽东地区满族特色村寨村民长期处于相对稳定的完整的文化状态，满族文化为绝对主导文化。辛亥革命爆发使许多满族人承受了前所未有的生存压力而倍感自危，辽东地区因地处偏远且民族结构简单、相对独立，因而所受影响不大，主要变化为剃发易服、改满族姓氏为汉族姓氏。到民国时期，由于遵循传统文化风俗需要大量人力物力且形式化复杂，因而它被简化甚至取消。新中国成立后，伴随社会主义思想的宣传，满族传统的宗教信仰及祭祀活动在反封建的活动中成为历史。

辽东地区因特有的山林环境和温带湿润气候，尤其适宜参类、栎类等栽培技术，形成了辽东地区满族特有的文化特征。在物质文化层面，本溪县永隆泉的满族传统酿酒技术，新宾县、凤城市的满族传统小吃，新宾县的满族火锅与满族袍服，丹东市的"复兴堂"满族医药，凤城市的满族荷包，岫岩县的满族绣花，皆显示出满族人民在生活中不同寻常的生活技巧和对自然的适应能力。在制度文化层面，辽东地区保存着满族祭祀祖先，清明节"插佛托"、放灯笼，年俗和婚嫁等满族风俗表演，这些都是满族风俗中最为久远的一部分。在精神文明上，以辽东地区满族为主体的满族故事与抚顺秧歌为代表，展示有宽甸县和岫岩县的鼓乐、岫岩县的满族山歌、本溪县的太平鼓和全堡寸跷秧歌、宽甸县的满族子弟书。流布在辽东地区城乡之间的满族民间美术与手工艺品，显示出辽东地区满族人卓越的艺术造诣，以及他们特有的思想信念与价值观，构建出辽东地区满族人丰富多彩的、具有地域特征的精神生活。满族在辽东山地特殊的生存和发展过程中所积淀下来的珍贵的文化遗产，在如今得以最大限度地保存与继承，从而构成了满族特有的、富有特色的文化生态体系。这一体系有着特殊的价值，不仅为辽东地区的发展创造了良好的环境，而且有利于对满族民族精神全面、系统的保护。

第五节　辽东地区9个县（市）满族特色村寨文化建设

乡村文化建设是实现党的二十大提出的"加快建设农业强国，扎实推动乡村产业、人才、文化、生态、组织振兴"相关理念，是推进新型城镇化、社会主义新农村和生态文明建设的关键环节，也是实现乡村振兴的关键环节。辽东地区一直非常关注农村的发展和农村的文化建设。然而，农村公共文化服务与农村经济发展的差距依旧很大。具体来说，就是需要提升自己的文化建设意识，辽东地区对文化建设的投资力度不够，没有能够充分发挥出自己的文化阵地作用，还存在着一个不完善的文化市场体制，迫切需要强化自己的文化人才队伍。

辽东地区有"满族之乡"的美誉，满族特色村寨文化建设工作有序开展。满族特色村寨文化建设的浪潮不仅满足了人们的基本生活需要，也实现了人们对美好生活的精神向往。满族特色村寨文化建设在时代的发展过程中，也衍生出丰富多样的创新形式。在乡村振兴战略文化建设的过程中，以文化传承的延续为出发点，以村民文化自觉的增强为重点，更加注重人民群众的满足和幸福，不断丰富和发展乡村文化，满足人民对美好生活的需要，因地制宜地实施文化建设策略。

一、文化建设与产业兴旺

（一）产业兴旺发展概况

辽东地区按照县域发展的差别化和文化产业专门化发展的思路，扶持满族传统村寨发展现代文化产业、农产品加工产业、民族医药产业、民族手工艺产业和民间文化产业，着力做大、做强、做优。加大对满族文化的保护与传承力度，特别是对岫岩玉、岫岩满族刺绣、新宾满族服饰等民族特色工艺品的支持力度，打造具有民族特色的工艺品等文化产品，推动工艺、产业、市场三者的融合，进而打造出一批具有特色的民族文化产业园区、服务业文化区及优势产业集群，为民族地区的收入增长和乡村振兴提供有力支持。

目前，辽东地区满族特色村寨文化产业已经形成了系统的运营模式。为了吸引相关的投资，文化产业正在不断扩大和调整其生产方式。这样，一方面提高了村寨在文化建设基础设施方面的投资，提高了村民和游客的舒适度和满意度；另一方面，挖掘了更多的满族特色文化资源（如饮食文化、传统建筑、民俗活动等），为人们提供了一场原生态的文化盛宴。

辽东地区产业兴旺的具体措施如下。

第一，着力推进少数民族文化优质工程。举办辽东地区满族艺术、书法、摄影展，展示党的十八大以来辽东地区满族文化艺术创作和民族工作的新成果；举办满族文化创意与可持续发展专题研讨会。

第二，着力推进少数民族非物质文化遗产保护。著者在辽东地区开展了满族非物质文化遗产调查，其中，岫岩满族剪纸、刺绣等被评为国家级非物质文化遗产。

第三，着力推进满族等少数民族文化传承保护基地建设。满族舞蹈《旗韵娉婷》等已成为经典佳作；宽甸县青山沟满家寨民族文化景区纳入多个满族艺术表演项目；新宾县举办中国满族风情国际旅游（旗袍）节，推进国家文化资源项目，使满族旗袍产业初具规模。

第四，着力推进满族医药工程保护和发展。近年来，辽东地区各县（市）举办了6届满族医药国际论坛，建立了省级满药生产基地，与辽宁中医药大学、丹东药业集团有限公司合作，挖掘整理满药文化遗产，厘清满药理论脉络，为辽宁满药发展提供医学理论基础。

（二）满族特色村寨文化建设与产业兴旺

满族特色村寨文化建设与产业兴旺相结合，以产业振兴为基点，引领文化产业发展。满族特色村寨具有丰富的物质与非物质文化遗产，是文化发展的基础。立足于满族特色村寨的特点，大力发展村寨文化产业，能够有效地促进村寨经济的发展。以乡村文化为载体，实现乡村产业的发展，其共同模式包括三个方面：以乡村建筑、自然景观为主体的文化建设；文化创意产业，包括民间手工艺品、文化、商业、演艺等产业；农业节庆活动，包括主要传统节庆、以乡村美食为特色的餐饮业。满族特色村寨利用当地特色文化作为 IP，挖掘其商业价值，吸引投资，形成产业，通过产业的发展，进一步推动当地经济的发展，同时推动了对当地特色文化的保护与挖掘。文化建设和产业发展相互促进，能够促进地方经济的迅速发展，从而显著提高村民的生活水平。

1. 以乡村建筑和自然景观为主体的满族特色文化建设

辽东地区满族特色村寨对以乡村建筑、自然风光为主体的满族特色文化建设做出了许多探索，在保护传统村寨的基础上，建设了一批保留民族建筑和民族风俗的特色村寨，如新宾县上夹河镇腰站村、永陵镇赫图阿拉村、木奇镇大房子村等。更有特色的探索包括：岫岩县提出了"建设生态宜居、养生型北方旅游名城"的工作目标，围绕"旅游+文化"，建设岫岩满族博物馆、非物质文化遗产博物馆、雨桐玉文化博物馆、唐帅艺术馆等知名场所，凸显了岫岩满族传统建筑的集群效应。

凤城市、宽甸县创新了"农林产业+民族文化+乡村旅游"的发展新模式。满族民俗村以其突出的居住特色、丰富的民族文化和优美的居住环境吸引了越来越多的投资者去投资创业，为满族特色村寨文化建设的发展注入了新的活力。

本溪县将少数民族村寨原有特色与当地自然、生态、产业、文化资源紧密结合，制定相关规划，持续精准发力。深入挖掘每个村寨文化资源管理内涵，打造乡村旅游品牌，不断推进全国乡村旅游重点村寨建设，加快满族特色村寨振兴及其高质量发展。同江峪村依托本溪水洞国家公园景区，充分展示满族民俗文化，实现优美自然风光、民族特色与人文和谐共生。

桓仁县和平村以"农业与乡村文化"为主题，打造城市后院；本溪市南芬区甬子峪村以民族地区产业结构调整为主线，打造集观光农业与休闲度假于一体的乡村旅游线路。近年来，本溪市南芬区思山岭街道、桓仁县普乐堡镇、本溪县小市镇成功入选全国乡村旅游重点镇（乡）；本溪县谢家崴子村，桓仁县普乐堡村、雅河乡南边石哈达村等入选省级乡村旅游重点村。

新宾县、清原县拥有深厚的满族民俗文化和古村寨建筑群，依托丰富的满族历史文化遗产，通过各种文化、旅游、演出等活动，传承满族民俗风情，打造集"民族团结示范、民俗文化展示、古村寨美食特色、农牧体验"于一体的满族村寨。

2. 以满族特色产品为主体的文化创意产业

辽东地区以满族刺绣、满族剪纸等满族非物质文化遗产为依托，形成了众多满族文化创意产业。满族文化创意产业的发展，在各个县（市）中具有不同的发展理念和发展水平。另外，中国满族文化园区、满族康养文化区等产业的开发模式，也都是在此基础上发展的。其中岫岩县、新宾县和西丰县等地的满族剪纸、满族刺绣和满族特色农产品等，都是满族文化的创意产业。

岫岩县的满族特色村寨突出"旅游+文化"的品牌建设，充分发挥岫玉、紫砂、玛瑙、辽砚、满族刺绣、满族剪纸等传统技艺的传承，创新二人转、满族皮影、高跷、地方秧歌等优秀民间戏曲形式，大力开发乡村文化旅游产品，让满族特色文化得到创新发展。本溪县大力发展"文化旅游+满族民俗产品"，根据满族民俗地域特点，开发出满族刺绣、满族剪纸、奇石根雕、铁刹山农民画、辽砚、核木宝葫芦、枫叶标本等文化创意产品。

辽宁省满族文化产业也在电影、电视、艺术等领域产生了许多杰作，包括满汉御宴、红楼梦（传）、影视剧、民族神话剧、京剧、葡萄酒等民族文化艺术杰作。龙泉村版画作品多次在省内外获奖，被列为省级非物质文化遗产。

满族食品特色产业的发展更加丰富多彩，满族酒文化产业包括辽宁道光廿五集团满族酿酒有限责任公司和传承省级非物质文化遗产的"本溪永隆泉满族传统酿酒工艺"（铁刹山酒）。抚顺县将"八碟八碗"、满族火锅、杀猪菜、酸汤子等满族特色饮食文化引入餐饮业，向外界展示满族民俗文化。

抚顺县联合高校建立了大型动漫制作基地，将满族民间文艺从形式、符号、精神上转化为动漫作品。以满族民间文化为素材，积极与动画公司合作，通过动画再现或改编民间传说，制作出一批创意强、地方风味强的优秀动画作品。新宾县围绕各乡镇非遗资源，建立了新宾镇满族剪纸基地、永陵镇满族小学剪纸基地、平顶山镇中心校剪纸基地、北四平乡中心小学剪纸基地、平顶山镇大琵琶村满族秧歌基地等。

此外，满族的八角鼓、子弟书等文化和艺术产品的不断发展，使满族文化结构得到了充实与完善，并得到了充分合理的发展。

3. 以农事节庆为主体的文化演出产业

在发展以农事节庆为主体的文化商业演出产业方面，辽东地区在以满族特色农事节庆为主体的文化商业演出方面进行了许多探索，如岫岩县的满族文化大集、宽甸县的青山沟萨满文化节、凤城市的凤凰山庙会、新宾县的"满族农庄过新年"活动、抚顺县的满族风情旅游节、西丰县的盛京围场文化节等具有特色的满族文化建设，皆从满族文化的不同角度创新文化，使其别具特色。各县（市）主要代表性节庆如下。

岫岩县举办映山红旅游节、满族文化大集、满族特色招牌菜馆评选等活动，带动了产业发展。将民族文化产业与第三产业特别是旅游业结合起来，以民族文化产业的发展提升旅游业的内涵。以满族的文化艺术节目为特色的满族文化活动表演展示了满族的生活习俗和节日文化等；非物质文化遗产主要展示了国家级、省市级的非物质文化遗产项目，如皮影、剪纸、农家画等。

为传承满族特色民族文化，促进区域旅游发展，宽甸县通过深入挖掘和融合满族民俗文化，突出独特的萨满文化，注重文化惠民，策划并举办了青山沟萨满文化节。节日项目包括大型满族萨满祈祷仪式、满族婚礼游行、大型民间《八旗山水谣》歌舞、满族非物质文化遗产现场表演等。

凤城市凤凰山庙会（图3-10）始于明末清初，在清朝前期逐渐形成传统。凤凰山庙会极具满族特色，是民间为纪念药王孙思邈，祈求健康平安而组织的民间祭祀活动。它集商业、文艺、旅游等元素于一体，已成为具有独特满族地方文化特色的传统民间节日。

图3-10　凤城市凤凰山庙会

新宾县举办"满族农庄过新年"活动，包括具有鲜明民族特色的满族簸箕舞、狩猎舞、满族土地秧歌表演，体验满族乡村生活，让游客深入体验满族故里的传统过年文化等。

西丰县盛京围场文化节举办了康熙秋弥出巡展演、"登嘎啦达围"开围领纛表演、满族传统歌舞等多种文化演出，充分展示了西丰县的历史底蕴和积淀，为西丰县文化产业的发展注入了活力。

本溪县举办满族民俗旅游文化节，弘扬了民族精神，展示了民族文化内涵，活动包括满族民俗文化工艺品展览、满族民俗兴趣竞赛、满族剪纸展示表演、满族民间艺术表演等。

二、文化建设与生态宜居

（一）生态宜居发展概况

辽东地区 9 个县（市）在资源禀赋、发展条件和比较优势等方面，努力寻找生态宜居等方面的切入点和结合点，以乡村振兴为目标，积极参与"沈阳现代都市圈""辽宁沿海经济带""京津冀协同发展战略先导区""辽东绿色经济区"的战略布局。大力推进岫岩县、新宾县、清原县、本溪县、桓仁县、宽甸县等多个民族地区与辽东绿色经济区相融合。强化生态保护，辽东地区 9 个县（市）严格落实《辽宁省主体功能区规划》，实施青山、碧水和蓝天工程与生态治理工程，使森林覆盖率超过 71.3%，比全国平均值高出 30 个百分点，实现"绿色发展"目标。其中，新宾县、清原县、桓仁县和宽甸县被确定为国家级生态示范县。境内主要河流水质均达到 4 级以上，辽东地区空气质量优良天数比全省平均水平高。

辽东地区 9 个县（市）加强对民族地区的生态补偿，重点生态功能区、跨城市地表水饮用水源地和国家级自然保护区的生态补偿比例不断提高。其中，宽甸县被列为"2023 深呼吸生态旅游魅力名县"，在全国范围内形成了鲜明的特色。

辽东地区 9 个县（市）加快综合配套建设，使少数民族地区经济社会发展进入了"快车道"。辽东地区 9 个县（市）的公路里程达 2.5 万千米；基本解决了农村饮水用水中氟超标的突出问题，48.6 万人的饮水质量得到了明显改善；专项投资 4.89 亿元，对少数民族地区农村电网进行改造，实现了行政村 4G、宽带接入率 100%。加快基础设施建设的步伐，使辽东地区 9 个县（市）全部通上了柏油公路，所有建制村都通上了柏油路和公共汽车；现代农业建设取得显著成绩，桓仁县和岫岩县被评为全省"一县一业"建设示范县。

（二）满族特色村寨文化建设与生态宜居

满族生态文化的继承与创新是对满族传统特有的生态观念的加强，是营造满族特色宜居环境的保证。生态文明的内容包括人类对自然的认识和理解、人类对待自然环境的行为方式、人类社会的环境友好关系方式、人类可持续发展的观念和目的。满族特色村寨的生态宜居建设，正是通过对生态文明观念、风俗和文化的植入，加强其对社会的影响，并以此为基础，对社会的发展起到积极的推动作用。满族特色村寨宜居环境建设的目的是改善生态和文化环境。几千年来，满族特色村寨文化所蕴含的优秀内容在辽东地区生根发芽。如今，辽东地区在保护与传承满族传统文化的基础上创造性改造、创新性发展，走出了一条独具特色的满族特色村寨文化振兴之路。

1. 生态环境发展改善

在满族传统民俗价值体系中，对自然的敬畏、顺应、尊重和热爱使人类的生存活动与自然和谐共生，是民俗价值坐标中心的理念和取向。传统满族社会中朴素的生态观念早已得到体现，这是满族人民在长期生存和适应过程中生活经验的凝结。它具有深厚而广泛的思想认同和传承基础。这些信仰和习俗对东北地区生态系统的维护起着重要作用，反映了满族人民朴素的生态保护意识。其中，有些习俗至今仍值得提倡。这些具有维护人类生态环境功能的习俗，在历史上已内化为满族的精神信仰和行为规范，并以习俗的形式代代相传。因此，对满族民间价值观的探索，须从人与自然关系的本源出发。

满族传统的生态观念在满族特色村寨文化建设中得到了极大的体现。岫岩县以绿色发展理念为基础，将生态文明和绿色发展理念融入区域协调发展，努力走出一条绿色生产、生态宜居的发展之路。加强生态环境综合保护和协同治理，坚持生态保护区应得到充分保护的原则，大力做好封山、造林、整治河流、矿山复垦等工作。抓好生态环境保护，夯实绿色发展基础。各县（市）的发展情况如下。

凤城市是省级森林城市，森林覆盖率达74%，环境空气质量综合指标一直处于全国前列。

宽甸县森林茂密，林地面积730万亩，森林覆盖率达76.1%。该县坚持"生态立县、旅游强县"方针，努力建设东北东部绿色发展示范县，推进东北东部绿色生态屏障建设，实现绿水青山可持续利用；着力打造绿色有机食品产业集群，实现农产品加工业闭环发展；打造国内知名旅游休闲目的地，打造国家综合旅游示范区。

本溪县把绿色生态作为振兴发展的亮丽背景，已被批准为国家生态文明示范区。

桓仁县被批准为全国"绿水青山就是金山银山"实践创新基地和国家旅游示范区，森林覆盖率提高到78.9%，居全省首位；桓仁县是辽宁省第一个获得"中国天然氧吧"称号的县。

新宾县素有"立体资源宝库"之称，森林覆盖率达 75.9%，空气质量优良天数达 90% 以上。该县坚持"生态县城、绿色发展"战略，重点抓好以粮换绿、乡村垃圾分类资源化利用、水污染防治等建设，加强生态建设，加快融入辽东绿色经济区，促进自然、经济、社会协调发展。

清原县是辽宁省重要的水源涵养林基地。辽宁母亲河之一的浑河等四条河流发源于该县，为辽宁中心城市群水源地——大伙房水库提供了 52% 的水源。该县坚持跟进辽宁生态县的总体方针，不断完善发展思路，着力把"辽东绿色明珠"清原县建设成为辽宁中心城市群的水源基地、休闲娱乐基地和绿色食品基地。

西丰县积极探索实践促进生态优先、绿色发展协同推进，持续开展青山、碧水和蓝天工程，加快山水林田湖协同治理，充分释放"生态西丰"红利。

2. 宜居环境

推动宜居环境建设主要包括社会层面正确的文化价值观、环境友好的生产生活方式、相应的社会风俗习惯、居民高度的环境保护意识和文明素养。各县（市）的具体措施如下。

宽甸县和凤城市投入专项资金和配套资金支持村级特色工程，对村民宅院进行民族风格改造。同时建设满族文化走廊、满族书院等，打造具有原始民族风情和宜居生态的满族民俗村。丹东市支持大梨树满族特色村、青山沟满族风情园、刘家河满族民俗村等满族特色村寨建设，保护、传承和发展民族特色文化、居住习俗和特色产业，改善群众生产生活条件。

本溪县在注重特色民居改造的同时，大力发展民族文化旅游。同江峪村统一了新建住宅楼的标识设计，统一了门面装饰标准，建立了全市首个村级满族民俗博物馆，充分发掘了满族文化和历史遗产，有力地促进了民族文化的传承。

抚顺县将实施宜居乡村建设工程定位为全面建成小康社会的重要组成部分。满族特色村寨积极开展创建宜居村活动，严格按照生产、生活、生态和谐发展的要求开展活动。通过发展农业生产、改善人居环境、传承生态文化、培育文明新风，形成了极具特色的宜居乡村发展模式，有力地促进了当地经济社会的快速健康发展。

新宾县和清原县围绕深厚的满族民俗文化和古村寨建筑群，推动村寨风貌提升，打造集"民族团结示范、民俗文化展示、古村寨美食特色、农牧体验"

于一体的满族特色村寨。保证文化基础设施的完善，加快满族特色旅游项目的培育，使传统的满族特色村寨焕发出新的时代气息。重点抓好道路交通、环境修复、美丽乡村等建设。

结合民族特色村寨建设，大力开展民族团结进步教育和爱国主义教育，把民族特色村寨建设成为各民族交流的重要桥梁和纽带，成为培养和建设中华民族共同体意识的重要阵地和窗口。

三、文化建设与乡风文明

（一）乡风文明发展概况

近几年，辽东地区将满族文化融入新时代的公民精神之中，并在此基础上，对社会主义核心价值观进行了深度的培养与实践，通过探索广大群众对"三个离不开""四个与共""五个认同"的认识，进一步强化了中华民族共同体意识。

第一，加强中华文化的认同感，推动满族文化的保护、传承、创新与融合，组织满族文艺节目排演，开展满族民族的传统体育运动，加强以现实题材、革命历史题材、满族文化题材和地方特色为主题的精品满族文艺创作，积极开展不同层次的非遗项目的申报工作，岫岩民间剪纸等3个项目被列入联合国教科文组织非物质文化遗产名录。

第二，以村寨为基础，协调好城市与乡村的空间结构和功能，促进不同民族的居民在城市与乡村之间和谐相处。逐步实现满族在空间、经济、文化、社会、心理等方面的全面融合，促进各民族广泛交流、全面交流和深度融合。加快著名文体专家、教师与相关部门进入乡村，开展剪纸、刺绣、戏剧、音乐、舞蹈、羽毛球、武术等辅导课程，构建一个交流与融合的平台，从而促进各个民族之间的情感融合与精神联系。

第三，加大满族特色村寨的建设力度，把一批有民族特色的村寨列入国家扶持对象。其中包括新宾县赫图阿拉村在内的具有中国民族特色的村庄。

第四，着力推进满族传统体育基地建设。在辽东地区建立5个省级民族传统体育基地，培育优势项目，提高实训效果。珍珠球等一批优秀的传统体育项目也得到了继承和发展。

（二）满族特色村寨文化建设与乡风文明

文化振兴是对中华优秀传统文化传承的强化，是乡风文明建设的奠基。传统文化是传承乡村文明的一项重要内容。在我国农业文明化进程中，许多优秀的传统思想（如传统的种田观、勤俭节约观、邻里和睦相处观等）得到不断积累和继承。它们是我国农村人民在长期的生产生活中所积淀下来的优秀品质，是中华民族宝贵的精神财富。同时，这些思想也与乡村振兴战略中推进乡风文明建设的要求相吻合。这些观念在传播与传承的过程中，也在逐渐净化着乡村的风土人情。所以，满族特色村寨文化建设本身就是对乡风文明的一种推进。各县（市）的发展情况如下。

岫岩县积极拓展乡村文化文明建设的有效渠道，坚持开展农民群众喜爱的具有地方特色的文化艺术演出、农业科普收藏和文化交流活动。在具体过程中，一方面，坚持市场化原则，从政府的主观建议转向尊重农民的实际需求，分层次、差别化为农民提供文化服务；另一方面，坚持由政府"单一供给"向"多元供给"转变，鼓励和支持社会力量组织公共文化服务活动。同时，运用市场手段整合民间艺术资源，发挥文化人才和民间艺人的作用，建设一支群众性的文艺队伍。广泛动员农民参与满族民俗活动，将德育与文艺相结合，使演出者和观众都能受到教育。乡风文明建设要结合"五位一体"总体布局，丰富乡村振兴战略的核心内涵。

风城市坚持"共同团结奋斗、共同繁荣发展"的主题，坚持以发展国民经济、促进民族和谐为重点，以营造民族团结氛围、弘扬民族文化为切入点，广泛深入地开展民族团结进步活动，全市形成了各民族和谐相处、和谐发展的良好局面。根据风城市大梨树村原党委书记、村委会主任毛丰美同志的先进事迹创作而成的话剧作品《干字碑》，荣获第六届全国少数民族文艺会演最高奖——最佳剧目奖。《干字碑》是具有浓郁满族文化和辽东地域文化特色的话剧作品，讴歌了大梨树村各族人民在党的领导下，齐心协力、共同繁荣发展的生动实践。大梨树村先后被授予"全国民族团结进步模范集体""辽宁省民族团结进步教育基地"等荣誉称号，并被命名为全国首批"中国少数民族特色村寨"。

宽甸县先后在青山沟村、河口村等地实施了满族特色村寨文化建设。特别是在青山沟村，以民族团结进步教育基地与旅游资源相结合。游客可以通过教育基地了解党的民族政策、民族工作和民族传统文化。满族特色村寨的建设，进一步推动了民族团结进步示范村的创建，在每个村都建设了新时代文明实践中心乡村文化走廊。选取高速公路、乡村公路、公共场所的空白墙面作为宣传点，宣传少数民族优秀的文化传统和道德习俗。建成了 2000 多面民族特色文化墙，安置了 4500 多块招牌。生动的卡通形象和通俗易懂的民族形象被用来宣传乡风文明的价值内涵和行为准则。

本溪县"村晚"围绕"乡村振兴""文旅融合"等主题，通过买年货、赶大集、送春联等多种表现形式，营造一场真实、生态、接地气的乡村联欢。这是一场地道的"草根演出"，其节目内容新颖、形式丰富、地域特色鲜明，展现了本溪县人民奋发向上、积极进取的精神风貌。

桓仁县针对民族地区文化信息和文化活动匮乏的问题，加快了文化传递，采用"专家+文艺骨干+群众"的培养方式，促进民族地区基层文化活动常态化，举办大众文化节专场演出。

新宾县建成了满族剪纸基地、满族秧歌基地、全国首家少数民族乡村美术馆、全国"村晚"示范展示点，新宾县文化传承取得较大的成绩，入选全国基层公共文化服务高质量发展典型案例名单，推动公共文化服务高质量发展的生动实践和创新成果。

抚顺县注重培训指导，突出服务融合，贴近实际，优化乡村农业技术服务，努力推进民族团结，在实践上、深度上营造"民族团结、家庭团结"的浓厚氛围。以民族团结进步宣传月为契机，积极组织推进党和国家民族理论、政策法规和民族基础知识的学习推广。组织一批农业和地方人才到乡村和田间进行综合产业技术培训和指导。

西丰县每年举行迎新年的满族高跷秧歌文艺会演。西丰县满族高跷秧歌已有数百年的历史，闻名于辽北，展现了满族人民热情质朴、刚柔相济的特点，深受村民的喜爱。

四、文化建设治理有效

（一）社会治理概况

"十三五"期间，辽宁省为提高辽东地区的教育水平，投资了 212 亿元。辽东地区的 9 个县（市）都被列入义务教育优质均衡发展县（市、区）。卫生基础设施明显改善，县级、乡级和乡村三级医疗机构基本建成。实施了 969 项农村饮水工程，解决了 48.6 万人的饮水问题。

辽东地区公共文化服务设施网络不断完善，是基层公共文化服务高质量发展的基础。统计显示，近年来辽东地区建立县级图书馆、文化馆示范点 14 个，村寨综合文化站示范点 120 个，村综合文化服务中心示范点 280 个。随着我国城镇职工的生活水平不断提高，辽东地区各县（市）城镇职工的生活水平也不断提高，城乡最低生活保障率达到 100%。辽东地区的教育、医疗、饮水和旅游都得到很好的解决。同时，坚持依法管理民族事务，促进民族治理体系和能力的现代化。把辽东地区民族事务纳入"共建共治共享"的社会治理格局中，构建党的领导、民主协商、社会协同、公众参与、法治保障、科技支撑等内容的社会治理机制。

做好满族特色村寨村民的服务与管理。进一步加强满族民族特色村寨的建设，加强民族交往，健全满族民族融合的政策措施，健全制度保障，促进民族融合的机制。帮助村民解决就业、安家、社会保障医疗和教育等方面的困难。提高满族事务治理法治化水平，依法维护满族人民的合法权益。

（二）满族特色村寨文化建设与治理有效

传统文化是由知识、观念、制度等因素构成的。制度是组织或个人的行为准则，是强制性的、有约束力的行为准则。振兴乡村文化必须与民主自治的传统文化融为一体，才能保证乡村社会高效、有序治理。所以，文化建设不仅能够对居民的道德规范产生直接的影响，从而提高他们的道德治理水平，而且能够通过传承民间制度来提高村民的自治水平，最终形成一个自治、法治、德治的乡村有效治理局面。因此，要提升乡村治理效能，一方面要加强乡村治理制度建设，另一方面要加强乡村文化建设，提升村民的素质水平，增强村民的自主性，形成法治与德治并进的局面。辽东地区 9 个县（市）中，利用满族特色文化进行文化治理取得了良好的效果。

岫岩县不断完善乡村公共文化服务体系，增强乡村公共文化服务功能，大力实施文化惠民工程。利用直播车深入村寨、村组，广泛开展下乡文化活动，把"文化餐"送到群众家门口。改变传统的台上表演、台下观看的模式，引导村民参与成为乡村文化活动的主角。同时，把文化惠民与扶贫工作结合起来，坚持把文化工作重点放在基层，加强和完善乡村文化服务体系建设，大力实施村寨文化站、乡村书屋、村级文化服务点、村通等工程项目，使基层文化美化乡村，成为乡村一道亮丽的风景线。

凤城市和宽甸县充分发挥各级政府的主阵地、主渠道作用，把建设中华民族共同体意识纳入各级党员干部教育体系和国民教育体系。积极开展文化治理，创建"七进"活动，创新启动"7+N"工程，在广场、村文化站等场所宣传文化治理政策；开设文化治理专栏，利用媒体矩阵宣传文化治理先进事迹和典型做法。加强未成年文化治理教育，在中小学开展中华民族共同体意识主题教育。

桓仁县文化治理的新工作方法将满族特色村寨文化建设发展与脱贫攻坚任务、公共文化服务体系示范区建设、乡村振兴相结合，统一部署、同步推进。积极整合各类资源，为满族特色村寨文化建设争项目、争政策、争资金。桓仁县成功申报创建省级公共文化服务体系示范区，入选 2018—2020 年度"中国民间文化艺术之乡"名单。

本溪县认真研究部署民族地区公共文化服务体系建设，主要领导亲力亲为，带头落实任务、强化责任，使民族地区文化基础设施建设不断加快。本溪县小市一庄文旅集团入选全国文化和旅游公共服务机构功能融合试点单位。

新宾县和清原县实现基层综合文化服务中心、村文化广场全覆盖。两县建设 24 个村寨文化站、167 个基层综合文化服务中心、164 个村文化广场，全面建立覆盖民族地区的公共文化服务岗位。另外，新宾县和清原县发挥满族文化特色建立满族剪纸基地、满族秧歌基地，为当地的满族特色村寨文化建设带来了实实在在的发展。

五、文化建设与生活富裕

近年来，随着我国经济的快速发展，辽东地区的经济实力得到很大提升，社会事业得到很大的发展，人民的生活和生产都得到很大的改善。因打赢了脱贫攻坚战，实现了民族地区全面建成小康社会，各族人民的获得感、幸福感明显增强，巩固了平等、团结、互助、和谐的社会主义民族关系，书写了民族共同体的新篇章。

≫ 第六节 基于文化消费的辽东地区村寨文化建设 影响因素研究

近年来，由于我国社会主义市场经济的发展，国内经济水平有了很大提升，人民收入也有了很大提高，而乡村居民消费一直被列为国内经济发展的"三驾马车"之一，其重要性自然不言而喻。由于目前国内广大乡村地区的变化和发展巨大，市场潜力无限，文化消费是国内居民日常消费的重要组成部分，不但对增加当前国内总需求具有非常关键的意义，也对国内的社会主义精神文明建设具有很重要的作用。根据这样的认知，我国广大乡村地区的农民文化消费问题将更多地引起人们的重视。在我国如此广阔的乡村区域，具有广阔的人口优势及大量的文化消费资源，这意味着这些地方将具有巨大的消费市场①。同时，我国人民收入的增加，使得市场上的文化消费潜力很大，中央对当前我国乡村居民文化消费问题更加重视，尤其是党的二十届一中全会召开以来，我国的乡村区域迎来大力发展社会主义文化消费的新春天，人民群众对发展社会主义文化消费品的重视程度也日益提高。对于乡村居民占全国人口一半以上的我国而言，如果能够很好地激发乡村文化消费市场的巨大潜力，那么这将是我国未来经济社会发展的巨大动力。

本节尝试从文化消费的角度研究辽东地区文化建设的影响因素。

一、研究理论及方法

（一）文化消费概念界定

文化消费是一种以物质为基础和先决条件的对某种精神的文化商品或服务的占有、享用、欣赏和使用的行为。文化消费需求的发展始终被社会生产力的发展所限制，所以，当今社会人们的物质与精神文明程度在文化消费上更加突出且直接地反映出来②。

---

① 张苏缘，刘柏阳. "十四五"时期怎样培育文化消费新增长：以江苏省为例［J］. 文化产业研究，2020（3）：80-96.

② 李元. 农村文化消费的提升之道［J］. 人民论坛，2018（21）：134-135.

文化消费作为家庭的重要一环，它的发展与家庭收入水平的提高、人们对文化商品消费意识的增强等诸多因素的综合作用是密不可分的。伴随着中国人民生活水平的不断提升，以及对人们精神生活关注程度的不断提升，文化消费成为许多社会学家关注的焦点。理解并把握文化消费的基本含义，有助于人们有目的地对文化消费在社会、经济生活中所起到的作用进行深入剖析，并以一种合理的方法积极引导社会的文化消费朝着一个理性的方向发展，从而在充分实现全体公民文化消费需要的前提下，使整个社会的经济和谐水平得到极大提升。这样，才能使我国的经济达到一个协调、均衡、可持续和可发展的状态。

在理论上，人们通常把文化消费作为物质的方式消费，从而获取与之相对应的文化经验。消费者通过物质或劳务的方式，对这种类型的文化商品展开消费，从而可以获得一定的精神体验，让他们在幸福感和思想境界上得到提升。

（二）研究理论基础

乡村居民文化消费影响因素主要包括居民收入水平、文化消费价格水平、居民文化素质水平、文化基础设施投入水平、人口数量等，具体影响因素较为丰富[①]。

1. 居民收入水平

按照消费函数理论，政府投入资金是控制乡村居民消费的最大原因，当农民人均收入水平较低时，政府会主要着眼于生存型消费，然而当前，由于农民人均收入水平已经有较大提高，除去必要的日常生活消费开支之外，开始向高品质生活消费转变，当前，主要包括一些基础文化教育产品消费，并逐渐有追求更高级的经济发展形势和更加享受式的传统文化教育消费支出的趋向。

2. 文化消费价格水平

通常，消费产品的价格高低，直接影响产品的销量。当居民收入增加时，对于文化消费的能力也越高，文化消费价格水平对于居民而言是相对的，收入越高，则文化消费价格就越容易被接受，那么需求量就会得到扩大。因此，文化消费价格水平也是影响文化消费的一大因素。在这里，需要考虑用文化消费价格弹性系数来对文化消费需求量和文化消费价格之间的变动关系做出分析和解释。

---

① 吴承忠，王粉粉，张宝秀. 中国文化消费的城乡差异及影响因素分析：基于空间面板计量模型 [J]. 城市发展研究，2022，29（10）：27-33.

3. 居民文化素质水平

不同人的文化素质水平，不仅影响着不同人的消费理念，而且影响着不同人的购买行为和选择。同时，这种新的消费理念对人的文化消费产生了一定的影响。乡村居民文化消费需求水平比较低下的另外一个原因，是大部分农村地区的文化消费理念比较落后，农民更重视的是物质商品的购买，因而很容易忽略对精神商品的需要，由于他们对文化消费的需求不够强烈，所以他们会觉得文化消费没有必要。

4. 文化基础设施投入水平

一般来说，文化基础设施投入越多，越能带动文化消费的需求量。只有在乡村区域有所投入（如电影院等），居民才能有消费的可能性。政府的加大投入行为，反映了国家对乡村文化消费的重视度，在一定程度上也是一个风向标的指引和导向力，会带动民众的从众消费和群体性消费。因此，政府的文化基础设施投入水平越高，越能带动乡村居民消费水平的提升，这是其中一大影响因素。

5. 人口数量因素

由于辽东地区9个县（市）人口具有一定的流动性，对于文化消费会产生影响。一般来说，人口数量的增加会带动文化消费的需求量，易形成消费圈，有成为习惯性消费的可能；而如果人口流动过大，乡村人口数量减少，乡村消费动力不足会导致文化消费需求量的欠缺。因此，辽东地区9个县（市）的人口数量也是影响文化消费的另一大因素。

（三）研究方法

本书采用规范分析与实证研究相结合的科学研究方法，对辽东地区9个县（市）文化消费行为中出现的问题进行理论分析。在理论分析过程中，通过数据对比和定性数据分析，认真调查研究当前辽东地区9个县（市）满族特色村寨文化消费需求与各种因素之间的相关性程度，对影响因素进行必要的数据分析。本书采用回归分析进行研究，以期通过对上述各种因素的分析，找出解决当前辽东地区9个县（市）文化消费行为问题的有效路径。

二、数据资料收集与整理

（一）数据来源

基于乡村居民文化消费影响因素的理论内容，选取文化消费影响因素并构建评价指标体系，运用最小二乘法筛选出对文化消费有显著影响的因素。本书选取辽东地区 9 个县（市）作为研究样本，以辽东地区 9 个县（市）的"十三五"发展规划、"十四五"发展规划、国家统计局公布的相关指标数据和《中国统计年鉴》等作为主要数据来源。

（二）指标选取

如表 3-1 所列，被解释变量为文化消费支出，内容是考虑到数据一致性问题，在本次研究中选择参照王俊杰[①]、滕永乐等[②]的文章，以文化消费支出（主要包括在文化旅游、饮食娱乐、自然休闲等方面的支出）作为衡量指标。通过理论梳理，影响文化消费的因素包括乡村居民收入水平、政府文化投入水平、乡村居民消费意愿及人口数量四个方面，其中，居民收入水平以辽东地区 9 个县（市）为例，通过参考大量文献，选取以下指标作为被解释变量[③]（见表 3-1）。

表 3-1　满族特色村寨文化消费的指标层次

项目	一级指标	二级指标
被解释变量	文化消费支出	—
解释变量	乡村居民收入水平	人均可支配收入（X_1）
	政府文化投入水平	政府投入文化设施数量（X_2）
	乡村居民消费意愿	居民人均消费支出（X_3）
	人口数量	乡村人口数量（X_4）

---

① 王俊杰. 基于面板数据的河南农村文化消费地区差异研究［J］. 经济地理，2012（1）：37-40.

② 滕永乐，孙雪萍. 中国农村居民消费结构分析：基于隐性直接相加需求系统的研究［J］. 江西财经大学学报，2013（3）：85-93.

③ 宋晓. 基于城乡文化消费结构差异分析的新农村文化供给侧结构性改革路径探索：以四川省为例［J］. 中华文化论坛，2022（6）：143-151.

（三）数据整合

以辽东地区 9 个县（市）"十三五"发展规划、"十四五"发展规划、国家统计局公布的相关指标数据和《中国统计年鉴》等作为主要数据来源，将满族特色村寨文化消费指标整理如下（见表 3-2）。

表 3-2　满族特色村寨文化消费指标

年份	人均文化消费支出/元	人均可支配收入/元	政府投入文化设施数量/个	居民人均消费支出/元	乡村人口数量/万人
2011	394	6977	403	5221.1	332.9
2012	445	7917	405	5908	331.1
2013	755	9430	409	7485	329.8
2014	860	10489	411	8383	327.9
2015	969	11422	409	9223	326.6
2016	1070	12363	411	10130	325.1
2017	1171	13432	419	10955	323.9
2018	1302	14617	411	12124	321.8
2019	1482	16021	407	13328	319.9
2020	1309	17173	420	13713	318.2

三、分析及计算

（一）模型建立

通过对影响文化消费因素的分析，针对文化消费影响因素，实证分析采用最小二乘法（即 OLS 回归）[1]。在研究中，将满族特色村寨文化消费支出设定为被解释变量（y），将文化消费影响因素 [人均可支配收入（X_1）、政府投入文化设施数量（X_2）、居民人均消费支出（X_3）、乡村人口数量（X_4）] 作为解释变量进行研究，μ 为常量，继而建立 OLS 方程：

$$y = \alpha_1 X_1 + \alpha_2 X_2 + \alpha_3 X_3 + \alpha_4 X_4 + \mu \tag{3-1}$$

同时，在使用 OLS 回归式分析的同时，添加 robust 选项，可以使标准误经

---

[1] 牛品一，陆玉麒，彭倩. 基于分位数回归的江苏省城市化动力因子分析 [J]. 地理科学进展，2013（3）：372-380.

过怀特异方差修正，从而使结果更稳健。

（二）描述性统计

变量描述性统计如表 3-3 所列。

表 3-3　变量描述性统计

变量名 （Variable）	观测值数量 （Obs.）	均值 （Mean）	标准差 （Std.Dev.）	最小值 （Min）	最大值 （Max）
year	10	2015.50	3.028	2011	2020
y	10	975.70	365.619	394	1482
X_1	10	27439.90	50778.834	6977	171731
X_2	10	40941.50	475.615	40366	41993
X_3	10	9647.01	2947.357	5221	13713
X_4	10	58155.00	4813.322	50992	64989

（三）实证结果分析

指标验证结果如表 3-4 所列。

表 3-4　指标验证结果

y	系数 （Coef.）	标准误 （St.Err.）	t 值 （t-value）	p 值 （p-value）	95% 置信区间 （95%Conf.Interval）		显著性标记 （Sig.）
X_1	0.001	0	6.57	0.001	−0.001	−0.001	***
X_2	0.033	0.01	3.31	0.021	0.007	0.059	**
X_3	0.232	0.03	7.87	0.001	0.156	0.308	***
X_4	0.063	0.019	3.38	0.02	0.015	0.111	**
常量（Constant）	−6268.897	1759.183	−3.56	0.016	−10791.021	−1746.773	**

因变量均值 （Mean dependent var）	975.700	因变量的标准差 （S. D. dependent var）	365.619
R 方 （R-squared）	0.999	观测值数量 （Numberofobs）	10
F 检验值 （F-test）	1611.066	Prob>F	0.000
赤池信息准则 ［Akaikecrit.（AIC）］	90.175	贝叶斯信息准则 ［Bayesiancrit.（BIC）］	91.688

注：*** $p<0.01$，** $p<0.05$，* $p<0.1$ 分别代表显著性水平为 1%，5%，10%。

通过使用最小二乘法，得到以下方程结果：

$$y = 0.001X_1 + 0.33X_2 + 0.232X_3 + 0.063X_4 - 6268.897 \qquad (3-2)$$

根据实证结果发现，模型可决系数 R^2 为 0.999，证明模型拟合效果很好。在显著性水平为 5% 的条件下，各变量对被解释变量有显著性影响，且是正向影响，这与前期理论部分的分析结果完全一致。

四、结论与观点

通过对近年来辽东地区 9 个县（市）文化消费发展情况的调查，系统分析现阶段形成辽东地区 9 个县（市）文化建设中存在的问题，寻找影响辽东地区 9 个县（市）文化消费的原因。基于实证分析，表明辽东地区 9 个县（市）文化消费的主要因素包括以下四个方面。

第一，政府文化投入水平对文化消费的影响最大，这也使居民的文化消费能力受到了极大抑制。

第二，居民文化消费意愿的强烈程度对文化消费的影响次之。目前，我国乡村经济进入高速发展时期，人均收入也有了极大提升，这将直接对乡村居民的物质生活水平带来质的飞跃。现代化乡村建设的发展，不仅改变了居民的传统消费方式和消费类别，同时会附加一定的文化消费开支，这是重大历史性的改变。虽然对于文化消费有所涉及，但是相较于城市居民文化消费的平均水平来说，乡村居民在文化消费方面的开支水平依旧相对落后。

第三，人口因素。农村青壮年劳动力流失、农村"空心化"加剧，已经成为影响文化消费的重要问题。解决乡村文化消费的关键是打造多元化文化产业，以此吸引游客进行消费，从而壮大文化消费，实现文化产业现代化。

第四，乡村居民收入水平。与城镇居民的收入水平相比，乡村居民收入相对较少，因而影响了除生活必要支出以外的文化消费开支；受文化消费物价水平的影响，中国广阔的乡村地区并不能建立较大面积的文化消费圈。

基于此，要进一步提高满族特色村寨文化建设的水平，必须努力提高我国广大乡村人口的生活收入水平，逐步转变乡村居民的文化消费观念，加强文化基础设施建设，积极鼓励乡村居民合理开展文化消费，以激活自身的文化消费能力，并从这些文化消费影响因素中找出加快辽东地区满族特色村寨文化建设的方法。

目前，辽东地区 9 个县（市）满族特色村寨文化建设受到文化基础设施欠缺、居民收入水平较低、消费观念落后、人口数量减少等因素的制约，其文化消费支出低，消费形式过于单一，消费结构不合理。因此，应加强政府对满族特色村寨文化基础设施项目的财政支持，采取措施提高村寨居民收入水平，积极引导村寨居民树立正常的文化消费观念。面对我国村寨日常生活的巨大变化，国家应该意识到村寨居民文化消费的必要性，这是实现乡村振兴的有效途径，是满足我国广大乡村多元文化需求的重要保证，是实现乡村居民全面发展的必然需要。我国是一个文化资源丰富的国家，随着我们对文化消费认识的不断深入，人们越来越关注乡村居民的精神生活。随着经济社会的发展，辽东地区 9 个县（市）满族特色村寨文化建设水平将逐步提高。

本章小结

本章系统地梳理了辽东地区的概况和满族特色村寨文化建设的基本情况，重点分析了辽东地区乡村振兴战略的实施背景、重要性和初步实施情况。

通过实地脱贫攻坚、社会主义新农村建设、美丽乡村建设，辽东地区满族特色村寨文化建设取得了显著成效。然而由于独特的地理环境、文化资源禀赋和经济社会发展水平的影响，辽东地区村寨发展仍面临诸多挑战。主要表现为：乡村产业弱质化、乡村"空心化"、传统文化传承与现代文化建设不足、乡村治理现代化亟待加强等。

本章从辽东地区 9 个县（市）的层面进行研究，研究发现辽东地区满族特色村寨在巩固脱贫攻坚成果、乡村振兴规划和政策体系建设、促进产业升级、增加居民收入、完善基础设施、保护与传承民族文化、提高居民文明水平、建设基层党组织等方面推动了乡村振兴战略的初步实施，并取得了一定的成效。总体乡村振兴达到初期的各项指标，为区域乡村振兴战略的深入推进奠定了基础。另外，本章从文化消费的角度研究辽东地区满族特色村寨文化建设的水平，发现政府对文化建设投入水平、居民文化消费意愿的强烈程度、人口因素的影响、乡村居民收入水平等对满族特色村寨文化建设影响较大。

第四章　辽东地区典型满族特色村寨文化建设

　　满族文化看辽宁，辽宁满族文化看辽东。辽东是满族的重要聚居地，也是满族文化比较丰富的地区，其历史文化底蕴厚重，延续了数千年。满族特色村寨是指在历史上形成的，有着鲜明的满族民族性且承载着满族居民生产、生活和文化的自然村或行政村。

　　满族特色村寨承载了满族在产业结构、居住风格、村风民俗等方面的经济社会发展特点和文化特色，反映了不同时期、不同地域、不同文化类型满族聚居地形成和演变的历史过程，文化基因相对完整。它凝聚了满族特色村寨文化的历史精华，是中华民族文明多元化的表现，是继承满族民族文化传统的有力工具，是促进满族民族传统村落发展的宝贵文化资源。

　　扶持和发展满族特色村寨文化建设，对于发展乡村振兴、维护中华文化的多元化具有重大意义，也是民族工作的一项重大任务。做好此项工作，有利于推动满族特色村寨的经济发展，传承与发扬满族特色村寨的优秀传统文化，加强民族自信，提升各族人民的凝聚力与向心力，巩固与发展平等、团结、互助、和谐的社会主义民族关系。

❯❯ 第一节　满族特色村寨文化建设重要性与发展条件

一、辽东地区满族特色村寨文化建设重要性

（一）对国家安全的重要性

从地理上来看，辽东地区位于我国辽宁东部，中朝边境地带。这一地区的

经济与社会发展，不仅与该地区的人民生活密切相关，而且与国家的安全和稳定密切相关。在区域民族构成方面，包括汉族、满族、蒙古族、锡伯族、朝鲜族等多个民族共同生活，相互影响，形成浓厚的中华民族共同体意识。纵观历史，在新中国成立以前，该地区社会动荡不安、战乱频仍、盗匪横行，这主要是经济条件差及社会管理不善所致。新中国成立以来，党和政府致力于社会管理、经济建设及民生事业的迅速发展，使该地区的经济社会结构有了根本性改变。中国共产党所累积的丰富经验，对于实现乡村振兴战略有很大的参考价值，在维持区域稳定和国家安全方面起着重要作用。

（二）历史民族走廊与文化多样性

辽东地区自古以来就是多民族迁徙流动的重要地区和民族走廊，也是联系蒙古国和朝鲜的重要通道。民族作为文化的载体，其多元化必然导致文化的多样化。辽东地区由于长期的多民族共存和融合，以及各民族之间的文化相互作用，各民族之间很难保持单一的文化特征，因而形成了文化上的多元性与融合性。同时，各民族的长期交往，使得他们在许多方面（如性格、生活习惯、行为举止等）都在不知不觉中受到影响。因此，辽东地区地域文化表现出显著的多样性和独特性。其独特的民族文化在世界上也很少见且具有代表性。

（三）防止返贫与巩固全面建成小康社会成果的关键区域

辽东地区已经彻底摆脱贫困，正与全国其他地区一道，向着全面小康迈进。但是，由于辽东地区经济基础薄弱、起点低，受自然条件、区位条件、生态环境等多方面的制约，一些地区自身积累与发展机制还不完善。同时，在辽东地区经济社会发展的进程中，非经济因素也是十分复杂的。例如，特殊的自然环境对民族文化、道德、心理等方面的影响会进一步延伸到当地的经济社会发展。在未来相当长的一段时间里，制约该地区发展的一些根本因素还会继续存在。从这个意义上讲，辽东地区经济社会发展与乡村振兴战略的整体发展密切相关，是全省防止返贫和巩固全面建成小康社会成果的重点区域。

二、辽东地区满族特色村寨文化建设发展条件

（一）政策措施

第一，在国家《"十三五"促进民族地区和人口较少民族发展规划》中，辽宁环长白山满族特色村镇示范带建设项目被列入其中，此规划促进了辽东地区满族特色村寨的发展。辽宁省委省政府对此非常重视，在政策上、项目上、资金上予以重点保障和支持，并取得了显著的效果。

第二，《辽宁省少数民族特色村镇保护与发展"十三五"规划》计划建设100个省级特色村镇和10个特色小城镇，围绕长白山的满族特色村镇示范带所涉及的村镇将成为建设重点。将辽东地区满族特色村镇建设项目与省级特色村镇、宜居村镇、特色旅游村镇建设结合起来，统一规划、集中力量、整合资源、高起点立足、争取高投入、打造高标准，最大限度地发挥满族特色村镇文化建设的效益。

第三，2020年，辽宁省国民经济和社会发展"十四五"规划和国家民族团结进步事业"十四五"规划征求意见。辽宁省将"辽东绿色经济区"建设确定为"三重一大"区域之一，并向辽宁省人民政府和国家民族事务委员会提出并报告。将"辽东绿色经济区"建设作为推进民族地区重点生态功能区转型发展的重点子项目。

2020年，《中共辽宁省委关于制定辽宁省国民经济和社会发展第十四个五年规划和二〇三五年远景目标的建议》中提到建设辽东绿色经济区。以辽东地区9县（市）为基地，以其拥有的丰富的森林资源和水资源为基础，共同构建"辽东绿色经济区"，协同探索推进生态优先、绿色发展的新路子。加大对重要生态功能区的支持力度，夯实绿色发展生态基础。大力发展生态经济，打造绿色产业集群、大健康产业基地、绿色农产品和有机食品的精加工基地，从而提升地区的综合竞争力。以"冰雪游""沿边游""民俗游""红色游"为特色，创建综合性的旅游示范区。

第四，新修订的《辽宁省少数民族发展资金管理办法》将保护和发展少数民族特色村镇作为民族特色项目之一。要求将辽东地区9个县（市）作为少数民族特色村镇项目申报重点区域，加大对辽东地区周边满族特色村镇示范带建设的支持力度。

第五，根据《东北东部绿色经济带发展规划》，指导辽东地区做好"兴边富民行动中心城镇"试点建设，争取国家对辽东地区满族特色村寨的政策支持，通过加强村寨规划和功能定位指导，培育特色优势绿色产业，协助"辽东绿色经济区"建设，促进边境稳定，减少满族地区人口净流出。

（二）资本投入

辽东地区 9 个县（市）一直是辽宁省重点扶持地区。"十三五"期间，辽宁省累计向辽东地区投入国家专项资金 2.3748 亿元，实施 544 个项目，培育了岫岩县"洋河生态农业示范基地"、新宾县错草村大棚果蔬生产基地、本溪县"小市一庄"生态旅游等一批绿色生态农业示范样板。打造了以本溪县同江峪村、新宾县赫图阿拉村、桓仁县木盂子村等辽东地区的"中国少数民族特色村寨"。2020 年，辽宁省实施以少数民族专项资金为支撑的"全省少数民族百村产业工程"，总投资超过 1 亿元，支持民族地区打赢脱贫攻坚战、调整农业产业结构、促进绿色优势产业发展。特别是在担负着开发民族地区和实施兴边富民行动双重任务的宽甸县，投入国家专项资金 1300 余万元，支持建设"集中美、连片美、可持续美"工程，打造"鸭绿江边农业产业走廊"，这既支持了绿色农业产业的发展，也有效延缓了边境地区的"空壳村"趋势。

第二节　典型满族特色村寨选择原则

本书确定了辽东地区典型满族特色村寨的选择原则，以辽东地区入选中国少数民族特色村寨和中国传统村落名录的村寨为基础，同时对辽东地区村寨开展普遍调查，综合选取具有以下特征的村寨。

①辽东地区各满族聚居区满族人口比例最高的村寨。

②宗族清晰、姓氏相对单一的满族村寨。

③原始满族特色村寨是指在形成初期就是满族村寨，而不是后来迁移到其他民族已经定居的村寨，形成混合定居的形式。

通过以上比较研究，层层筛选、调查验证，最终确定辽东地区 16 个满族特色村寨为本书的研究对象（见表 4-1）。

表 4-1 辽东地区典型满族特色村寨概况

序号	县（市）	村寨名称	基本概况
1	岫岩县	石庙子镇丁字峪村	2019 年第五批中国传统村落名录。下辖 10 个村民组，耕地面积 4100 亩，2021 年总人口 1890 人，560 户。满族占 75% 以上
2	凤城市	大梨树村	2014 年首批中国少数民族特色村寨。全区面积 48 平方千米，下辖 22 个村组，2023 年总人口 5118 人，1704 户。国家 4A 级旅游景区。满族占 80% 以上
3	宽甸县	青山沟村	2017 年第二批中国少数民族特色村寨。全村面积 149.8 平方千米，2020 年总人口 11249 人，3081 户。满族占 75% 以上
4	宽甸县	长甸镇河口村	2023 年第六批中国传统村落名录，总面积 18 平方千米，2020 年人口 27472 人。满族占 85% 以上
5	桓仁县	华来镇木盂子村	2017 年第二批中国少数民族特色村寨。山林面积 48000 亩，耕地面积 3327 亩，满族占 80% 以上
6	桓仁县	五里甸子镇老黑山村	2019 年列入第三批中国少数民族特色村寨之列。全国一村一品示范村，2022 年总人口 1155 人，315 户。满族占 80% 以上
7	本溪县	湖里村	2017 年第二批中国少数民族特色村寨，2005 年被评为辽宁省森林公园，满族占 75% 以上
8	本溪县	同江峪村	2017 年第二批中国少数民族特色村寨。2019 年 7 月，同江峪村进入首批全国乡村旅游重点村名单。全村总面积 34.74 平方千米，耕地面积 1740 亩，山林面积 4670 亩。2019 年共有 344 户，1452 人。满族占 75% 以上
9	本溪县	连山关镇连山关村	2023 年第六批中国传统村落名录，满族占 75% 以上
10	新宾县	腰站村	2014 年第三批中国传统村落名录，满族占 75% 以上
11	新宾县	嘉禾村	2019 年第三批中国少数民族特色村寨。行政区域面积 1.9 万亩，满族占 80% 以上
12	新宾县	赫图阿拉村	2014 年首批中国少数民族特色村寨，全村林地面积 1866.7 公顷，森林覆盖率 73%，满族占 80% 以上

表4-1（续）

序号	县（市）	村寨名称	基本概况
13	新宾县	大房子村	2017 年第二批中国少数民族特色村寨，耕地面积 528 亩，满族占 85% 以上
14	抚顺县	后安镇南彰党村	2023 年被列入第六批中国传统村落名录，满族占 85% 以上
15	清原县	三十道河村沙河子组	2019 年第三批中国少数民族特色村寨，满族占 80% 以上
16	西丰县	成平满族乡	1984 年全省首批批准设立的少数民族村寨之一。全乡下辖 10 个建制村，32 个自然屯，2024 年人口 1.3 万人，满族占 95% 以上

第三节　辽东地区典型满族特色村寨满族文化建设

为了进一步对辽东地区满族特色村寨文化建设现状进行了解，著者结合乡村振兴战略，对辽东地区 16 个典型满族特色村寨满族文化建设从产业兴旺、生态宜居、乡风文明、治理有效等方面进行分析研究。

一、文化产业与产业兴旺

满族特色村寨通过发展相关文化产业实现乡村振兴战略中产业兴旺的目标。

（一）文化产业概念

联合国教科文组织将文化产业定义为按照工业标准生产、再生产、储存及分配文化产品和服务的一系列活动①。我国文化产业发展较晚，长期处于探索阶段。党的十六大后，我国文化产业得到了迅速发展。我国将文化产业定义为：文化产业是向公众提供文化娱乐产品和服务的活动，是与这些活动相关的活动集合②，强调文化经济的整体属性和文化产业显著的产业关联性特征。文

---

① 张洁燕，曾宪初. 论经济的新增长点：文化产业 [J]. 经济学动态，2004（4）：41-43.
② 刘一广. 仪式活动的变化与民族文化的融合性传播 [J]. 社会科学家，2022（4）：142-147.

化产业是"文化经济化，经济文化化"的产业化的辩证发展过程，它带动了相关产业的升级，将无形文化资本转化为有形经济价值。在这个过程中，文化产业呈现出"创意性""文经一体化""可重复性和增值性"三个特点。根据英国学者大卫·赫斯蒙德霍夫（David Hesmondhalgh）的文化产业链模型，强调文化内容从核心创作向外围扩散的逻辑，将文化产业分为核心层、外围层和相关层三个层次，其中核心层（圆心）聚焦文化内容的原创生产与意识形态传播；外围层（中间层）通过市场化手段扩展文化价值；相关层（外圈）提供技术设备与衍生服务支撑。

（二）文化建设与产业兴旺的路径

1. 满族民俗文化产业核心层的构建

满族文化产业核心层是满族文化资源管理内涵外延的基础，是满族文化产品的销售和传播，也是文化本身意义的生产和再生产。作为满族文化产业链中的上层精神文化产品，它涉及满族民俗文化研究与民俗文化博览中心、满族民俗文化传媒业、满族民俗文艺演出业三大方面。

（1）满族民俗文化研究与民俗文化博览中心。

辽东地区满族特色村寨大力推进满族民俗文化研究与民俗文化博览中心构建，加强民俗文化宣传教育，开设专门的民俗文化课程，为从事满族民俗文化的工作人员提供专业的职业培训，加深他们对满族民俗文化的了解，正确传播满族文化。

政府部门在资金、政策、专业人才设置等方面为满族民俗文化研究与教育提供帮助，建立集博物馆、档案馆、图书馆为一体的满族民俗文化博览中心，收集和展示社会各方面散落的满族历史文物、书籍和档案资料。这将有利于满族文化的科学研究。丰富的物质民俗文化资源管理和精神民俗文化资源管理为民俗博物馆的发展奠定了良好的基础。满族特色村寨在满族民俗文化研究与民俗文化博览中心的发展情况各不相同，主要特点如下。

① 对于发展历史较长的村寨，有 5 个村寨设立了民俗文化研究与民俗文化展览中心。其中，凤城市大梨树村设立了民俗文化体验馆和满族文化工作室，民俗文化体验馆有剪纸、摄影、印染（见图 4-1）等民俗文化展示和体验。宽甸县青山沟村建设有满族民居展览馆和孙奇成美术馆。

湖里村利用原有的满族贝勒府建设的小型满族民俗展厅，已成为村里的标志性景观，展厅逐步收集满族居民传统生产生活需要的物品，以还原满族的生

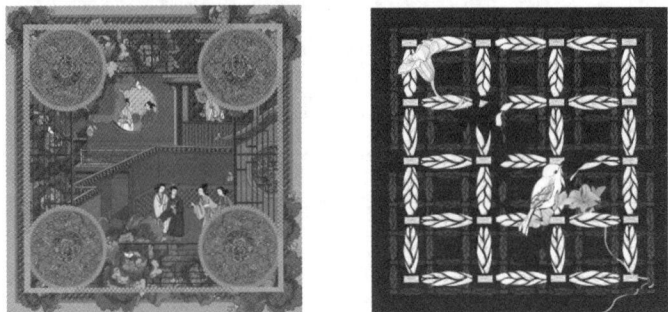

图 4-1 满族特色印染

产生活场景，展示满族民俗。满族民俗展厅展出的油画、书法、剪纸、印染、陶艺等作品，展示了满族人民对传统文化的探寻；开展的专题展览、专题讲座等活动，丰富了村寨文化的内涵。

永陵镇嘉禾村建有村历史博物馆、村文化博物馆、美术馆和图书馆。村历史博物馆通过展示村貌、文化风貌、历史沿革、乡村生活变迁等影像和实物，让村民追溯过去的记忆，感受时代的巨变，更加热爱家乡。依托文化中心，嘉禾村成立了辽宁省第一个村级文化组织——嘉禾民族文化艺术联合会，涵盖文化、音乐、书画、根雕、摄影等作品。村文化博物馆展示了许多民间艺术作品，如书法、绘画、剪纸、陶瓷等，这些作品都是基于满族的历史、文化、传说和习俗而创作的。村文化博物馆已成为当地中小学课外艺术活动和部分高校创作教学的基地。嘉禾美术馆成为辽宁省首家乡村美术馆、全国首家少数民族乡村美术馆，极大地丰富了周边村民的文化生活。馆内展示满族历史的"金代大瓮"，高 70 厘米，顶部直径 50 厘米，中间直径 60 厘米，底部直径 30 厘米。它展示了女真族的历史和文化遗产。

赫图阿拉村建设有满族历史博物馆、旗袍博物馆、人参博物馆、前清历史博物馆、满族民俗博物馆。

② 没有建立研究中心的村寨也可以通过其他方式建立研究中心。例如，丁字峪村是爱国将军黄显声的故乡，黄显声将军故居被列为省级红色旅游基地。故居展示了黄显声将军的生平事迹，也展示了丁字峪村的满族文化。

③ 有的村寨设立了满语学校，开设了专门的民俗文化课程，对从事满族民俗文化工作的人员进行了职业培训。木盂子（见图 4-2）学校开设了满语教学课程，让学生学习和掌握满语、满语历史、满语民俗、满语礼仪等方面的基本知识，进一步保护和传承满语、满语文字、满语民俗等文化。赫图阿拉村每

年腊月初七至初九会举办活动来传承传统习俗，与此同时，该村积极发展冬季旅游，获取经济效益。当地的满族学校将满语和剪纸作为必修课，可以让学生从小就开始学习满族文化，从而更好地传承文化。

图4-2 木盂子村村貌

满族民俗文化研究与民俗文化博览中心是文化繁荣的重要基础，各村对其高度重视，特别是与高校的有效合作，取得了丰硕成果。此外，其主要问题是覆盖面不大、研究深度浅、缺乏专业人才、对满族民俗的培训不足。

（2）满族民俗文化传媒业。

满族民俗文化传媒业的发展，要依托与社会生产生活多方面相关的民俗、精神信仰、民间文艺，通过电视栏目、影视演出、广告宣传、新媒体等方式，打造具有民族文化特色的品牌文化艺术产品。在电视传媒方面，要积极打造适合满族民俗文化传播的电视栏目、专题片和文艺片。节目要突出民族特色，注重文化、教育、娱乐和时代感。以资产和业务为纽带，加大满族民俗文化资源整合力度，打造民族品牌节目。积极拓展满族文化传播平台，逐步向新媒体转型，将电视民俗文化节目与网络媒体相结合，大力发展手机电视、网络电视对满族文化的宣传。

① 满族民俗文化借助新媒体进行宣传。

随着网络的日益发达，传统营销已不能适应新时代景区的推广，满族特色村寨积极利用新媒体平台进行宣传。青山沟村顺应潮流，积极开展网络营销，与丹东地区的网络达人和短视频爱好者进行合作，面向全网，积极推介青山沟美景，打造新的"网络名片地"，进一步宣传了青山沟的美丽风光，为民俗文化注入了新的活力。

本溪县旅游也借助微博、微信、抖音等新媒体迅速发展，形成了主流媒体与新兴媒体相辅相成、相互促进的良好局面。本溪县文化和旅游部门也加大旅游推广力度，组织人员先后赴北京、广州、深圳等地参加亚洲文化和旅游展、北京世界园艺博览会等国际展会，夯实优质客源，开拓新兴市场，扩大品牌影响力。

赫图阿拉村入驻快手、抖音等平台，及时发布景区旅游信息、满族旅游文化文章等。

② 采用"线上+线下"模式，发展流量经济和粉丝经济。

老黑山村利用携程、美团、抖音、快手、网上商城等社交平台，在满族老街经营手工大饼、香菇酱、本溪手工豆皮、面条、满族刺绣等一系列具有浓郁地方特色和传统文化的产品，传承满族民俗和饮食文化，为当地农民销售家乡特产提供了一个新的平台。

同江峪村利用媒体与文化融合，以"满乡文化故里"老街和"梦回汉唐"特色文化为主线，以传承地域特色文化为使命。景区举办各类文化演出、非遗演出、影视拍摄、竞赛海选等活动。本溪"社火"等国家级非物质文化遗产项目入驻景区进行展示演出，增加了景区夜间旅游的文化内涵，提高了景区文化演出的水平和档次。《白山黑水铸英魂》《绿色军衣》等东北抗联红色文化经典剧目，为景区红色旅游提供了生动的场景教材。

宽甸县河口村利用互联网销售农产品，带领当地果农将河口燕红桃、草莓、蓝莓等农产品的传统销售模式升级到电子商务产业链，组织成立了丹东市青少年电子商务协会。

满族民俗文化传媒业的发展不是孤立的，而是保证满族文化产业各个子产业健康发展的基础，并将带动满族传统文化、民俗风情、地域风光、文化消费市场形成蓬勃发展的产业价值链。在创造经济价值的同时，产生了足够的社会效益，在一定程度上对满族民俗文化遗产起到了保护和传承的作用。

（3）满族民俗文艺演出业。

满族民间艺术表演属于精神文化产品。它们是满族人民通过艺术形象创造的社会意识形态，反映社会生产生活，表达创作者的思想、情感和审美情趣，同时能打动观众，产生精神共鸣。民间艺术表演通常采取歌舞、戏剧和仪式表演的形式，具有很强的艺术表现力和娱乐功能。它们是发展满族文化产业的重要项目，具有审美观念的优秀民族文化产品。满族民间艺术表演种类繁多，发展空间广阔。为了满足不同场合表演的需要，应选择不同的艺术表现手法。

第一，艺术表演和戏剧表演需要具有高度专业化的文艺工作者参加，作品应具有较高的艺术性、观赏性、民族性和文化性，表演技巧和舞台布置也应符合专业的表演标准。对于节日、活动等露天场所的演出，要求节目情节简单紧凑，节奏动感，歌舞并举，视觉冲击力强。例如，《八旗山水谣》是由青山沟国家级风景名胜区管理局和中华满族风情园共同投资打造的大型满族歌舞节目。它集满族说唱音乐、戏曲音乐、宫廷音乐、萨满祭祀音乐和满族歌舞于一体，充分展示了满族歌舞的独特风格。大梨树村和辽宁省人民艺术剧院合作演出的话剧《干字碑》获得第六届全国少数民族文艺会演最高奖。"干字碑"集中体现了中国人民的共同体意识，讴歌了大梨树村各族人民在党的领导下，齐心协力、共同繁荣发展的生动实践。

第二，在满族民俗村、民俗公园等旅游景点，主要表演具有深厚文化内涵的非物质文化遗产节目（见图4-3）。同时，通过民俗风情的礼仪展示、服饰表演、婚礼仪式等艺术表演辅助形式，强调参与性和趣味性，使观众能够亲身体验互动；充分利用满族人民宝贵的艺术文化资源，积极培育大型歌舞剧、节日礼仪示范等民族文化精品，展示满族文化。在民俗学专家、艺术家的共同研究下，尝试进行区域性或全国性的满族文学艺术报道。

(a) 西丰县"乌里围"满族农家乐节   (b) 同江峪村"社火"

(c) 腰站村"插佛托"   (d) 赫图阿拉村"鞑鞑秧歌"

图4-3 满族特色村寨文化遗产节目

丁字峪村组建了秧歌队、广场舞蹈团和民间乐队；木盂子村开展了多民族民间表演和乡村娱乐活动，组建了满族秧歌队、民族舞蹈表演等业余队伍，进一步保护和传承了满族语言、文字、历史、民俗等文化。嘉禾村启动满族文化推广机制，建立嘉禾村乡村文化传播机制，配合嘉禾民族文化艺术联合会发展，推进村民和团体参观交流、互学互鉴、共同进步。

第三，立足满族历史文化，大力开发满族非物质文化遗产，以开拓创新为目标，面向国内外市场，注重社会效益、文化效益和经济效益的多重收获，使满族民间艺术表演产业成为民族文化产业链上的亮点。

西丰县"乌里围"满族农家乐节［图4-3（a）］结合当地满族特色文化，打造冬季旅游品牌，吸引国内外游客走进满族农家乐，欣赏满族秧歌表演，粘贴对联，学习剪纸，品尝满族特色团年饭和满族火锅，重温满族民俗知识，感受满族围场的传统风情。

同江峪村的"社火"活动［图4-3（b）］是具有独特地域文化特征的代表性民间艺术形式之一。"社火"这个名字源于先民对土地和火的崇拜。它是汉族文化和东北各少数民族文化相互交流与融合形成的独特地域文化。2006年，"社火"活动作为本溪市首批非物质文化遗产保护试点项目之一，获批成为辽宁省省级非物质文化遗产保护项目。2008年，它被列为国家级非物质文化遗产名录。

腰站村的婚礼仪式也保留了原有的风格和特色。《红喜信》《宝贝抱鱼》等精美的民间剪纸艺术作品充分展示了满族传统艺术的多样性。同时，满族的清明节已被列为省级非物质文化遗产保护项目。"插佛托"［图4-3（c）］是满族家庭在清明节时开展的一项主要仪式活动。

赫图阿拉村最大限度地保留了满族的古老习俗和传统。每年春节期间，村民会自发组成"鞑靼秧歌队"［图4-3（d）］，其中最具代表性的是穿着旗袍的"鞑靼官"和"外鞑靼人"。这种秧歌表演描绘了满族骑马、射箭、狩猎等原始生活和生产状况，具有鲜明的钓鱼、狩猎、骑马、射击等民族文化氛围。

2. 满族民俗文化产业外围层的构建

满族民俗文化产业外围层主要是指那些以满族民俗文化旅游资源为依托开发出来的休闲娱乐、旅游等文化娱乐产品和文化服务产品，它属于满族民俗文化产业核心层的衍生产品。具体包括满族民俗休闲娱乐业、满族民俗展览博览业等相关产业部门。

（1）满族民俗休闲娱乐业。

随着居民生活水平的提高，人们逐渐从对物质生活的追求转向对精神文化享受的渴望，这推动了产业结构的变化和消费市场的转型，从而促进了休闲娱乐产业的发展。

第一，依托满族独特的自然风光、人文景观、民俗风情等资源优势，积极建设满族风情度假村、民俗公园、农家乐等休闲娱乐项目，最大限度地满足游客的文化需求和娱乐享受，集自然景观观赏、民俗文化体验、民族艺术表演于一体。娱乐项目的设置要体现"以民族文化为根，以活动为载体"的原则。旅游区的环境建设要有自然的、地方的、民族的气息，让游客从城市的喧嚣中解脱出来，回归自然，体验满族先民骑马射击的粗犷豪爽，品尝小根菜、曲马菜等山野菜，居住满族口袋房、万字炕，观看萨满祭祀表演，做满族泥塑作品（图4-4）等一系列民间活动，拓展满族文化休闲娱乐方式，即通过娱乐享受来拓宽自己的视野、体验满族的传统文化、提高自身的文化修养。在满族人口较多的村寨，通过对民族文化的复制和移植，建设满族民俗文化主题公园。在众多满族民间传说、神话故事、影视作品中，选取具有代表性的人物和故事情节，以传统民族故事为主旋律，设计游乐项目和挑战游戏，实现现代文明与民族文化的完美结合。

图4-4　满族泥塑特色工艺品

大梨树村以满族文化为背景，建立具有满族特色的餐厅，从而推广满族文化，展示满族特色油画、木制桌椅、古老农具，以及屋檐下悬挂的蒜瓣、辣椒串等装饰品，体现了满族乡村特色。餐厅中主要经营满菜和农家乐特色菜，如干炸土豆、猪肉菜、农家乐豆腐等。

木盂子村在饮食文化方面改造了满族特色农牧业，将满族八碗、满族烤全羊等满族特色饮食文化引入餐饮业。其中，满族特色农家店铺采用满汉双字牌匾。

湖里村通过特色村建设，开发了满族民俗文化旅游度假区，设置了满族民俗文化旅游接待户。

腰站村经过 300 多年的发展变化，由于聚居和相对孤立于其他村寨，至今仍保留着许多满族乃至女真人的古老传统习俗。这些习俗反映在村民社会生活中的各个方面。

嘉禾村大力发展农副产品文化创意设计及产品开发，建立满族文化创意商品的发展与宣传体系。针对嘉禾村的文化和旅游业，积极利用数字媒体的传播手段，对抖音、微博等新媒体进行广泛应用，从而增强吸引力。

赫图阿拉村以满族特有的民族风情为依托，把"满族特色庭院""满族热炕""满族四大怪"等要素融入满族特色民居中，使其成为一家别具一格的满族特色酒店。这样既可促进农村集体经济的发展，又可为农民增加收入提供新的思路。

第二，文化与旅游的融合不仅继承和保护了满族民俗文化，而且增加了农民的收入，使群众成为满族特色村寨文化的主角。辽东地区满族特色村寨依托深厚的清代早期文化和丰富的满族风情，将现有民居院落升级为特色民宿，连续多年举办"满族农庄过新年"等特色民俗活动，发展满族风情乡村旅游。通过文化与旅游的融合，村民逐渐走上了致富之路。

同江峪村大力发展民族文化旅游，积极推进一、二、三产业有机融合。经过多年的发展，同江峪村已成功打造 4A 级景区，被国家民族事务委员会评为"全国首批乡村旅游重点乡村"，被国家民族事务委员会命名为"第七批全国民族团结进步示范区"，乡村旅游作为特色产业发展的新业态逐步打开。

三十道河村将生态资源与满族文化相结合，建立了满族生态村和生态旅游观光栈道，建立了沙河子旅游专业合作社，并连续多年举办了"冰雪嘉年华·乡村新年"活动，被誉为"辽宁雪乡"。

西丰县积极举办"乌里围"满族农家乐节，在此期间，举办敲神鼓、住雪村、品尝年俗、跳秧歌、看大戏、猜灯谜、买年货、听神歌、贴对联、学习剪纸、欣赏满族秧歌和萨满祭祀表演、品尝满族团圆饭和满族火锅等活动。

总之，满族民间休闲娱乐产业的发展以市场需求为导向，体现文化产品的民族和地域特色，遵循"环境先于产品"的发展原则，在保护满族传统文化的前提下，将满族居住环境独特的自然资源和人文环境充分融入休闲娱乐产品中，从而取得社会效益和经济效益，完善区域旅游配套设施建设，促进相关产业升级。

（2）满族民俗展览博览业。

满族民俗展览博览业为满族传统民俗文化、艺术品和节日活动提供展示平台，通过参展商和客户之间的互动交流，实现满族艺术品的文化、社会和经济价值。民俗文化博览会可吸引大量客商前来，为保护和发展满族民俗文化提供参考，带动满族居民经济发展。发展满族民俗展览博览业需要培育和加强参展商网络，发挥互联网、动漫公司、文艺演出团体对满族民俗文化的示范作用，开发内外联动的会展业务项目，开展以参展商为中心的营销服务、以客户为中心的贸易服务、以观众为中心的需求服务。全方位推进满族民俗展览的专业化、市场化。满族民俗展览应打破传统的展示方式，充分利用高科技手段，使静态展品动起来，模仿满族不同时代的社会特征，组织相关活动，突出民族性、主旋律性、互动性、创新性的原则。以满族节日活动为主线，开展讨论满族艺术、服装、民族特色食品等文化产品的电子产品展示。以某个满族节日为主题，通过表演来展示所涉及的礼仪，并在仪式中展示满族不同地区独特的服饰、器物、手工艺品和食物。

辽东地区 16 个满族特色村寨在满族民俗展览博览业方面进行了探索，取得了一些成果。

青山沟村举办了满族非物质文化遗产节，以综合旅游为驱动，走一、二、三产业融合发展之路，精心打造具有宽甸特色的独特旅游品牌。满族非物质文化遗产节的策划和举办，传承特色鲜明的满族民族文化，提升旅游文化内涵，突出萨满文化，聚焦旅游惠民，以青山绿水间的"满族乡戏"推动满族特色村寨的文化建设。

同江峪村试点创建 400 亩满族农业文化示范区，采用"老黄牛、弯弯犁"的传统耕作方式，展示满族传统农业文化，吸引了大批游客和摄影爱好者前来拍照体验。同时，同江峪村建立了文化融合的运营模式。以"满乡文化故里"老街和"梦回汉唐"特色文化为主线，举办非物质文化遗产演出、影视拍摄等活动，依托非物质文化遗产工坊等场所，打造满族特色村寨非物质文化遗产旅游体验基地。

嘉禾村针对固有的文化优势，探索发展满族剪纸、满族图案、满族故事等特色。

赫图阿拉村打造的"满族农庄过新年"已成为辽宁省冬季旅游品牌的领跑者。2019 年，该活动吸引了来自各地的 35 万多名游客。

3. 满族民俗文化产业相关层的构建

满族民俗文化产业相关层构建主要是指满族民间工艺美术生产基地的建设

和民俗餐饮文化品牌的连锁经营，它是一个满族文化物质实体生产，以硬件产品生产和服务来承载满族民俗文化资源建设，为相关产业部门提供满族民俗文化符号，并对文化产品进行再生产，使其具有文化附加值，产生累积增值效应。

（1）满族民间工艺美术生产基地的探索。

满族民俗旅游资源与文化产业的关联模型基于文化产业层次理论、文化产业链与产业集群理论，以文化产品化、环境民族化、设计主题化、活动参与化四大理念为指导，将满族物质民俗旅游资源、社会民俗旅游资源、精神民俗旅游资源整合为文化产业的核心层、外围层和相关层，涉及满族民俗教育研究、文化传媒、休闲娱乐等多个产业部门。民间手工艺品的生产和销售，民族餐饮文化的经营，都与人民群众的文化娱乐生活息息相关。该对接模式依托满族丰富的民俗文化资源管理，采用产业化运营模式，将满族建筑、服饰、餐饮、萨满、婚俗等文化元素转化为文化产品和服务产品，满足人们的精神享受和文化消费。纵向围绕满族民俗文化突出元素，打造满族民俗文化产业链；横向以满族民俗休闲娱乐产品龙头企业为中心，形成满族民俗文化产业集群。满族传统文化具有文化价值和经济价值，其衍生的文化产品将是未来满族聚居区最具竞争力和潜力的产业。

满族民间手工艺品的生产和销售是满族文化产业链扩张和延伸的结果。借助满族影视传媒、文艺演出、网络媒体等塑造的文化产品，将精神文化产品的生产和销售转化为物质产品，对满族民间文化产业的核心层和外围层的发展起到促进和支撑作用。面对满族民间手工艺丰富的资源，有必要建立传统手工艺的研发机构和生产部门，鼓励民营企业将民营资本注入满族民族手工艺的生产领域，为民间手工生产的发展提供自由而广阔的空间。

目前，满族民间工艺美术的生产和销售主要集中在民间旅游商品和纪念品等方面，如满族传统的剪纸工艺、刺绣工艺、服装辅料、陶瓷器具等，特别是著名的题字（如金彩、墨彩）等传统工艺文化，是开发满族民俗旅游商品和纪念品的优良资源（图4-5）。合理利用这些文化资源进行管理，将其转化为具有丰富文化内涵的精美旅游纪念品，不仅增加了满族民俗旅游的附加值，而且每件精美工艺品（图4-6）都是满族传统手工艺文化的物质载体，在一定程度上促进了满族传统手工艺文化的传承和发展。游客将精美的手工艺品带回家，无形中促进了满族民间文化的发展，扩大了社会影响力。在此基础上，不断延伸满族物质民俗文化产品产业链，包括满族民间工艺品的收集、研究、设计、生产加工、展示、销售等环节，形成产业间的互动机制，实现满族民间工艺品与文化建设的完美结合。创新发展思路，通过高科技手段开发与人们日常生活密切相关的满族民间工艺美术新产品，将满族民间文化元素融入日常家居用品中，提高其使用价值和实用性。注重品牌效应，充分利用满族民间文化和上层产品的影响力，完善产品包装和售后服务环节，加大宣传力度，从整体形象上提升满族民间艺术的文化内涵，以优质的产品占领民间工艺美术市场。强化知识产权意识，加强对满族民间工艺品研发形成的自主知识产权的保护，以提升满族民间工艺品的核心市场竞争力。

图 4-5　满族刺绣

图 4-6　满族工艺品

同江峪村无论是农家乐、民宿，还是山产品、奇石，都吸引了众多游客。沿该村的观光带行驶，在路两旁绿树成荫的树木之间，一排排来自全国各地的风景石如诗如画地排列在一起，同江峪村已成为全省最大的风景石集散地。

嘉禾村在农副产品文化创意设计方面取得丰富成果，启动了以高校为中心的"满族文化"文化创意产品开发推广机制；申请多个以嘉禾村文化旅游建设为中心的大学生创新创业项目，带领大学生体验当地乡村生活，协助开发当地旅游资源。根据嘉禾村的内在文化优势，在大学教学中开设与辽宁省满族非物质文化遗产相关的特色课程，运用"双师双能"的培养模式，引导大学师生走进乡村文化的中枢。

赫图阿拉村在文化建设的带动下，设计制作了满族旗袍、民间刺绣、满族剪纸等特色产品，一批"老技艺"正在成为村里的新兴产业。该村一名村民一直在外地打工，看到家乡文化建设的快速发展，她回到村里，"拾起了满族民间刺绣这门古老的手艺。一个月能挣 3000~4000 元，现在，村里很多人都成了专业的绣工"①。

湖里村与本溪天源食品厂等企业共同建设农产品深加工基地，注重打造产业联盟和跨行业联盟，实现资源共享。

此外，西丰县满族剪纸主要表现满族风俗和生活习俗，如庭院祭祀、新娘轿子等。

（2）满族民俗餐饮文化品牌连锁经营。

满族自古生活在白山黑水之间，资源丰富，气候条件独特，形成了独特的满族饮食文化。如今，我国民间食品资源的开发已经从低层次的美食欣赏，发展到中级的饮食保健，再向高层次的文化饮食转变，即"边吃边体验民族文化、中华文化"，通过饮食获得精神享受。发展满族饮食文化资源经营应注重文化层次的挖掘，走品牌连锁经营的路线。

第一，满族特色村寨饮食文化发展紧紧围绕"文化"二字展开，以塑造品牌形象，制作满族饮食精品。满族饮食文化的品牌策略主要围绕"天然绿色、滋补养生"的原则展开。满族先民有采集野菜的习惯，在目前的发展中，除了采收食用野菜外，还提倡种植绿色无污染的植物，整个食品生产过程遵循绿色、无公害的宗旨。满族菜中的许多食材都是具有滋补作用的珍贵药材，可以充分体现满族美食独特的滋补健身功效。为满足人们对满族美食文化的物质和精神的双重享受，当地村民在品尝满族特色美食、了解美食文化的基础上，为游客提供了展示食材来源和美食制作过程的互动环节，使游客亲身体验美食制作，增强满族美食资源开发的趣味性和参与性。由于满族饮食本身比较简单，很容易出现量大、做工粗糙的问题。在保持满族饮食精髓的前提下，应推进精细化制作，发展适应现代饮食需要的满族料理。

例如，老黑山村已成为我国著名的榛子产区，该村种植的"桓仁大榛子"荣获"国家地理标志保护产品"称号。2020 年，该村拥有榛子林 4200 亩，榛子产量 1750 吨，收入 3000 多万元。该村的人均收入超过 3 万元，被评为全国"一村一品示范村镇"和"国家大榛子标准化示范区"。为促进榛子产业持续

① 2022 年 7 月 24 日，对赫图阿拉村村民的访谈。地点：赫图阿拉村手工业商店。

健康发展，老黑山村以村民入股的形式，先后成立了富民果业专业合作社和桓仁众诚生态农业有限公司，组织成员开展农业技术培训，搭建网上销售平台，注册"老黑山"商标，并生产榛子油，进一步提高榛子的附加值。

连山关镇依托刺五加的产业优势，获得"全国刺五加之乡"的称号。目前，连山关镇已新栽植刺五加3500亩，扩大了刺五加基地的规模。

河口村位于鸭绿江下游，被称为"长城之外的江南"。该村极力发展燕红桃产业，被评为"中国十大最美乡村"、辽宁省"一村一品"燕红桃产业示范村。

第二，发展连锁饮食。满族特色村寨在发展品牌连锁经营方面还处于初级阶段，鲜有成功事例，是满族文化产业待开发的一个领域，发展较好的是赫图阿拉村满族传统饮食的品牌连锁经营，满族特色美食品牌八碟八碗餐饮已经开始发展相关连锁。

（三）小结

辽东地区满族特色村寨文化建设结合满族传统文化，从文化产业的各个方面进行了探讨，取得了较好的成绩。

1. 促进文化产业融合升级

满族特色村寨文化建设的发展带动了村寨里文化产业核心层、外围层和相关层等多层次、多元化、网络化的发展。"文化+农业""文化+手工业""文化+演艺"等文化产业形态普遍存在。农产品种植是满族特色村寨的传统产业，它与文化建设的融合催生了农业观光、农业体验等旅游项目，促进了农产品生产和销售的本地化，提升了产业价值，进而丰富了文化产业链，推动了"文化+旅游"深度融合。

2. 人均收入增加

在发展乡村旅游之前，粗放的单向农业生产是满族特色村寨居民的主要收入来源。满族特色村寨文化建设的发展，拓宽了村民的收入渠道，增加了村民的可支配收入，这主要表现在以下四个方面。一是村民可以直接从事旅游文化经营，增加收入。二是通过乡村文化建设的投资、参股、分红等方式增加收入。三是可以充分利用村寨的自然和文化资源，促进其在文化建设中的附加值提升。四是通过农副产品现场消费，降低运输成本，提高市场价格，促进乡村居民收入增长。

3. 获得精神享受

大多数村寨以满族文化教育研究机构、满族民俗文化传媒产业、满族民俗文艺表演产业为核心，带动满族民俗休闲娱乐业、互联网动漫业、满族民俗展览博览业等内容产业，推动建立原料、民俗产品生产制造的手工艺生产基地，以及满族美食品牌化连锁经营模式，形成了连接上、中、下三层，集中文化资源管理投入，多次输出的满族民俗文化产业链。

二、文化建设与生态宜居

（一）文化建设与生态宜居内涵

生态宜居能够推动乡村振兴的实现。2023 年中央一号文件中提出"扎实推进宜居宜业和美乡村建设"。良好的生态环境是乡村的宝贵财富和最大优势。提高乡村人居环境质量，打造美丽宜居的乡村是乡村经济发展的一个重大课题，它直接影响到乡村居民的生活水平和生活质量。满族村寨要把重点放在对美丽乡村的建设与经营上，大力发展农村新经济，以提高乡村的发展活力，促进乡村新业态的发展。文化建设是生态宜居的灵魂。我国乡村形成了鲜明的乡风民俗，培育了鲜明的村寨文化。历经千年发展，丰富的乡村文化滋养着一代代人。生态宜居的建设不是放弃乡村文化传承，而是以文化传承为主要内容，使优秀传统乡村文化得以一代代传承。

（二）生态宜居与满族文化建设的路径

1. 建设优美的生态环境

在满族传统文化的构成体系中，人与自然的关系是焦点之一。在满族的传统文化价值观中，十分重视和提倡人与自然的和谐共生、和谐发展。这一价值观在满族传统文化理念中，深刻影响了历代满族民众的生态观念，并在不同层次上规范和控制了满族社会的经济行为和日常生活习惯。满族哲学思想的核心是：师法自然、尊崇自然、顺应自然，然后求得生存；爱护自然、保护自然，而不是妄自尊大希图改造自然；确认人类是自然之子，而不是世界的主宰，这样才能够与赋予这个民族生命的天地、森林、雪野和谐共处，以达到民族的生存繁衍及发展。满族文化珍惜自然、维持生态平衡的思想源于渔猎时代。

生态宜居的首要度量指标是自然生态环境的优良程度，而与农民的生产和生活有密切联系的种植业、园艺业、林业、山地等农业资源，其自身就属于自然生态环境的一个关键部分。近年来，辽东地区满族特色村寨在生态文化建设方面取得显著进展。

同江峪村有着优越的地理优势和旅游资源，自古就有爱护森林、保护森林的习俗。村民格外珍惜山水林田，通过大力保护、合理开发，使自然山水得到有效保护与利用，使同江峪村成为小有名气的旅游观光地。该村打造的集餐饮、住宿、娱乐、休闲、游玩、购物于一体的综合生态旅游景区，已成为乡村生态旅游现象的"网红"地，是自驾游、户外游、家庭游、郊野赏景、亲朋聚会、外出旅游度假的理想去处。同江峪村入选首批全国乡村旅游重点村名录，成为农业经济和旅游经济完美结合的典范。

河口村采用"特色农业产业+生态旅游业"的发展模式，利用鸭绿江的天然美景，成为《桃花源记》中描写的"世外桃源"，成为一个风景秀美的"人间仙境"。

三十道河村（图4-7）把生态资源与满族文化相结合，建立了满族特色生态度假村和生态旅游观光栈道，先后荣获全国"一村一品示范村镇""辽宁省美丽乡村"等称号。

图4-7 三十道河村风景

大梨树村结合生态环境延伸生态旅游产业链，村民开发了多个采摘园。在收获季节，酸甜的草莓、葡萄和软枣猕猴桃吸引了许多游客前来采摘。

赫图阿拉村致力于对原始生态环境的保护。该村地处长白山系边缘，龙岗山南脉地带，空气清爽、气候宜人、绿树成荫、山青水美，是真正实现了人与自然和谐共生的美丽新乡村。

2. 加强生活类基础设施建设与运行维护

要想发展乡村文化，必须有方便的交通条件、基本卫生和安全保证，必须对道路、环境、设施等基础设施进行建设和维护。辽东地区满族特色村寨因其独特的地域条件及较低的社会、经济发展水平，必然要求在其村寨文化的发展中，强化村寨的基础设施。辽东地区满族特色村寨文化发展是乡村基础设施建设的动力之一。基础设施的不断完善，不仅极大地便利了村寨居民的生活，而且提高了村寨的文化吸引力，为文化建设的进一步发展奠定了基础。

生活基础设施包括乡村污水处理设施、垃圾处理设施、公共厕所、供暖设施、文体娱乐设施、医疗保健、养老服务等与乡村居民生活质量密切相关的设施。生活基础设施的建设和维护水平直接决定了乡村的宜居性。建立长效的运维管理机制，是生态宜居建设的关键。辽东地区满族特色村寨在生活基础设施方面取得了较大的成绩。

丁字峪村充分发挥生态宜居的作用，遵循绿色发展理念，关注民生，提高群众生活质量——道路宽了、灯光亮了、环境干净了，村子里的生活环境发生了很大的变化。

老黑山村投资美化、绿化、亮化村庄，修建满族文化观光路，设置观景灯光，修建文化广场、观景台、观景走廊等。

木盂子村整治了全村236间民房，改建了2万多平方米的满族风情家园，硬化村组路，修建了风景园林和具有满族风情的文化广场。

同江峪村打造满族特色村寨，建设满族风情街，满族歌舞、民族器乐、本溪"社火"等传统表演让人大饱眼福，吸引了国家4A级休闲旅游度假景区"小市一庄"入驻。该村发展乡村旅游产业，把村庄改造和景区建设完美结合，村民依靠出售本地山货，从事餐饮、民宿服务等，端上了"生态旅游饭碗"。

3. 坚持乡村特色文化传承与创新

乡愁是指对优秀乡村传统文化的保存与传承，以及对地方历史文脉的传承①。在当代物质文明的冲击与诱惑下，传承数千年的乡土传统面临威胁。以农耕文明、诗词歌赋等传统文化为载体和精神根基继承乡土文化，是当代社会发展的必然要求。

在乡村振兴战略的大背景下，追求健康的农村生活方式，就是对乡愁的追寻。因此，既要遵循村寨自身的发展规律，又要遵循村寨的价值观。

---

① 任映红，梅长青. 城市化进程中村落传统文脉的承继与延续 [J]. 浙江社会科学，2014（12）：107-112.

大梨树村建设的满族特色村寨观光区，位于大梨树村河流两岸，满族村寨中存有少量原始满族民居院落，院落中有索伦杆、跨海烟囱等满族特色文物，观光区的主要建筑群为新建的满族特色影视城，对满族建筑的特征进行了最大程度的恢复。

青山沟村满家寨以古朴典雅的土楼和木阁楼式建筑风格为主调，建设村寨。

湖里村建设了满族特色度假区，根据满族山居历史结合沟谷场地，还原满族山林阶段的居住方式。作为满族风情展示区，度假区为上山采风的创作者和游客提供游憩服务和路径指引，也为其提供满族特色食品。

同江峪村以现代化的经营理念对原本粗放式发展的乡村建筑进行改造升级，优化提升乡村环境。中式古风建筑与绿树清溪辉映成趣（图4-8），深受游客欢迎。

图 4-8 同江峪村

腰站村的一些传统建筑特色已经被近代的建筑技术和建材侵蚀而发生了变化，但是坐北朝南的方形满族宅院围合体、高耸的呼伦烟囱、祈福祭天的索伦杆，还有民间流传的满族民居"四大怪"（口袋房、万字炕、窗户纸糊在外、烟囱坐在地上），都没有完全消失，而是保留了下来（图4-9）。

丁字峪村注重乡村公共空间的满族文化特色营造，在广场的文化墙以《论语》这一古老文化参考来绘制，营造出浓厚的传统文化氛围。画面设计以岫岩满族农民的绘画为蓝本，与岫岩满族民间剪纸相呼应。它既体现了浓厚的地域文化特色，又突出了教育功能。

赫图阿拉村住宅在 2010 年前与其他农村住宅并无二致，但从 2010 年开始，该村庄开始进行满族特色改造，恢复了以红色、绿色、黑色为主色调的垂花门和月亮门，让游客看到了满族风格的院落。目前，赫图阿拉村满族在漫长的发展历程中，已经发展出一套独具特色的满族房屋样式。

图 4-9　腰站村满族建筑

（三）小结

辽东地区满族特色村寨文化建设结合满族传统文化，从生态宜居的各个方面进行了探讨，取得了较好的成绩。

①大多数村寨注重原始生态环境的保护，在致力于绿色生态资源保护上，以山水旅游为基础，着力打造满族文化旅游、生态资源旅游。

②由于各满族特色村寨发展水平不一，部分满族特色村寨在生态宜居与文化建设方面需要进一步发展。例如，有些村寨为了发展产业对环境生态进行了不可逆的破坏。在乡村特色文化传承方面，一些乡村为加快民居规模建设，传统建筑技术已无法满足日益多样化的生活需求。传统满族建筑形式濒临消亡。

③满族特色文化创新不足，与现代生物技术、信息技术、智慧技术、新能源技术、新材料技术等新技术结合较少。

三、文化建设与乡风文明

（一）文化建设与乡风文明内涵

乡风文明是社会主义精神文明的范畴，它反映了一个地区所呈现的精神风貌和文化素养。乡风文明主要表现为村民在思想道德水平、知识文化素养、价值情感认同、素质行为规范等方面的优良传统，从而形成健康、乐观、积极、文明有序的社会风气。随着社会的不断发展，乡风文明内涵也在不断发展变化，被赋予更多的内容。在此基础上，党和国家对我国乡风文明建设不断提出新的要求。从乡风文明建设的角度来看，乡风文明的目的在于文明，帮助乡村从保守、愚昧的观念中挣脱出来，从而形成积极向上、充满活力的乡风文明。

乡风文明还应覆盖乡村的教育、卫生、文化等各项事业，以利于重塑和丰富乡村的精神家园和文化生活，形成良好的家风、风土人情，影响村民的价值观念和行为选择，加快社会主义新乡村建设。

2018 年中央一号文件中，乡风文明主要指"文明乡风、良好家风、淳朴民风"。乡风就其词性而言，是指乡村风俗、乡村思想、乡村道德。从乡村社会的角度来看，乡风是村民的信仰、伦理、爱好、风俗、观念、习惯、传统、礼仪、行为方式的总和。它是农民在长期的生产生活中形成的生活方式、心理特征和文化习惯，反映了当地农民的精神风貌。由此可见，乡风文明是乡村振兴战略的内在要求。与社会主义新农村建设中的"乡风文明"相比，其内涵更为深刻和重要。

在乡村振兴战略背景下，推进乡风文明建设，要坚持农民是建设主体的原则，统筹兼顾，在制度建设上下功夫。乡风文明建设需要从乡村的实际出发，利用好乡村的各种传统文化资源，要始终重视农民的文化需求和文化创造，努力塑造新时代农民的精神面貌。

（二）文化建设与乡风文明的路径

乡风文明是乡村振兴战略的重要组成部分，是乡村振兴的"灵魂"。乡风文明建设需要良好的家庭文化，农民的思想道德素质是建设新乡村的关键。良好的家庭文化建设，需要多元协同治理主体对这一重点进行继承和培育，并通过"引进""创造""参与""激发""创新"等方式让各文化主体各司其职，共同推动乡风文明。乡风文明包括文明乡风、良好家风、淳朴民风三方面内容。

1. 文明乡风

文明乡风是农村居民在思想道德、价值观念、生活方式和行为习惯上所表现出来的一种社会风气[①]。根据我国乡村发展现状，把文明乡风划分为社区文化、生活态度和创新意识三个层面。社区文化是以居民对地方生活的参与程度、所辖区域内的基础设施建设等方面来评价，其中包括居民对社群的参与程度、村民参加村庄的公共事务、村庄的环境卫生等；生活态度是指村民生活态度的建立状况，以及是否满足于现在的生活；创新意识是乡村文化发展、接受

---

① 宋小霞，王婷婷. 文化振兴是乡村振兴的"根"与"魂"：乡村文化振兴的重要性分析及现状和对策研究［J］. 山东社会科学，2019（4）：176-181.

新事物的重要表现，在生产生活中经常尝试新的方法。

辽东地区满族特色村寨对文明乡风的满族特色进行了深入探索。村民是乡风文明建设的主角，他们思想道德素质的高低决定着乡风文明建设成败的有效性。为了进一步提高村民的思想道德素质，加强辽东地区16个典型满族特色村寨的乡风文明建设，各个村寨政府采取了一系列乡村建设措施，初步树立了新型文明乡风。

第一，广泛开展乡村文化文明宣传活动。乡风文明是一个抽象概念。如何将抽象的概念变为现实，需要一些实践性的载体将其内涵的具体要求细化为碎片化的日常生活。例如，丁字峪村在活动场所和群众聚集区建立了村规村俗、村规村令，开展了"一家一组一户一治"的乡风文明建设，促进了文明乡村风尚的培育。在丁字峪村，随处可见"绿水青山就是金山银山""倡导文明新风尚，传播社会正能量"等标语。村口的"记忆亭"用图文并茂的方式介绍各民族概况，宣传民族团结的理念，用富有民族特色的展板推广文化理念。如今，随着时代的变迁，历史上形成的烦琐礼仪已逐渐被抛弃，但井然有序、恭敬有礼、温文尔雅、诚实善良的优秀民俗和传统美德却代代相传。

第二，在基层开展各种形式的宣传活动。河口村红色资源丰富，生活在这片红色文化土壤上的人民受到潜移默化的影响，对党的认同感和信任度很高。近年来，为完成脱贫攻坚任务，河口村让农民及时了解党的新方针和新政策，用新思想新风尚武装头脑，并且建立了理论讲座小组，定期在乡村开展理论讲座。大梨树村倡导以人为本、生态振兴的发展理念，弘扬"干"字精神，培育乡村文化。赫图阿拉村内城进一步增加了清前文化元素和游客参与体验项目，在外城启动了中盛华康养老基地和景区建设。大房子村文化广场占地面积约2500平方米。目前，修建有8个文化广场，面积超过1000平方米，配备了体育器材、路灯和扬声器设备。同时，大房子村成立了健身队，2011年乡党委还聘请了专业的健身运动教练到村寨指导和排练。湖里村结合满族文化的独特魅力、伟大的抗联文化、拓荒文化、生态文化、丰富多彩的民俗文化等形成文化品牌，努力提升乡风文明的文化功能。在培育乡风文明意识的同时，推进和谐文化建设，结合新时代文明实践，架起人民期盼的文化桥梁，为经济社会高质量发展创造了文明和谐的社会环境。

第三，建立乡村志愿者队伍，协助乡风文明建设。连山关村、三十道河村沙河子组成立了以党员、干部、积极分子为主要成员的"文秀志愿服务队"。其中三十道河村沙河子组创新推出"文化先锋指数"作为考核指标，建立了

"敬老爱幼""产业带动岗"等 10 个先锋岗，采用定量积分对村干部进行考核。通过该村 33 名党员申报 53 个岗位的成功经验，成功打造了先锋队，提高了乡风文明建设的积极性，营造了良好的乡风文明建设氛围。每个志愿服务队每月至少在村里开展一次专项服务行动，通过志愿服务行动，鼓励村民参与进来。这不仅加强了与村民的密切联系，而且形成了互助、和谐、团结的新风，以及和谐美丽的文明乡村氛围。

第四，举办丰富多彩的乡村主题活动。深入开展乡村风貌和乡风文明建设。提升乡村精神，要做好农民丰收节和具有民族和地方民俗特色的节日，组织文艺队伍下乡等主题活动，活跃民族传统节日气氛。近年来，大房子村、连山关村、河口村积极组织和引导农民开展满族传统节日活动，整合乡村图书馆、健身中心、文化活动室等资源，丰富村民的休闲文化生活。保护乡村历史文化遗产，恢复和改进满族传统特色房屋，开展满族特色乡村旅游，振兴满族传统文化，增强村民集体意识和满族文化自信，通过丰富多样的满族活动，激发村民建设文明乡村风貌的积极性。抚顺县南彰党村通过增加乡村文化活动种类，开展乡村文艺巡展、优秀戏曲（壮剧）下乡、公益电影放映、健身等文化惠民活动，举办"文明跑万家"活动，结合"民俗新风"，打造"东北秧歌"等 27 个民俗文化品牌。丰富多样的乡村文化促进了乡风文明的正能量，丰富了村民的精神文化生活，有效地促进了乡村文化建设。丁字峪村旨在建设美丽乡村，开展乡村环境垃圾综合处理工作，并投入资金改善乡村基本环境保护设施。在每个村寨定点设置垃圾分类箱，并配备清洁人员和卫生监督员指导村民进行垃圾回收和分类。青山沟村积极建设和使用乡村书店，充分发挥其文化作用，为广大群众提供更广阔的阅读平台和更丰富的阅读资源，激发农民的阅读热情，促进乡风文明，助力乡村振兴。

第五，建立新时代文明实践中心，推进新时代文明实践院（站）建设。河口村乡风文明建设将新时代文明实践中心与乡村书店、村民活动中心相结合，开展技术培训、道德时尚讲座、乡村阅读、休闲活动等，营造文明乡村氛围。通过培训、宣传、志愿活动等方式，蓄积乡村正能量，为乡村风貌和乡风文明建设赋能。

2. 良好家风

良好家风可以理解为一个家族或家族的贤明祖先通过长期生活逐渐形成的生活准则、生活方式及道德习惯，它是中华优秀传统文化的重要组成部分，蕴含着丰富的文化内涵和教育价值。良好的家风包括家庭教育、家庭亲密度和家庭环境三个因素[①]。家庭教育是教育的介入与教育理念，家庭亲密度衡量的是家庭之间的关系，家庭环境是营造良好家庭氛围的核心[②]。

丁字峪村以"四德"教育为依托，融合发展"三治"，创新性地举办了"好婆媳评比"活动，大力弘扬优良家风，为群众树立"好婆媳"的典范；以"孝""诚""仁""爱"为主题，营造"四德园"。如今，丁字峪村家庭融洽，邻里和睦，社会和谐稳定，人民生产生活安宁有序，村民幸福指数明显提高。

青山沟村有效引导村民遵守家规，教育村民改变不良习惯，牢记良好家风，树立文明新形象。村委会干部入户宣传家规家训，统一设计每户的墙面和门牌，在墙上展示家风家训。通过这些文明创新活动，乡村滞后、消极的风气得到了有效改善，简化婚丧嫁娶、崇尚科学精神、尊重老人、尊重孩子等社会风气更加强烈。

湖里村、木盂子村等村寨把家规祖训放在村民家门前，让村民进进出出都能看到，不断提醒自己遵守家规祖训。2019 和 2020 年，该村连续两年被授予"乡风文明红旗村"称号。每个村民的家门口都挂着一块家规家训的牌匾，上面写着"勤劳踏实"等字样。村民表示，挂这些牌匾主要是为了传承中国传统文化中的优良家风家训，也提醒村民自觉规范自己的言行，做文明村民。

腰站村邻里互助、和睦相处已成为村民之间的传统和习俗。近些年来，这里没有恶性治安案件，村民也没有赌博、酗酒等不良习惯。

3. 淳朴民风

淳朴民风的含义是民风质朴、贴近自然。民风是特定社会文化区域的人们在历史上所遵循的行为模式，是指社会中人们的态度、习惯和风格，是对人们整体风貌的概括和描述[③]。淳朴民风建设包括乡村道德建设、乡村文明、移风易俗等方面。辽东地区满族特色村寨在淳朴民风方面做了许多创新工作。

第一，推进乡村道德建设，营造良好的文明乡村氛围。培养高尚的道德品质是中华民族的优良传统，也是淳朴民风建设的主要内容。乡村道德教育与家庭道德教育相结合是建设道德文明乡村的重要任务。

腰站村利用村寨满族发展简史、满族祖传教规和满族家训来规范村民的道

---

① 林伯海，师晓娟. 家风的意蕴及其当代价值 [J]. 思想政治教育研究，2017, 33 (5)：111-115.

② 徐学庆. 培育农村良好社会风气的若干思考 [J]. 郑州大学学报（哲学社会科学版），2009, 42 (1)：36-39.

③ 张书林. 论"以优良的党风促政风带民风"：兼论党风与政风、民风的互动关系 [J]. 中共浙江省委党校学报，2011, 27 (3)：40-45.

德行为。村委会在公告栏和宣传栏上张贴村规，上面写着"德""善""扶""福""家""邻""社"等字样。建设法治文化主题公园，普及《中华人民共和国民法典》，以图片或漫画的形式宣传乡村道德。此外，根据不同类型的道德标准，把相关短视频的二维码张贴在村里房屋的显眼外墙上。村民可以通过扫描二维码观看相关短视频，在不知不觉中接受道德教育。同时，春节时村民自发地在家门口张贴春联，表达乡风文明建设的意义，以期建设一个道德文明的乡村。

老黑山村加强乡村教育，打造特色乡村精神文明建设中心，开展"乡村夜话""人民舞台"等活动，坚持和加强乡村文化文明建设的文化宣传；开展思想道德教育和宣传，普及科学，反对迷信，建立新风俗；加强乡村模范个人和典型家庭的引领作用，做好相关宣传活动，在乡村营造良好的拼搏氛围。

第二，培育质朴的乡村文明风貌，打造精神文明新画卷。

西丰县成平满族乡积极利用新时代文明实践院（站）等宣传阵地，在全乡开展爱国主义、社会公德、家庭美德等教育活动，倡导村民"重文明、立新风"。组建"满天之星"志愿服务队，开展文明交通引导、环境整治、"星空科普"等志愿服务活动 1500 余场，开展"文化大礼堂""红歌合唱比赛"等活动 3000 余场，使社会主义核心价值观精神悄然融入人民群众心中。随着志愿服务队伍的不断壮大，村民参与文明乡村建设的积极性和主动性越来越高，打造了"成平满族文化"等特色志愿服务品牌，民风建设水平显著提升。

第三，深化移风易俗，促进陋习改革。为了深化乡村地区移风易俗，促进改革陋习，积极引导村民养成淳朴民风和良好乡风的习惯，具体措施有以下三个方面。

一是充分发挥村委会的积极作用。本次调研的 16 个满族特色村寨组织都成立了"红白理事会"，它由德高望重的村民、勤劳的新村民和认真的老党员组成，在群众中具有很高的号召力，并引导村民认识到旧规旧俗的愚昧和腐败，尽快整治盲目攀比、铺张浪费、封建迷信等不正之风。满族特色村寨村委会负责对理事会进行日常培训和指导，提高理事会的科学运作效率，减少对改变不良习俗和传统的阻力。如今，"红白理事会"已逐渐成为乡村改变风俗习惯、改造陋习的重要杠杆。

二是制定村规，形成新习俗。为了适应新形势，16 个满族特色村寨对陋习改造都有规定，一套新的乡村习俗和规范在合理的推理和证据的基础上形成。村党支部组织"红白理事会"成员、村组长、村代表进行讨论，广泛征求民意。根据民族风俗信仰的性质和当地的客观情况，制定科学合理的村寨规章制度。目前，16 个满族特色村寨都制定了村规，内容基本能满足深化移风易俗、促进陋习改革的需要。此外，组织"红白理事会"成员和全体干部领导带头签署承诺书，有效发挥其影响力，使村民自觉抵制和监督陈规定型观念。满族特色村寨还结合不良习惯的实际情况，制定了破除陋习承诺书、遵守村规村纪承诺书，要求党员带头，每家每户签署承诺书。

三是开展乡村陋习整治专项活动。为了大力整顿乡村陋习，16 个满族特色村寨利用新乡村时代文明实践中心、基层党组织、"红白理事会"深入开展乡村陋习调查，大力整治，推动科学文明新风尚。各村适时开展"反陋习育新风尚"专项行动，建立工作制度，规范乡村事务管理，结合各项工作开展定期和不定期巡视，重点针对乡村婚丧嫁娶等陋习。

（三）小结

①文明乡风方面，辽东地区满族特色村寨对村寨的卫生、文明语言、文明行为进行了规范。更重要的是，村民参与文化的意识和接受、吸收外部事物的能力越来越强。在与游客和外地经营者的接触和互动中，村民意识到融入现代化的必要性，逐渐改变了保守的思想，积极参与民族特色文化产业发展、生态宜居、乡风文明、文化治理等活动。

②良好家风方面，重塑满族优秀传统文化，利用满族特有文化与优良家风相结合开展工作，加强家庭道德教育，营造文明家庭氛围。

③淳朴民风方面，辽东地区满族特色村寨推进乡村道德建设，形成文明乡村氛围、风貌，打造精神文明新画卷。充分发挥村委会的积极作用，深化移风易俗，促进陋习改革。

④由于各满族特色村寨发展水平不一，部分满族特色村寨在乡风文明与文化建设方面需要进一步发展，如破坏村寨文明环境的现象仍然存在，功利主义、西方的一些价值观对乡风文明的构建产生了一定的消极作用。

四、文化建设与乡村治理

（一）文化建设与乡村治理内涵

乡村治理是指政府（治理主体）运用各种手段和方法，促进和发展乡村建设，满足群众的需求，发挥文化的推动、动员和调节作用①。在当前乡村发展的制度框架下，从乡村振兴和治理的角度出发，以基层党组织为核心，以基层政府、乡村社区、企业集团、群众为主体，围绕公共权利合理有效地配置公共资源管理，推进农民精神文明建设，全面发展乡村文化。

乡村治理应以自治、法治、德治相结合为主要理念。以自治为基础、以法治为保证、以德治为优先，三者都有各自的适用范围②。在今后的乡村治理中，自治问题将会越来越少，而法治运用会越来越多。在此基础上，加强对村民的道德管理，既能减少乡村社会自治与法治的费用，又能减少乡村社会的运作费用。

（二）文化建设与乡村治理的路径

1. 结合文化建设，完善村民自治

自治是实现乡村治理现代化的基础。民族村寨地处民族地区，村民自治现代化已成为维护和发展村民根本利益的保障和体现。具体措施如下。一是加强村民自治。加强民族村寨村党支部基层组织建设，规范基层干部管理，不断提高"两委"的能力和素质，使其更好地带领村民实现自我管理、自我教育、自我服务。二是深化村民自治。民族村寨居民的主体意识相对薄弱，需要充分挖掘乡村治理的主体资源，特别是调动村内能人大户共同治理的积极性。

第一，结合地域文化，加强基层党组织建设。辽东地区相当一部分满族特色村寨的文化建设是通过政府的推动和基层党员的示范领导逐步发展起来的。基层党组织和党员在文化建设中要发挥先锋引领作用，锻炼能力，加强基层党员队伍建设。同时，文化建设不仅加强了地区各族人民之间的联系，也使游客对辽东地区各民族有了更深入的了解，有助于打造浓厚的中华民族共同体意识。此外，一些满族特色村寨积极探索抗联精神和红色文化，打造了爱国主义教育、党史学习、基层党建等学习基地，成为许多基层党组织学习和开展活动的基地。

例如，丁字峪村党支部组织党员到黄显声将军故居参观，学习黄显声将军的爱国精神，学习他的革命英雄主义，继承红色基因，努力做红色的传承人。村党支部定期召开支部委员会会议、党员会议、村领导会议，村内一切重大事

---

① 王霞. 中国乡村治理主体多元化研究 [D]. 长春：吉林大学，2019：132-133.

② 陈松友，卢亮亮. 自治、法治与德治：中国乡村治理体系的内在逻辑与实践指向 [J]. 行政论坛，2020，27（1）：17-23.

项均经有关会议审议通过。通过"一件一议"、党风廉政监察组、村民代表会议等民主监督制度和形式，不断提高村务决策的民主科学水平。

通过美丽乡村的建设，丁字峪村的生活环境发生了翻天覆地的变化，垃圾排放总量减少了90%左右。旱厕改造工程不仅保护了生态环境，提高了人们的健康水平，而且促进了村民养成良好的卫生习惯和文明健康的生活方式。环境的变化也促进了人们思想观念的转变，村民的环境意识、法律意识、道德观念明显提高。村民积极拾取垃圾，清洁街道，种植花草树木，美化环境。

第二，深化村民自治，完善和扩大村民自治权利。强化利益共同体意识，提高民族村寨村民的社会参与感和认同感，将土地、产权、土地复垦等乡村重点区域改革等问题嵌入民族村寨自治的全过程，丰富村民自治、共建、共治、共享的时代内涵。

大梨树村建立了党代会工作室，完善了"六合一""一约四会"组织制度，实行网格式社会管理、联动服务，通过村民主监督小组、民主公众专栏、良人榜、功勋簿等监督渠道，全面提高民主自治水平。

湖里村抓住人才机遇，发展精英文化，优化乡村治理的社会环境。充分发挥道德建设的教育作用，通过"安全文化墙""志愿服务""好人荣誉榜"等形式，开展道德模范探访、慰问等活动，发挥道德在基层治理中的引领作用。继续开展身边道德模范和优秀人才的推荐选拔，弘扬"重德重礼、崇尚德善"的精神。

第三，人才力量是乡村振兴的一盏明灯。辽东地区满族特色村寨的年轻村民率先利用网络新媒体技术进行宣传推广，通过互联网赋能传统产业，更新发展理念，推动辽东地区满族特色村寨跟上市场变化和时代发展的步伐。

湖里村组织一批农业技术人才和专家学者到村寨和田野进行全面的产业技术培训和指导，传授中草药、食用菌、野菜等养殖技术。

同江峪村与辽宁大学、沈阳师范大学等高校紧密合作，建设人才培养实践基地，以产学研合作作为企业长远发展和乡村振兴的抓手，做好人才储备和智力支持。

第四，树立典型，引领乡村新潮流。从创建先进典型个人、文明村镇、文明家庭、文明校园入手，推进"道德模范典型个人""最美乡村建设者""五星级文明家庭""文明好邻居""最美婆媳"评选活动。评选乡风文明风俗"红名单"和"黑名单"，树立先进典型代表，发挥示范引领作用，引导群众弘扬道德、向善、变革风俗。建立乡风文明文化培育长效机制。近年来，辽东地区满族特色村寨积极培育和选举优秀先锋模范代表,定期评选为"好党员""好邻居""好婆婆""好媳妇",使先锋模范作用更加生动。村寨的封建迷信活动得到有效遏制,乡村社会的文明潮流更加强烈。

综上,辽东地区16个典型满族特色村寨在乡风文明建设方面,特别是在乡村公共卫生环境、乡村道德教育、陈规旧俗改革、乡风文明建设等方面取得了较好的成效。这些成功经验具有一定的借鉴意义,可以为辽东其他地区的乡风文明建设提供借鉴,使乡风文明建设有利于乡村振兴战略的有效实施。

2. 法治是乡村治理的保障

法治是实现乡村治理现代化的保障。在全面依法治国战略实施的宏观政治背景下,中国乡村治理法治化进程逐步加快。同样,在满族特色村寨,村民的法治意识也在不断提高。然而,由于民族村寨的法治建设基础极其薄弱,现有的完善措施仍难以满足农业和乡村现代化快速发展的需要。因此,需要从现代乡村改革发展的实际出发,重点研究制定乡村电子商务、乡村旅游、生态环境保护、民主决策程序、村民自治等方面的有效法规制度,使基层干部依法管理和行使权利,有条件的村寨可以组建乡村执法队伍,严肃查处侵害民族村寨村民利益的腐败行为。同时,对手机短信、网络、微信等现代法治工具的平台应用和手段进行评估,深入开展法律指导和法律援助,维稳维权,使民族村寨村民形成寻法、找证、解决问题的法治意识,营造良好的法治社会环境。

丁字峪村在全村建设法治文化主题公园,普及《中华人民共和国民法典》,以图片或漫画的形式开展禁毒宣传活动。大力推行"一村一律师"制度,切实解决农村法律服务"最后一公里"问题。

大梨树村依托"五大"平台、文化广场、乡村书店、人民调解室、宣传栏等阵地,大力开展法治教育,增强村民法治意识和依法治村能力。开展法治家庭示范户评选活动,带动村党员、群众知法守法。

木盂子村建设了1000多平方米的民族团结广场,开设了国家法制报告厅。该村连续5年无治安案件发生,被评为全省精神文明建设示范组织、全村民族团结进步模范集体。

辽东地区满族特色村寨设立了公益性律师事务所,比例达到97%以上。事务所大力开展农村法律宣传活动,提高村民的法律意识。实行"一村一警"制度,进一步健全农村社会安全防范制度。推进以"雪亮工程"为代表的大数据和综合管理系统在农村的联网、共享和深度运用,提升农村社会管理的效率。

3. 德治是乡村治理的重要基础

德治是实现乡村治理现代化的重要支撑。乡村文化是乡村精神文明建设的必经之路。因此，在有效的管理过程中，有必要将乡村文化的长期性和持久性有机地结合起来，以构建现代乡村治理体系。例如，充分利用村民日常生活中的流行形式，丰富村民的文化生活，深化精神文明建设，建立具有满族村寨特色和时代精神的乡村文化，深入开展爱国主义、集体主义和社会主义的宣传教育，使村民有更多的获得感和幸福感。

例如，丁字峪村的彩绘文化墙和木制文化走廊，成为美丽乡村创建中的一道亮丽风景线，也成为开展德治教育的舞台，文化场馆建设活跃了村民的休闲文化生活。村里组建的秧歌队、广场舞蹈团、民间乐队在各种演出中受到广泛欢迎和好评。广场文化墙绘有《论语》《中庸》《弟子规》等古代文化经典内容，营造出浓厚的传统文化氛围。村民常常驻足欣赏，达到一种潜移默化的教育效果。

在湖里村，家家户户都建立了家规家训，成为湖里村的一道风景线。家庭文化引领乡村文化，乡村文化引领民俗文化，在促进社会和谐中发挥着重要作用。

同江峪村建立"党员联系户"制度，修改完善村规章制度，增加环境整治、垃圾分类等内容，并在群众中广泛宣传，发挥了乡村治理在美丽乡村建设中的自治和法治作用。

大梨树村民族团结进步教育基地与旅游资源的整合，要求每名导游都要精通讲解，让每名来大梨树村的游客都能了解党的民族政策、民族工作、民族传统文化，进一步推动全国民族团结进步模范集体的创建进程。

河口村结合新时代文明实践，着力推广"文明旅游""文明出行"等文明行为，在街道、广场等场所广泛开展社会主义核心价值观、爱国主义、关爱未成年人等公益宣传，加强道德教育，提高村民的道德修养和文明素质。

本章小结

本章首先介绍了辽东地区满族特色村寨的风貌、分布情况，对其文化资源进行了梳理，并从自然条件、区位与交通、社会与经济、政府与政策等方面分析了辽东地区满族特色村寨文化建设条件，确定了辽东地区16个典型满族特色村寨为本书的研究对象。从产业兴旺、生态宜居、乡风文明、乡村治理四个方面探讨了乡村振兴战略背景下 16 个村寨文化建设取得的成绩。产业兴旺方面分为核心层、外围层和相关层三个层次，结合满族特色文化进行建设，提出产业兴旺应以满族文化为基本，实现多元化、多层次、网格化发展。生态宜居从乡村生态环境、乡村生活基础设施建设与运营维护、乡村特色文化传承三方面建设、实现。乡风文明应从文明乡风、良好家风、淳朴民风三个方面与满族文化融合发展，提出各种文化交互式发展。乡村治理应以自治、法治、德治相结合为主要理念。文化建设已经成为辽东地区满族特色村寨发展的主导因素，在促进乡村振兴战略中的产业升级、居民增收、基础设施改善、民族文化保护与传承、居民文明程度提升和基层党组织建设等方面发挥了重要作用。

第五章　辽东地区满族特色村寨文化建设评价体系

本章利用层次分析法（AHP）和主观加权法分别对满族特色村寨文化建设发展水平和满族特色村寨景观进行评价。

≫≫ 第一节　辽东地区满族特色村寨文化建设评价指标体系构建原则

村寨文化建设评价指标体系在理论基础和逻辑方面必须严谨理性，把握好乡村文化的基本特点和发展机制，评价指标体系的内容要符合现实。针对村寨文化建设采取的定性和定量研究方法，可以客观地反映出该地区村寨文化建设的现实状况和乡村振兴战略的推进状况。村寨文化建设的评估指标体系包括一系列相互关联、影响的指标，同时指标体系属于村寨文化建设的一个关键部分。

满族特色村寨文化建设是一项综合性复杂的任务，在构建满族特色村寨文化建设评价体系时，项目主要遵循以下四项原则。

一、科学性原则

满族特色村寨文化建设评估的基础理念与逻辑架构，需要对村寨文化建设的本质特点与内部机制进行严密、科学的掌握。评估指标体系必须具备一定的理论价值，又要具有实践意义。通过对村寨文化建设所采用的定性和定量研究，能够客观地描述区域乡村文化的实际建设与乡村振兴战略的推进程度。

二、系统性原则

满族特色村寨文化建设体系是由多个子系统共同构成的，每个子系统都包含着数个特定的指标，每个特定的指标都在不同的层次上体现出各个子系统的特点和状况，而这些子系统之间是相互独立、相互联系的，共同构成了村寨文化建设的有机整体。对满族特色村寨文化建设体系的评估，应反映出满族特色村寨文化发展水平的高低和层次，并能全面而系统地反映出各个子系统的状况。

三、可比性原则

由于各村寨所处的自然环境、人文条件等因素有差异，各村寨在文化建设上存在着明显的差别。因而，满族特色村寨文化评估指标体系的构建，不仅要兼顾整体的完整性，而且要兼顾整体的综合性。不同类型的满族特色村寨文化建设的特点，应根据当地不同的自然环境与人文条件，建立一组可以比较的满族特色村寨文化评估指标体系。

四、可行性原则

本书运用定性分析和定量分析相结合的方法对满族特色村寨文化建设进行研究，获得指数的难度与精确度将直接关系到评估的效果与正确性。民族村寨作为民族地区经济社会发展的微观单元，既在经济社会发展水平上有差异，又在数据统计方面有深度与广度上的差异。因此，在评价过程中，必须选取可操作性强、便于信息获取和定量分析的指标，才能确保评价过程的可行性、评价结果的正确性。同时，要考虑到对其他民族地区村寨文化建设的借鉴意义。

第二节 辽东地区满族特色村寨文化建设评价指标 体系构建

一、评价指标选取依据

（一）学术研究成果

关于满族特色村寨文化评价指标体系建设的研究，目前还很缺乏。考虑到满族特色村寨文化与乡村文化具有一定的相似性，本书在构建民族村寨文化评估指标体系时，借鉴了乡村文化及乡村振兴评估指标。何景明从文化资源、地理环境和地域特色三个角度，对乡村文化进行了系统的评价。这套体系的重点是评价乡村文化的发展状况[1]。赵勇等人选择了包括乡村文化的保护与环境、乡村文化的市场开拓、乡村文化的经济与社会效益、乡村文化的软硬性环境在内的 4 个方面的因素，27 个方面的指标及因子，建立一个乡村文化可持续发展的评估体系，着重对我国农村地区的发展潜力进行了研究[2]。张洁从生态环境质量、社会文化效应、经济效应、政治法律效应和科技效应五个角度出发，对我国农村地区的可持续发展进行了研究。在此基础上，提出了新农村建设与和谐社会构建的有关指数，并对我国农村地区的发展状况及社会主义新农村的构建做了初步评估[3]。目前，已有的评估指标对本书所述研究具有借鉴意义。

（二）乡村振兴战略规划

中共中央、国务院印发的《乡村振兴战略规划（2018—2022 年）》和辽宁省印发的《辽宁省乡村振兴战略规划（2018—2022 年）》，在乡村经济、产业、生态、文化、治理等方面提出了发展目标，是当前和下一阶段乡村发展的蓝图。乡村振兴战略规划对乡村文化建设具有指导作用。

---

[1] 何景明. 城市郊区乡村旅游发展影响因素研究：以成都农家乐为例 [J]. 地域研究与开发, 2006 (6)：71-75.

[2] 赵勇, 张捷, 李娜, 等. 历史文化村镇保护评价体系及方法研究：以中国首批历史文化名镇（村）为例 [J]. 地理科学, 2004 (4)：4497-4505.

[3] 张洁. 我国乡村旅游可持续发展的研究 [D]. 天津：天津大学, 2009：68-69.

（三）辽宁省加快农房和村庄建设现代化实施方案

2021年12月，《辽宁省加快农房和村庄建设现代化实施方案》发布，方案强调乡村生态文明建设和人居环境整治的完善，提出了建设标准，对辽东地区满族特色村寨文化建设具有一定的指导意义。

（四）辽宁省环境优美村镇（乡）考核评分标准

《辽宁省环境优美村镇（乡）考核评分标准（试行）》从政策、公共服务、交通、基础设施、环境、要素、共建共享等方面提出了具体要求。根据环境优美村镇（乡）考核评分标准，对其文化建设进行分级。因此，《辽宁省环境优美村镇（乡）考核评分标准（试行）》对辽东地区满族特色村寨文化建设评价具有一定的参考意义。

（五）村寨文化建设实地调研

部分满族特色村寨文化和社会经济发展的数据难以获取，所以要对满族特色村寨文化建设进行有效评估，就必须进行深入调查，获取第一手数据。本书所述研究分为三个层面：辽东地区县（市）、乡（镇）和满族特色村寨。研究的主体是政府工作人员、专家学者、企业管理者、乡村干部、文化建设人员、村民、游客等，调研对象信息见表5-1。

表5-1 调研对象信息

姓名	民族	性别	年龄	文化程度	职业/职务
WE	汉	男	37	大学	村委会工作人员
LR	汉	女	55	高中	村委会工作人员
LH	汉	女	34	大学	村委会工作人员
BJ	汉	男	38	初中	村委会工作人员
YF	满	女	55	初中	民宿经营者
YS	满	女	41	初中	民宿经营者
WK	满	女	55	小学	民宿经营者
SG	满	女	48	小学	民宿经营者
FT	汉	女	54	大学	村委会工作人员
ZU	汉	女	42	大学	村委会工作人员
BK	满	男	43	大学	政府工作人员

表5-1(续)

姓名	民族	性别	年龄	文化程度	职业/职务
SF	满	女	37	大学	政府工作人员
TI	汉	女	42	大学	政府工作人员
HQ	满	男	39	大学	政府工作人员
WS	满	女	35	大专	政府工作人员
ZO	汉	女	44	中专	民宿经营者
CU	汉	男	82	高中	村民
GY	汉	男	48	大专	民宿经营者
SC	满	男	36	高中	民宿经营者
YV	汉	男	30	高中	民宿经营者
SD	满	女	48	大学	村委会工作人员
SV	满	男	53	大学	政府工作人员
GS	满	女	36	大学	政府工作人员
D3	汉	男	41	高中	村委会工作人员
W3	满	男	54	初中	村委会工作人员
YJ	汉	女	46	大专	村委会工作人员
ZZL	满	男	50	初中	民宿经营者
WD	汉	男	60	高中	村民
KS	满	男	50	初中	村民
HT	汉	男	45	初中	村民
WP	汉	男	51	初中	餐厅经营者
YI	汉	男	38	本科	游客
JX	满	男	42	硕士	游客
ZT	汉	男	41	本科	游客

二、评价指标体系的确立

满族特色村寨的文化构建是一个综合性的体系，必须综合考虑产业与生态、文化与生态等基层管理问题。在此基础上，通过对指标体系的研究，结合村寨文化建设的实际问题，将指标体系分解为产业兴旺、生态宜居、乡风文明、治理有效、生活富裕五个相互关联的子系统，并进一步分解为33个指标（见表5-2）。在指标设计过程中，除了设置乡村文化建设指标外，还增加了与乡村文化建设相关的乡村振兴指标，对乡村文化建设及其贡献进行综合评价。

表 5-2 辽东地区满族特色村寨文化建设评价体系

目标层	准则层	指标层	单位
辽东地区满族特色村寨文化发展及其综合贡献 A	产业兴旺 B_1	满族民俗文化研究 C_{11}	个
		满族民俗文化传媒业 C_{12}	个
		满族民俗文艺演出业 C_{13}	万元
		满族民俗休闲娱乐业 C_{14}	万元
		满族民俗展览博览业 C_{15}	人
		满族工艺品生产 C_{16}	万元
		满族民俗餐饮文化品牌连锁 C_{17}	万元
	生态宜居 B_2	满族特色村寨空间景观 C_{21}	分
		满族特色村寨基础设施 C_{22}	分
		满族特色村寨环境生态 C_{23}	分
		村寨公共文化满族特色 C_{24}	%
		满族特色村寨单体建筑景观 C_{25}	个
	乡风文明 B_3	满族特色村寨乡风文明状况 C_{30}	%
		满族特色村寨文明风尚 C_{31}	分
		满族特色村寨生活态度 C_{32}	分
		满族特色村寨农民创新意识 C_{33}	分
		满族特色村寨家庭教育 C_{34}	分
		满族特色村寨家庭亲密度 C_{35}	分
		满族特色村寨家庭环境 C_{36}	%
		满族特色村寨优良风气 C_{37}	%
		满族特色村寨教育重视状况 C_{38}	%
		满族特色村寨移风易俗 C_{39}	分
	治理有效 B_4	满族特色村寨优秀传统文化的管理制度 C_{41}	分
		满族特色村寨文艺产品创作制度 C_{42}	分
		基层干部法治观念 C_{43}	分
		家规家训 C_{44}	个
		爱国主义、集体主义、社会主义宣传教育 C_{45}	个
		道德规范的尊重和自我约束 C_{46}	%
		村民自治制度 C_{47}	个
	生活富裕 B_5	人年均收入 C_{51}	元
		户年均收入 C_{52}	元
		村寨文化建设收入 C_{53}	元
		对村寨收入满意度 C_{54}	%

（一）产业兴旺子系统评价指标

产业兴旺子系统主要包括文化产业的核心层、外围层、相关层三个方面。产业兴旺核心层评价包括满族民俗文化研究与民俗文化博览中心、满族民俗文化传媒业、满族民俗文艺演出业三方面的内容。产业兴旺外围层评价包括满族民俗休闲娱乐业、满族民俗展览博览业等方面的内容。产业兴旺相关层指满族民间工艺美术、满族民俗餐饮文化品牌连锁等方面。文化建设对乡村相关产业发展具有很强的关联性和带动、整合作用。乡村振兴的重要目标之一是实现乡村一、二、三产业融合发展。将满族工艺品生产产值和满族饮食文化品牌连锁的产值加入产业兴旺指标，能够体现出村寨文化相关产品的生产与供应状况，也能体现出村寨文化产业融合的规模与程度。

（二）生态宜居子系统评价指标

生态宜居子系统涵盖两个主要方面：一是村寨的生态环境状况；二是适宜居住性的评价。适宜居住的生态环境不仅是农村社会发展的必然需求，也是推动农村社会进步的关键要素。满族特色村寨空间景观要素包括满族特色村寨山水格局景观、道路空间景观、农田景观、绿化景观等方面。满族特色村寨基础设施（卫生厕所、自来水、宽带等）的普及率能够体现出农村居民生活的便利程度。通过实施农村生活废水和垃圾的无害化处理，能够有效减少农村地区的环境污染。村民对环境问题的理解是解决乡村环境问题的关键和基础。乡村环境卫生状况、旅游基础设施建设、防灾减灾能力等方面的问题，均与村寨生态环境保护息息相关。辽东地区的生态环境较为脆弱，因此，在推进乡村文化建设的同时，加强生态环境保护尤为必要。文化产业的发展可能会给生态环境带来额外压力。满族村寨的建筑景观包括群体建筑和单体建筑，这些建筑是否保持满族特色，以及满族特色建筑环境对村寨文化建设的质量和未来发展均具有深远的影响。

（三）乡风文明子系统评价指标

乡风文明是村寨文化建设的重要资源之一。乡风文明包括文明乡风、良好家风、淳朴民风三个评价要素。其中文明乡风包括社会文化、生活态度、创新意识三个维度。良好家风从家庭教育、家庭亲密度、家庭环境三个方面来衡量。淳朴民风通过封建迷信、移风易俗状况、教育重视状况、优良风气四个维度对民风进行测量。

（四）治理有效子系统评价指标

文化建设的发展带来了人、信息、物质的聚集，对村寨治理能力提出了新的挑战。乡村文化治理包括自治、法治、德治三方面的评价要素。自治包括完善村民自治制度、提高村民的社会参与度和认同感、发展新乡贤文化能人的带动性等评价要素；法治评价要素包括满族特色村寨管理制度、文化建设制度、基层干部法治观念等维度；德治包括满族特色村寨家规家训、爱国主义、集体主义、社会主义宣传教育、道德规范的尊重和自我约束等评价要素。

（五）生活富裕子系统评价指标

在乡村文化建设的评价中，农民生活富裕是乡村振兴的根本所在。一方面，突出"收入"的相关要素，是对乡村振兴战略中"小康生活"的借鉴。另一方面，乡村文化建设经过 20 多年的发展，已经形成了一定的产业体系、生产体系和管理体系，生活富裕子系统从人年均收入、户年均收入、村寨文化建设收入、对村寨收入满意度四个方面进行评价，有助于更清晰地了解辽东地区满族特色村寨文化发展的状况。

》》 第三节　辽东地区满族特色村寨文化建设评价指标体系权重赋值

一、权重确定方法

各项评价指标对村寨文化建设的影响和作用是不同的。通过对各项指标的重要性进行分析，得出各项指标对综合评判的影响程度。在对各项指标进行综合评判时，通常采用主观加权法、客观加权法及合成积分加权法。

本书运用了主观加权法，通过群众对各项指标在农村地区的重要性进行主观评判，来决定各项指标的权重。主观加权法分为德尔菲法、指标两两比较法和层次分析法等。

德尔菲法又称专家打分法。其操作方法是：首先，请若干名专家为各项指标打分。然后，将专家的打分集中统计，求出每项指标权重的均值和方差。由于专家对同一指标重要程度的看法不尽相同，通过方差分析，可以了解全部专家意见的分散程度。如果专家的意见分散程度过大，则须进行第二轮甚至多轮调查，直至专家的意见接近一致。最后，选择最终每名专家打分的均值作为指标的权重。

指标两两比较法与德尔菲法类似，也是邀请若干名专家为各项指标打分。其不同之处是：专家无须给出各项指标精确的权重系数，只需对同一层次上各项指标对总目标的重要程度进行排序，并给出各项指标两两比较后重要性的比值系数。最后，通过对每名专家所给出的比值系数进行计算，从而得出各项指标的权重。

层次分析法由美国运筹学家 T. L. Saaty 在 20 世纪 70 年代初提出，它是一种有着严格数学逻辑的主观赋权方法。运用层次分析法确定指标权重的过程如下：首先构造判断矩阵，邀请若干名专家进行打分；然后利用计算机软件分别计算下一层指标对上一层指标重要性的权重。层次分析法的优点在于能够进行一致性检验，如果专家间对于判断的分歧较大，其计算结果就无法通过一致性检验，这说明以此权重进行综合评价得出的结论不具有科学性，需要重新确定各项指标的权重。为了对满族特色村寨旅游发展评价更加科学，本书选择层次分析法确定各项指标的权重。

二、评价指标权重的建立

著者从辽宁、河北、贵州等地邀请了 15 名专家对民族地区乡村文化建设各项指标的重要性进行评分，形成判断矩阵。经过一致性检验，最终确定各项指标的总权重。

（一）构建判断矩阵

假设矩阵为 A_{ij}，采用 9 百分位标度法，A_{ij} 的标度及其含义如表 5-3 所列。

表 5-3　A_{ij} 的标度及其含义

标度 A_{ij}	含义
1	i 和 j 因素同等重要
3	i 比 j 因素稍微重要
5	i 比 j 因素明显重要
7	i 比 j 因素强烈重要

表5-3(续)

标度 A_{ij}	含义
9	i 比 j 因素极其重要
2, 4, 6, 8	i 比 j 因素的重要性处于以上标度之间
倒数	j 比 i 因素的重要性为 i 比 j 因素重要性的倒数,即 $a_{ji} = 1/a_{ij}$

综合专家的打分情况计算,得到两两比较的判断矩阵如表5-4至表5-9所列。

表 5-4 评价指标体系 B_{ij} 的判断矩阵

$B_1 \sim B_5$	B_1	B_2	B_3	B_4	B_5
B_1	1	0.91	0.4843	0.3843	0.3447
B_2	0.91	1	2.354	2.554	3.24
B_3	0.4843	2.354	1	0.945	0.747
B_4	0.3843	2.554	0.945	1	0.74
B_5	0.3447	3.24	0.747	0.74	1

表 5-5 产业兴旺子系统 C_{1j} 的判断矩阵

$C_{11} \sim C_{17}$	C_{11}	C_{12}	C_{13}	C_{14}	C_{15}	C_{16}	C_{17}
C_{11}	1	1.84	0.3647	0.3843	0.2314	0.2154	0.1842
C_{12}	1.84	1	0.244	0.2747	0.1745	0.1746	0.1414
C_{13}	0.3647	0.244	1	1.44	0.3533	0.2833	0.2717
C_{14}	0.3843	0.2747	1.44	1	0.3167	0.2117	0.2193
C_{15}	0.2314	0.1745	0.3533	0.3167	1	1	1
C_{16}	0.2154	0.1746	0.2833	0.2117	1	1	1.2183
C_{17}	0.1842	0.1414	0.2717	0.2193	1	1.2183	1

表 5-6 生态宜居子系统 C_{2j} 的判断矩阵

$C_{21} \sim C_{25}$	C_{21}	C_{22}	C_{23}	C_{24}	C_{25}
C_{21}	1	2.21	3.41	2.81	0.4813
C_{22}	2.21	1	1.951	1.411	0.2417
C_{23}	3.41	1.951	1	0.7	0.1919
C_{24}	2.81	1.41	0.71	1	0.221
C_{25}	0.4813	0.2417	0.1919	0.221	1

表 5-7　乡风文明子系统 C_{3j} 的判断矩阵

$C_{30} \sim C_{39}$	C_{30}	C_{31}	C_{32}	C_{33}	C_{34}	C_{35}	C_{36}	C_{37}	C_{38}	C_{39}
C_{30}	1	1.751	0.351	1	1	0.461	0.321	3.61	5.61	1.951
C_{31}	1.751	1	0.2913	0.6813	0.6167	0.5762	0.2376	2.81	4.21	1.421
C_{32}	0.351	0.2913	1	3.21	3.21	1.4167	1	6.21	8.21	4.61
C_{33}	1	0.6813	3.21	1	1	0.4843	0.3483	4.41	6	2.725
C_{34}	1	0.6167	3.21	1	1	0.551	0.3483	4.41	5.71	2.725
C_{35}	0.461	0.5762	1.4167	0.4843	0.551	1	1.3533	6.11	8.11	4.41
C_{36}	0.321	0.2376	1	0.3483	0.3483	1.3533	1	6.11	8.31	4.81
C_{37}	3.61	2.81	6.21	4.4	4.41	6.11	6.11	1	2.51	0.4133
C_{38}	5.61	4.21	8.21	6	5.71	8.11	8.31	2.51	1	0.2821
C_{39}	1.951	1.421	4.61	2.725	2.725	4.41	4.81	0.4133	0.2821	1

表 5-8　治理有效子系统 C_{4j} 的判断矩阵

$C_{41} \sim C_{47}$	C_{41}	C_{42}	C_{43}	C_{44}	C_{45}	C_{46}	C_{47}
C_{41}	1	3.21	3.51	6.71	5.1	0.8617	4.41
C_{42}	3.21	1	1.6117	4.21	2.61	0.3186	1.91
C_{43}	3.51	1.6117	1	3.81	2.21	0.2912	1.71
C_{44}	6.71	4.21	3.81	1	0.4127	0.1329	0.3723
C_{45}	5.1	2.61	2.21	0.4127	1	0.1822	0.82
C_{46}	0.8617	0.3186	0.2912	0.1329	0.1822	1	5.42
C_{47}	4.41	1.91	1.71	0.3723	0.82	5.4	1

表 5-9　生活富裕子系统 C_{5j} 的判断矩阵

$C_{51} \sim C_{54}$	C_{51}	C_{52}	C_{53}	C_{54}
C_{51}	1	5.1	5.81	3.11
C_{52}	5.1	1	0.5033	0.5233
C_{53}	5.81	0.5033	1	0.3423
C_{54}	3.11	0.5233	0.3423	1

（二）一致性检验

因判断矩阵是在专家打分的基础上计算得出的，为减少主观因素对结论造成偏差，需要对判断矩阵进行一致性检验，检验公式如式（5-1）所列。

$$CI = \frac{\lambda_{\max} - m}{m - 1}, \quad CR = \frac{CI}{RI} \tag{5-1}$$

式中，m 表示指标的维度，CI 表示一致性指标值，$\lambda_{\max}$ 表示判断矩阵的最大特征值。有了 CI，就可以得出一致性指标的衡量标准 CR，如式（5-2）所列。

$$CR = \frac{CI}{RI} \tag{5-2}$$

式中，RI 标准值如表 5-10 所列，当 $CR \leqslant 0.1$ 时，表明判断矩阵通过了一致性检验。

表 5-10 平均随机一致性指标 RI 标准值

维度	1	2	3	4	5	6	7	8	9	10
RI	0	0	0.521	0.891	1.112	1.216	1.316	1.11	1.416	1.46

将表 5-4 至表 5-9 判断矩阵代入式（5-1）和式（5-2）进行一致性检验，得到的结果如表 5-11 所列。

表 5-11 文化建设发展评价指标体系的一致性检验

判断矩阵	l Max	CI	RI	CR	一致性检验结果
B_{ij}	5.018563	0.012141	1.112	0.002911	$CR<0.1$，通过
C_{1j}	5.011417	0.015354	1.22	0.014781	$CR<0.1$，通过
C_{2j}	7.148728	0.024455	1.364	0.014452	$CR<0.1$，通过
C_{3j}	10.24146	0.021717	1.49	0.011931	$CR<0.1$，通过
C_{4j}	7.117918	0.011986	1.36	0.011225	$CR<0.1$，通过
C_{5j}	4.022396	0.007232	0.89	0.008213	$CR<0.1$，通过

从表 5-11 中可以看出，B_{ij}、C_{1j}、C_{2j}、C_{3j}、C_{4j} 和 C_{5j} 六个判断矩阵 CR 值均小于 0.1，全部通过一致性检验。

三、评价指标权重的确立

评价指标体系的权重赋值如表 5-12 所列。

表 5–12　评价指标体系的权重赋值

目标层	准则层	权重	指标层	单位	权重	排名
辽东地区满族特色村寨文化发展及其综合贡献 A	产业兴旺 B_1	0.326	满族民俗文化研究 C_{11}	个	0.08	4
			满族民俗文化传媒业 C_{12}	个	0.04	1
			满族民俗文艺演出业 C_{13}	万元	0.11	10
			满族民俗休闲娱乐业 C_{14}	万元	0.04	9
			满族民俗展览博览业 C_{15}	人	0.02	19
			满族工艺品生产 C_{16}	万元	0.01	21
			满族民俗餐饮文化品牌连锁 C_{17}	万元	0.01	22
	生态宜居 B_2	0.315	满族特色村寨空间景观 C_{21}	分	0.03	11
			满族特色村寨基础设施 C_{22}	分	0.07	5
			满族特色村寨环境生态 C_{23}	分	0.11	2
			村寨公共文化满族特色 C_{24}	%	0.09	3
			满族村寨单体建筑景观 C_{25}	个	0.02	16
	乡风文明 B_3	0.130	满族特色村寨乡风文明状况 C_{30}	%	0.01	25
			满族特色村寨文明风尚 C_{31}	分	0.01	23
			满族特色村寨生活态度 C_{32}	分	0.00	33
			满族特色村寨农民创新意识 C_{33}	分	0.01	26
			满族特色村寨家庭教育 C_{34}	分	0.06	27
			满族特色村寨家庭亲密度 C_{35}	分	0.00	30
			满族特色村寨家庭环境 C_{36}	%	0.00	32
			满族特色村寨优良风气 C_{37}	%	0.03	13
			满族特色村寨教育重视状况 C_{38}	%	0.05	7
			满族特色村寨移风易俗 C_{39}	分	0.02	17
	治理有效 B_4	0.130	满族特色村寨优秀传统文化的管理制度 C_{41}	分	0.01	29
			满族特色村寨文艺产品创作制度 C_{42}	分	0.01	24
			基层干部法治观念 C_{43}	分	0.01	20
			家规家训 C_{44}	个	0.05	6
			爱国主义、集体主义、社会主义宣传教育 C_{45}	个	0.03	14
			道德规范的尊重和自我约束 C_{46}	%	0.00	31
			村民自治制度 C_{47}	个	0.02	15
	生活富裕 B_5	0.099	人年均收入 C_{51}	元	0.01	28
			户年均收入 C_{52}	元	0.06	12
			村寨文化建设收入 C_{53}	元	0.12	8
			对村寨收入满意度 C_{54}	%	0.08	18

从表 5-12 各项指标计算的权重可以看出，在产业兴旺、生态宜居、乡风文明、治理有效、生活富裕五个治理子系统中，产业兴旺子系统和生态宜居子系统的权重分别为 0.326 和 0.315，占总权重的 63.31%。它们是衡量乡村文化建设和综合贡献的重要组成部分。其余子系统分别为乡风文明（0.130）、治理有效（0.130）和生活富裕（0.099），合计占比 36.69%。从具体指标来看，满族民俗文化传媒业 C_{12}（0.04）、满族特色村寨环境生态 C_{23}（0.11）、村寨公共文化满族特色 C_{24}（0.09）、满族民俗文化研究 C_{11}（0.08）、满族特色村寨基础设施 C_{22}（0.07）、家规家训 C_{44}（0.05）、满族特色村寨教育重视状况 C_{38}（0.05）、村寨文化建设收入 C_{53}（0.12）、满族民俗休闲娱乐业 C_{14}（0.04）、满族民俗文艺演出业 C_{13}（0.11）分列权重前 10 位，占总权重的 66.76%，涉及产业兴旺、生态宜居、乡风文明、治理有效、生活富裕等方面。可见，这 10 个指标是用于评价区域村寨文化建设的重要指标。

本章小结

本章采取数据统计、定性与定量结合的方式，对辽东地区满族特色村寨的文化建设情况进行评价。基于层次分析法构建的辽东地区满族特色村寨文化建设及其综合贡献评价体系，对各项指标进行了解释和说明。采用专家打分法分别对各子系统和指标进行权重赋值，并全部通过一致性检验，为满族特色村寨个案的文化建设发展及实证研究建立了评价框架。总的来说，产业兴旺和生态宜居对辽东地区满族特色村寨文化建设及综合贡献的影响最大，满族民俗文化传媒业、满族特色村寨环境生态、村寨公共文化满族特色、满族民俗文化研究、满族特色村寨基础设施、家规家训、满族特色村寨、满族特色村寨教育重视状况、村寨文化建设收入、满族民俗休闲娱乐业、满族民俗文艺演出业等因素在村寨文化建设及其综合贡献中发挥了重要作用。

第六章 辽东地区满族特色村寨文化
建设个案发展研究

本章对村寨文化建设与乡村振兴的个案代表进行专题探讨和分析，得出村寨文化建设水平及其对乡村振兴的贡献情况。研究中选择了青山沟村（2017年第二批中国少数民族特色村寨）、大梨树村（2014年首批中国少数民族特色村寨）和赫图阿拉村（2014年首批中国少数民族特色村寨）作为案例进行实证分析。著者于 2019 年 6 月、2020 年 6 月、2021 年 6 月、2021 年 8 月和 2022年 7 月，分别对三个村寨进行了五次实地考察，对其文化建设和乡村振兴情况进行了详细调查。调查要素与具体内容如表 6-1 所列。

表 6-1 调查要素与具体内容

调查要素	具体内容
调查内容	基本情况：村寨风貌、基础设施、道路交通和公共服务设施、村民构成及职业结构、村民生产和生活状况、居民收入情况等
	文化产业发展情况：村寨产业结构、业态构成、文化建设设施、文化建设状况、村民参与文化建设情况等
	生态宜居现状：生态环境情况、基础条件、建筑文化保护传承和利用情况等
	乡风文明情况：文明风气情况、农民创新意识、家庭氛围、移风易俗情况等
	基层治理现状：基层党组织建设情况、村民自治情况、村寨治安情况等
调查方法	文献调查、深度访谈、参与式观察、问卷调查等
调查对象	政府部门工作人员、企业工作人员、村委会工作人员、村民、专家学者、游客等

第一节 青山沟村文化建设发展及其对乡村振兴的贡献

一、青山沟村概况

青山沟村位于辽宁省丹东市宽甸县，辽东半岛鸭绿江畔。距宽甸县县城75千米，距丹东市市区175千米。全村面积149.8平方千米，其中水域面积12.7平方千米。浑河是鸭绿江最大的支流，流经青山沟风景区。境内溪流纵横，森林茂密，环境宁静，资源丰富。青山沟村四面环山，自西向东层峦叠嶂，呈东低西高的趋势（见图6-1）。境内小雅河自西向东蜿蜒，汇入浑河。全村平均海拔550米，形成了"九山半水半田"的地形。2022年总人口3314人，1356户。农业人口占94%；土地总面积388755亩，其中山林322194亩、耕地13028亩、水库河流34960亩。青山沟村的特征充分展示了"青山绿水"的景观资源优势。

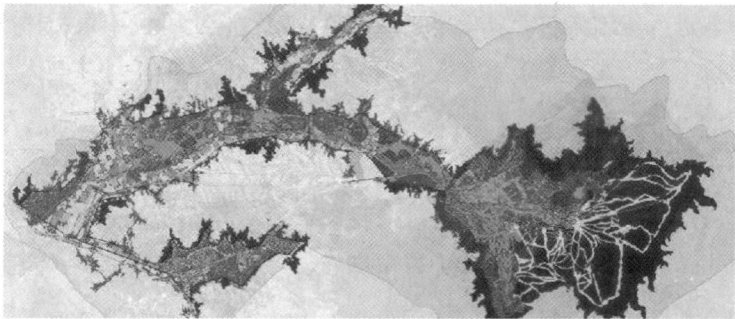

图6-1 青山沟总平面图

清宣统三年建立青山村，1921年建立青山沟村。1949年新中国成立后，属于牛毛坞区。1956年成立青山沟村，1958年并入牛毛坞公社。青山沟公社成立于1961年，1983年更名为青山沟村。依托青山沟村开发的青山沟风景区创建于1988年，是宽甸县最早开发的旅游区。2002年5月，被国务院批准为国家级风景名胜区。景区面积147.68平方千米，其中水域面积23.3平方千米，是世界六大无污染区域之一，拥有辽宁省最大的瀑布——青山飞瀑，中国第一个画家村——青山湖画家村，中国最大规模的满族村寨——满家寨，东北

第一部满族歌舞剧——《八旗山水谣》，等等。这里风景秀丽，文化多元，民俗丰富，生态优良，被誉为神仙居住过的地方。青山沟风景区目前已形成"虎塘沟""青山湖""飞瀑涧""满家寨"四大景区，是一个集原始自然风光与满族民俗文化于一体的景区。

二、历史沿革与文化建设历程

青山沟村经过多年的发展，形成了一个以自然山水为主要旅游资源、以满族文化资源为导向的建设模式。青山沟村风景独特，自然环境优势突出，植被以原生林为主。

（一）文化建设从生活延伸到市场

20世纪80年代末至90年代初，青山沟村是传统满族特色村寨，农业生产是村民的主要收入来源。因其位于山间，交通不便，人们的社会活动比较闭塞。尽管青山沟村的生态环境对满族的经济、文化发展产生了很大的影响，但是从某种意义上来说，它对满族的发展与传承起到了保护性的作用。当时，青山沟村的满族文化传承与发展处于一种较为原始的、原生态的、不受污染的环境中。游客进入青山沟村，就像是进入满族人家一样，像满族人那样吃饭。在满族的土炕上，游客吃着由女主人亲自烹制的酸汤子。他们在其中体会到的是一种真正的、令人难以忘怀的生活。清代特色满族聚落是向游人宣传与展现满族文化的重要场所。

20世纪90年代中叶，青山沟村在我国产业结构调整与城镇化的推动下，逐渐走出了传统的农耕模式，大力发展满族特色村寨文化建设，封闭的生活环境被打破。在此期间，前来体验满族特色村寨文化的游客越来越多，规模也越来越大，很多游客迫不及待地想了解和体验青山沟村的满族文化。随着游客数量和规模的快速增长，满族农家的生活空间被压缩，满族文化传播很快向市场形态转变。各种满族特色酒店如雨后春笋般涌现，满族旅游纪念品市场也在悄然形成。青山沟村还存在着一种具有满族特色的文化，那就是具有满族地方特色的"赶大集"。每到集日，当地居民都会带着自己的满族特产手工艺品和农产品到市场上交换买卖。在市场上，游客可以买到满族当地的特产，如用荆棘和柳条编织的各种形状的篮子、手工制作的满族特色荷包等。满族民俗产品带给游客新鲜独特的满族文化感受，满族特色文化产业在市场上得到了进一步的发展。

（二）文化建设由民间自然传播场所升华到表演舞台空间

20 世纪末期，在青山沟村拍摄的影片《男妇女主任》荣获第 22 届大众电影百花奖的多项大奖。随着影片在全国各大影院及网络上的广泛播放，影片拍摄地青山沟村成为热点，越来越多的游客来到青山沟村观赏满族文化，青山沟村的满族文化表演也随之兴起。寻求新鲜事物、体验新鲜事物，以求在较短的时间内对满族文化有一个较为全面的认识，这是短期游客的首要要求。于是，以展示青山沟村满族文化发展史为重点的"青山沟村满族文化表演系统"应运而生。满族文化表演因观赏者的需求而走上舞台，并通过表演的方式向观赏者展示与传播。

2006 年，青山沟村首次在"中华满族风情园"露天举办满族文化演出，但是演出规模小、时间不固定。当时满族文化主要集中于青山沟村的物质文化展示，而在精神文化和制度文化方面存在着一定的局限性，从而影响了一些专门来青山沟村领略满族特色村寨文化的游客的满意度。2012 年开始，单纯的满族文化演出已无法适应市场运作的需要，逐渐被大型的商业演出所替代。青山沟村"中华满族风情园"为展示满族文化表演设置了多个舞台。白天，游客在满族民俗馆内欣赏具有满族文化艺术的表演（如皮影戏、二人转、东北大鼓等）；夜晚，游客可以在大戏院欣赏大型满族歌舞《八旗山水谣》。这些戏台既是游客观赏满族文化演出的场所，又是展示、传播满族文化的平台。时至今日，作为一个文化产业，青山沟村的满族文化演出已经得到地方政府、人民的高度关注，并不断展现出崭新的面貌。总之，青山沟村满族文化的发展历程，反映了青山沟村满族文化变迁的空间轨迹。同时，由旅游引起的满族文化产业的发展，导致青山沟村满族文化内涵发生变化，由社会取向转向经济取向。

三、青山沟村文化建设发展对乡村振兴的贡献

（一）产业兴旺

依托山水自然禀赋，加上丰富的满族民俗文化，青山沟村实施了"生态兴村、旅游兴村"的发展战略。大力发展休闲农场和村寨旅游，转变农业农村发展模式，振兴区域经济。依托青山沟村自然景观和丰富的满族文化产品，旅游

文化产业成为村民致富增收的主导产业。

青山沟村满族的前身是建州女真董鄂部。居住在这里的人们仍然遵循许多满族习俗，语言使用满族俗语，精神生活继承了满族民俗文化。青山沟村满族文化丰富多彩，具有明显的民族特色和地域特色，是中国传统文化的瑰宝。

青山沟村历史遗迹丰富，地域文化特色鲜明，近年来大力发展满族文化、民俗文化。它拥有全国最大的满族村——满家寨，其中包括3万平方米的中国满族风格花园和一个3500平方米的满族剧院。同时，创造了东北地区第一部满族风格的歌舞剧《八旗山水谣》，具有很强的地域性和民族性。

青山沟村对满族民俗文化进行了深入挖掘，确定了满族文化与旅游文化产业融合的方向，即插上文化旗帜、打好民族牌、走特色之路，并且精心策划了"青山沟村满族非遗文化节"，这是展示青山沟村国家级景区乃至宽甸县一个魅力十足的民俗文化旅游盛会。如今进入青山沟村，满族民俗文化气息扑面而来。满家寨村、中国画家村、孙奇成美术馆、八旗山水谣剧场等文化旅游景点令人耳目一新。

以《八旗山水谣》为代表的青山沟村满族文化表演项目，作为满族传统文化中现代创意的成功形式，是最吸引游客、最有趣的文化产品。它不仅拓展了满族文化的生存空间，而且实现了满族文化传播的突破，打破了地域空间与民族差异的局限，使青山沟村满族文化展览演出的质量不断提高。结合游客的欣赏意向发掘并创新出生活中消失的满族文化民俗，并以艺术形式呈现，给青山沟村满族传统文化以新的存在意义与展示空间（见图6-2）。

（a）满家寨　　　　　　　　　　　　　　（b）青山湖

图6-2　青山沟村

此外，青山沟村从林下药材、网箱捕鱼、食用菌等基础产业，逐步发展到旅游接待、旅游手工艺品、观光采摘园等旅游相关产业。旅游宾馆、农家乐、满族民居、生态庄园等形成了青山沟村独特的文化产业。

围绕具有浓郁满族气息的乡村民宿，以生态农业、自然风光、民俗文化作为民宿背景和特色，将民宿景区与村容村貌、乡土气息紧密融合，从而实现景村共荣、景村共建。

（二）生态宜居

1. 生态发展方向

青山沟村湖水清澈碧绿，两岸万木参天，遮天蔽日，植被多为原始林态，树木葱郁，峡谷幽深，溪水潺潺，素有"西有九寨沟，东有青山沟"之美誉。青山沟村着力于绿色资源保护，以山水旅游为基础，重点打造满族文化旅游风景名胜区，通过景观绿化设计、水资源利用、道路建设和整治、生态绿化建设、绿化山区及完善基础设施等措施优化自然资源，同时结合满族传统的狩猎文化、宗教文化，使自然资源具有独特的文化内涵。青山沟村先后获得"全国生态文化村""辽宁省美丽乡村示范村""辽宁省乡村旅游示范村"等荣誉称号。在这里，"绿水青山"真正变成了"金山银山"。

在自然资源的开发中，注重满族文化与自然资源相结合，使景观规划科学、布局合理、保护环境，建筑风格、颜色和材料的选择应尽可能地反映文化，最大限度地利用当地环保材料，控制建筑及景点体量，以避免山区生态、绿色植被、水和其他自然环境要素被破坏。

2. 宜居和满族文化发展方向

村寨规划中重点强化满族风俗文化组团、森林生态组团的文化氛围，在景观的附属设施、景观小品、绿化方面采用传统的满族文化符号（见图6-3），包括满族的木屋、木桥等重要民族元素。

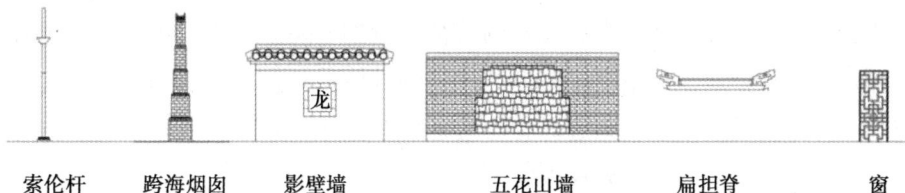

| 索伦杆 | 跨海烟囱 | 影壁墙 | 五花山墙 | 扁担脊 | 窗 |

图6-3 满族文化符号

建立满族特色的旅游景观规划，最重要的是将满族文化贯彻到整体旅游景观规划中，将意识态的满族文化具象化，将原始自然资源结合文化内涵化，形成具有浓郁满族特色的旅游产品，同时实现满族文化的传承与延续。青山沟村根据旅游资源空间分布特点，以整合满族文化为主线，将青山沟村旅游景观规划形成"一轴三大组团五个核心区十六景点"的空间布置格局。"一轴"是指结合现有景观资源的分布，以305国道为主景观轴线和纽带，串联区域内的自然与文化景观，通过景观轴线将特色自然资源和满族文化序列化、系统化，从而打造内涵丰富、比较完整的旅游产品。其设计目标是整合青山沟村的满族文化资源和自然资源，打造"满族原始文化发祥地"的旅游产品。"三大组团"是指在景观轴线上分布满族风情镇景观组团、滨水区满族风俗文化组团、森林生态组团等。满族风情镇景观组团以青山沟村为主，包括满族文化街区、满家寨民俗风情园体验区两个旅游核心区，主要展示满族人文景观。滨水区满族风俗文化组团、森林生态组团以自然景观为主，包括飞瀑涧生态自然休闲区、青山湖滨水观光区及虎塘沟自然森林游憩区三个旅游核心区。每个核心区都有独特的满族文化展示，在旅游核心区中分布着16个特色景点。

3. 鼓励公众参与策略

①鼓励居民积极参与满族文化景观规划建设，促使民众关注并参与自己居住地方周边环境的管理。让全镇的民众积极参与，引导民众参与文化建设的仓储、餐饮、导游、购物、交通、住宿等方面。征集民众对全镇文化景观规划的建议与意见，培养民众对于保护景观规划、主动参与满族文化的继承和发扬的意识，让民众主动维护文化环境。

②鼓励当地民众参与城镇满族特色的建设。在20世纪80年代的民居重建过程中，当地许多传统建筑的外观和内部功能已经改变：原有民居建筑的万字炕、跨海烟囱等建筑构件都已经发生了变化，一些传统的建筑形式已经消失。青山沟村根据民众参与的原则，以政策引导、鼓励民众采用现代技术对自有建筑进行低成本改造，恢复满族民居的特征。例如，院落布局按照中轴线展开，在院内修建影壁墙，将整个院落分为内院和外院；建筑外观统一为灰瓦砖墙；建筑细部采用满族传统雕刻进行装饰。通过改造和民众的参与，可以使青山沟镇的满族特色从内到外都体现得较为完整，从而促进游客与当地民众之间的文化交流。

③民俗文化是民族文化的一项重要内容，青山沟村积极引导当地民众参与恢复发展民俗文化。如满族风俗文化、传统曲艺、婚嫁习俗、传统狩猎文化、绘画文化、萨满文化等，需要当地民众来表现。城镇规划以当地的原始风俗呈

现为目标，加深民众参与的程度，积极保护和发展满族民俗文化，继承传统文脉。

青山沟村人居环境建设正逐步实现从"治理"到"管理"的长效机制转变。采取村屯干部网格式包保，成立物业服务中心，采取物业化管理，收运生活垃圾，保证青山沟村的人居环境优越。村内路网全部形成，主干道路照明设施全部覆盖，90%的垃圾实现源头分类减量，村内河道和黑臭水体得到有效治理，卫生厕所基本普及。

（三）乡风文明

提倡勤俭节约、抵制大操大办，已经成为青山沟村的日常事务，青山沟村通过宣传栏目、宣传册、电视广播等形式，引导民众从简办理婚丧事务，积极营造健康文明的社会氛围。

满族文化传统涵养了良好家风。每年重阳节，青山沟村会为花甲以上的老年人举行百叟宴，让他们老有所乐。不仅如此，村里还形成了打保福的民俗节庆，青年人在盛大的仪式上祝愿长者长命百岁、幸福安康，弘扬尊老、敬老、爱老的传统。

乡风文明不仅要靠自觉，还需要进行约束。结合民族村内少数民族的风俗习惯、生活特点，探索群众"自我管理、自我教育、自我发展"的新途径，通过将孝敬老人、邻里相助、婚丧嫁娶等通俗易懂又接地气的内容写进村规民约，拓宽村民民主管理的平台。

激励村民挖掘本村民族的历史、村史和非遗文化，激励村民持续关注村情村务、长期保持良好文明风尚，进一步调动民众参与乡村治理和乡风文明建设的积极性和主动性。

（四）乡村治理

青山沟村在乡村治理过程中，不断完善村民议事协商机制。通过建立乡村道德评价小组、村民政治参与小组、村民审议小组、村民讨论会议等，促进村民与村干部面对面沟通，最大限度地解决干部群众沟通差距和村民矛盾纠纷。同时，对在思想品德、生产劳动、参与村集体事务和乡村治理过程中表现突出的干部、村民等群体，定期评选为模范，授予荣誉称号和物质奖励，通过示范效应激发各主体参与乡村治理的积极性和主动性。

青山沟村下辖各村组根据有关文件和工作实际，制定了村规民约。通过建立奖惩机制，进一步规范村内秩序、公共道德、精神文明、生活环境等方面。村规为村民的日常生活和村务提供了规则和依据，使乡村面貌焕然一新。村规造就了乡风文明的新气象，民约造就了乡风文明的新潮流。

（五）典型案例

1. 文化建设带动周边村寨蓝莓、软枣猕猴桃产业发展

青山沟村种植的"宽甸蓝莓"和"宽甸软枣猕猴桃"已成功申请国家地理标志证明商标，品质一流。在满族特色旅游文化产业开发前，青山沟村和周边村庄有不少农户种植蓝莓和软枣猕猴桃，但是呈现出"小、散、弱"的种植特点，生产工艺水平不高，产品包装不够完善，农民种植蓝莓和软枣猕猴桃等经济作物的收入有限。

在生态修复与乡村文化事业快速发展的背景下，青山沟村面临着乡村振兴战略与"三农"相结合的新机遇。为提高蓝莓、软枣猕猴桃的种植质量和种植技能，国家组织专家对农民进行技术指导。为了突出蓝莓的质量与工艺，青山沟村的一些农民还开设了蓝莓采摘园，同时积极制作软枣猕猴桃干，将蓝莓和软枣猕猴桃的生产、技术展示、产品销售与旅游、文化等相关行业有机地结合起来。截至 2022 年年底，青山沟村及周围村庄共有生态蓝莓和软枣猕猴桃园 2700 余亩，创建了 3 家农业专业合作社，并申请了省级非遗名录，并在青山沟村设立了 4 家蓝莓和软枣猕猴桃专卖网点。一名村委会工作人员告诉著者："以前种植蓝莓、软枣猕猴桃容易，但是卖出去难，现在旅游文化发展了，人流多了，水果的销路比以前好多了，收入高多了，村民也有积极性了。"① 在此基础上，带动了青山沟村和周围村庄 1000 多名村民种植蓝莓和软枣弥猴桃等农产品。青山沟村发展的旅游业和文化产业对附近村庄的蓝莓种植和生产起到了很好的促进作用。其生产规模不断扩张、栽培技术不断改进、商品的包装不断完善、栽培效率不断提高，一些新的管理机构（如合作社）也不断发展壮大。可以看出，文化建设不仅可以推动农村第一、二产业的发展，还可以推动农旅和文旅的融合，为农村产业的发展打下坚实的基础。

2. 返乡创业者

2010 年，青山沟村的一名返乡创业者将餐厅设在青山沟村老街，这也是青山沟村老街的首家餐厅。刚创建时，餐厅只有一层，仅能容纳 10 人用餐。

---

① 2021 年 6 月 21 日，对青山沟村村委会工作人员的访谈。地点：青山沟村村委会。

随着顾客增多，餐厅又扩建成二层，可同时接待 200 余人，高峰期日销售额破万元。其他村民也纷纷效仿，开起了民宿和饭店，到 2012 年，村民的平均年收入已经接近一万元。在康养旅游业蓬勃发展的背景下，这名返乡创业者积极寻求转变和发展，积极着手开发一家具有独特风格的家庭旅馆。他说："坚持做文化的路子是对的，关键是要跟着市场变化的趋势，不能一成不变。"① 发展文化产业，不仅为村民提供了可在当地就业的条件，也使更多村民回乡创业和就业。满族特色文化产业对促进乡村文化产业的发展，进而促进乡村文化的内生发展，皆具有重要的现实意义。

四、青山沟村文化建设发展存在的问题

（一）旅游景观整体空间格局缺乏系统性

青山沟村旅游文化产业开展 20 多年来，主要依靠独特的自然生态景观和满族特色文化资源，虽然建有满家寨等满族特色人文景观，但是对辽东地区独特的满族早期人文和民俗文化挖掘较少，尤其是对满族特色渔猎文化的建设，没有进行整体开发和设计。一名游客说："我三年前来过这里，现在和以前比是繁华了，但是原先的乡村感觉越来越淡了。"② 可见，该村满族特色村寨文化项目的布局较为无序、不合理。从规划角度来看，青山沟村既没有针对满族特色村寨文化建设的具体规划，也没有满族特色村寨文化建设规划的独特内容，导致青山沟村满族特色村寨文化景观开发具有明显的随意性、雷同性和盲目性。

（二）传统满族特色物质文化的破坏

现代化技术对满族传统文化缺乏全面的保护，只强调对满族文化遗址的局部保护，忽视了满族传统文化发展的内在规律，破坏了满族传统文化，导致其碎片化、孤岛化，使满族文化特色逐渐消失。该村一名民宿经营者说："传统的建筑造价太高了，现在会干的人太少了，懂原来满族建筑的老木匠都去世了。"③ 在民俗文化的发展上，满族民俗文化的简化、混杂及满族原生文化的

---

① 2021 年 6 月 21 日，对青山沟村餐厅经营者的访谈。地点：青山沟村餐厅。
② 2021 年 6 月 22 日，对青山沟村游客的访谈。地点：青山沟村民宿。
③ 2012 年 6 月 22 日，对青山沟村民宿经营者的访谈。地点：青山沟村民宿。

扭曲等现象比较严重，导致满族原始文化逐渐丧失。例如，在满族民居方面，目前满族民居采用的是现代住宅建筑的施工方法，该方法虽然结构简单，却没有满族文化特色。原有的满族特色建筑已被重建。用塑钢窗和瓷砖等建筑材料对满族传统民居进行改造，使满族传统建筑的风格和风貌发生了变化，降低了其对游客的吸引力。另外，将大量的工业产品用于青山沟村满族特色村寨内部景观小品的建设，与城市小品的展示风格相一致，缺乏满族特色文化，破坏了满族人文景观和自然景观的特色。

（三）民众参与较少

目前，青山沟村村民对当地满族特色村寨文化建设和规划的参与程度相对较低，对满族特色村寨文化资源管理的关注和参与程度较低。这使得满族特色村寨文化建设仅仅成为一种政府行为，孤立于公共生活之外，因而阻碍了游客与民众的互动和交流，影响了满族特色村寨文化的进一步发展。一名村民说："政府的出发点是好的，但是它们对满族文化了解不多，按照自己的想法搞。"① 在村寨景观服务方面，民众参与主体也相对较少，存在现有村寨服务节点规模小、服务设施种类单一、服务项目重复相似、管理分散且缺乏特色等不足。另一名村民说："现在想开民宿、饭店、商店都不容易，成本太高了。"②在满族特色村寨文化建设发展方面，民众参与度不高，一些满族居民的传统习俗（如传统的节日庆祝方式和食物等），正在逐渐弱化和消失。

经过多年的发展，青山沟村的旅游文化建设和满族特色村寨文化建设取得了显著进展，旅游人数和旅游收入逐年增加。然而，随着时代的进步和游客生活方式的改变，原有的文化建设模式正面临着严峻的挑战。仅仅依靠自然景观等资源导向型的开发已经不能满足游客的需求，必然会影响当地旅游文化产业的长远发展。因此，有必要利用当地独特的地域和满族特色村寨文化，通过满族文化规划形成有特色的满族文化产品，以提高文化质量。通过分析可知，青山沟村在文化建设的总体规划、满族特色、公众参与等方面存在问题。

---

① ② 2021年6月22日，对青山沟村村民的访谈。地点：青山沟村满家寨。

》》第二节 大梨树村文化建设发展及其对乡村振兴的贡献

一、大梨树村概况

大梨树村位于辽宁省凤城市西南方向，属于温带季风气候，总面积 48 平方千米，耕地 7440 亩，山区 5.4 万亩（见图 6-4）。大梨树村是一个多民族共同居住的村寨，辖区内有 22 个行政村，其中满族人口占总人口的 81.1%。大梨树村经常举办满族特色活动（如满族莫勒真大会、旗袍展、满族工艺品展等），村里还有一条满族民俗街。大梨树村被授予"中国少数民族特色村寨"的称号。

图6-4 大梨树村侧视图

大梨树村地貌的 80% 为山地，为独特的"八山半水、一田半路半庄园"的环境（见图 6-5）。改革开放前，大梨树村是一个经济欠发达、环境恶劣的小山村。自改革开放以来，大梨树村已经有了很大的改变。自从 20 世纪 80 年代初实行了对村干部的平均待遇政策，1985 年以后，大梨树村的经济开始明显好转，集体经济得到充分发展；1989 年，大梨树村开展了荒山治理工程，共治理荒山 20 多座，修建了万亩梯田，种植了万亩果园；2000 年，大梨树村引进了五味子药材，成为五味子种植标准化基地和供销基地，并建立了满族文化街，形成了旅游线路，真正把大梨树村打造成旅游基地。在过去的几十年里，随着经济和社会的发展，大梨树村发生了重大变化。

图 6-5 大梨树村村貌

经济状况方面，大梨树村以农业、工业、商贸和旅游四大产业为支撑，采取集体经济与个体经济同步发展的形式，积极发展大梨树村集体经济。总体上看，集体经济规模大于个体经济。其中，农业以总资产为 4.1 亿元的万亩果园为代表，工业以金翼钛业为代表，商业以凤泽商城为代表，文化建设以满族村寨文化、采摘路线、红色路线为代表。文化建设产业年收入为 1.36 亿元，利润约 2000 万元，是大梨树村集体经济的重要支撑力量。

大梨树村村民通过发展农、工、商、旅四大产业，有效解决了就业问题。2022 年，大梨树村人均收入为 20300 元，直接参与乡村旅游就业约 1200 人，间接就业 3000 多人。其中，乡村旅游为村民带来的收入约占人均收入的 60%。大梨树村周边的村民通过大梨树村乡村旅游实现了部分就业，同时积极地参与大梨树村组织的活动。

二、历史沿革与文化建设历程

大梨树村的发展分为三个阶段：第一个阶段为改革开放前；第二个阶段为改革开放至 2010 年，为发展阶段，创造了"干"字文化；第三个阶段为 2010年至今，为提高阶段，发展了"干"字精神。

第一个阶段，大梨树村是一个土地贫瘠、山林贫瘠、生态脆弱、经济不发达、人均年收入不足百元的贫困山村，此时为集体经济。

第二个阶段，大梨树村原党委书记毛丰美响应国家改革开放政策，干起了村办企业，带领村民卖土豆、卖小米，集体经济不断发展壮大，为大梨树村的发展奠定了基石。大梨树村用工商业创造的财富反哺农业，改造荒山种植果树，建成了我国最大的集体果园、五味子药材园。同时依托优美的环境，大力发展满族文化旅游业，促进一、二、三产业融合，并在旅游业上精耕细作，为旅游业注入"干"字文化内核。大梨树村集中资源提升主导产业的竞争力，延长产业链，提升价值链，带动村民增收致富，为乡村振兴夯实产业基础。针对当时山地荒芜、蚕场沙化、水土流失、生态恶化的实际，大梨树村广泛发动群众，坚持"小突击、大会战、专业队伍常年干"的原则，累计出工10多万人次，动用土石方170多万立方米，靠手刨肩挑，硬是搬掉了20多座山头。在此过程中，开发荒山修建了1.6万亩水平梯田，栽植了桃树、梨树、苹果树等果树百万株，退蚕植栗1万多亩，建成了万亩果园。同时，持续开展小流域治理，整修河流14千米，治理沟壑百余条，建设了水库、塘坝，扩大了水域，年蓄水量达到40多万立方米，被授予"全国水土保持生态环境建设先进单位"荣誉称号。

第三个阶段，大梨树村发展"干"字精神，扎实推进乡村全面振兴。2012年，毛正新书记接过"当家人"的接力棒，扛起"干"字大旗，开启了大梨树村二次创业，扎实推进乡村产业、文化、人才、生态和组织振兴，推动一、二、三产业融合，促进发展提质增效。大梨树村以集体经济为主，从最初的主要发展工业和农业，到现在的农工商旅一体，三大产业齐头并进，村寨产业发展能力不断增强。大梨树村坚持以人为本、发展为先的管理思想，以振兴全村生态、全面协调发展为宗旨，积极开展四项生态建设项目。一是开展"生态化"项目，根据当地实际，进行种植结构的优化，创建全国五味子标准化种植示范基地，并通过"中国优质农产品"和"欧洲GAP"的认定，实现五味子规范化种植。二是深入推进文化和旅游的深度融合，打造出大梨树村独有的"干"字文化，并与大梨树村生态文化深度融合，提升生态文化附加值。依托大梨树村独特的地理优势和气候优势，打造集民族文化、农业体验、休闲娱乐等为一体的综合性旅游区。三是环境整治，大梨树村坚决关闭了4个已开工建设的污染企业，对老矿区和老厂区进行植被修复，并对生活污水和生活垃圾处理设施进行了改造。四是乡村绿化，实施植树造林，兴建了2万多平方米草地，栽种了5万多株风景树木，公路两边的荒山野岭绿地率达90%，山坡上的绿地率达98%，林地的绿地率达80%。大梨树村被授予"中国最美乡村"称号，在中国名村影响评选中"绿色指数"排名第七。

经过不断发展，大梨树村社会总产值和人均收入不断提高。2023 年，全村社会总产值达 16 亿元，集体资产总额突破 6 亿元，村民人均收入达到 2.5 万元。大梨树获得了"全国休闲农业与乡村旅游示范点""国家 4A 级旅游区"等称号。在大梨树村，文化建设已成为最有生命力的"绿色植物"。

三、大梨树村文化建设发展对乡村振兴的贡献

文化建设是一个民族凝聚力、创造力的重要表现。大梨树村是全国知名的具有满族特色的村落，文化建设在大梨树村受到重视，并已成为社区建设的主要内容之一。在大梨树村，开展文艺活动已成为一项传统，也是一项极具特色的工作。大梨树村是一个少数民族聚居的村落，满族人口占总人口的 81.1%。大梨树村于 2014 年荣获"中国少数民族特色村寨"称号。大梨树村每年都会举办一次以少数民族为主题的活动，以促进不同民族之间的文化交流。大梨树村民风淳朴，有一条民俗街，有时会举办七庄节。大梨树村还举办了一系列的文化和体育活动，如收获节、冰雪节、采摘节、旗袍秀等。

（一）产业兴旺

产业振兴是乡村振兴的基础。经过多年的发展，大梨树村乡村旅游逐步发展为以七彩田园为代表的低碳游、以万亩果园为代表的采摘游、以药王谷为代表的养生游、以满族民俗为代表的文化游、以影视城为代表的体验游和以"干"字文化为代表的励志游。同时依托大梨树村定向运动特色体育小镇和特有的山地户外场地，让专业赛事和趣味比赛在大梨树村常态化落地。大梨树村以"旅游+"的模式，形成了文旅融合发展的良好局面。其产业发展具有如下特点。

第一，观光度假内容丰富。每年春季，大梨树村景区进入赏花的黄金季节，万亩梨花竞相开放，色彩缤纷，吸引游人纷纷驻足；进入夏季，龙潭荷花盛放，夜间"印象大梨树"文艺演出如火如荼，大梨树村俨然成为丹东市民消夏纳凉的"城市后花园"；步入秋季，花果山上的各色水果扮靓山村，游客尽享采摘的乐趣；进入冬游时节，戏冰雪、赶大集、品民俗、过大年，大梨树村为游客提供了冬季运动、摄影、观赏的游玩空间。

第二，农事体验深受欢迎。以万亩果园采摘为核心，延伸到果树认养、庄稼地里扒玉米、影视城内晒粮食、石磨磨米等农事体验活动，吸引了众多高校

来此开展校外活动，并把大梨树村确定为社会实践基地。

第三，产品开发特点鲜明。在乡村旅游的不断发展和完善中，大梨树村依托万亩果园，科学规划，整合资源，建设生态农业旅游区。将山上果园取名为"花果山"，几座水库被命名为"瑶池""龟山东湖""龙母湖""双龙湖"等，形成了山水相连的自然景观。同时，建设了药王谷、养生坛、18公里绿色长廊、生态采摘园等；创建了影视城，拍摄了《女人一辈子》等10多部电视剧，打造出以生态经济型、生态景观型和生态园林型为特色的乡村旅游新优势。

第四，大梨树村依托万亩果园和七彩田园等自然资源，推出了以采摘观光为主要内容的休闲体验旅；在契合"干"字文化宣传的基础上，丰富了以"学习毛丰美实干促振兴"为主题的体验式教学；以省级爱国主义教育基地为平台，开发出包含亲子活动、科普教育在内的研学产品。文创产品层出不穷，以"干"字文化衫、"干"字徽章、药王谷《养生经》、《大梨树的传说》小人书、毛丰美系列图书及毛丰美主题邮票为代表的"干"字文化产品等深受游客青睐。

第五，"干"字文化成为亮点，大梨树村紧紧围绕"干"字文化进行深入挖掘，突出体现系列化，使其载体得以丰富和健全。电影《毛丰美》、话剧《干字碑》、歌曲《你的故事》及系列图书、报刊，在景区的多处景点予以播放和展示，生动再现了"干"字精神引领下的大梨树人的创业历程，给往来游客留下了深刻印象。

2020—2023年，大梨树村乡村旅游年平均接待量为50.5万人次，年旅游综合收入平均为6310万元，各项指标总体保持稳定上升。村党委被中共中央授予"全国先进基层党组织"，村和旅游区被授予"全国首批农业旅游示范点""全国旅游系统先进集体""国家特色景观旅游名村""中国乡村旅游模范村""全国休闲农业与乡村旅游示范点"等荣誉称号。旅游区青年点、庄稼院酒店被评为"全国巾帼示范农家乐"。

（二）生态宜居

建设生态宜居美丽家园是实现乡村振兴的内在要求。大梨树村的发展历程是"绿水青山就是金山银山"理念的生动实践。大梨树村坚持正确的生态观、发展观，顺应自然、敬畏自然、保护自然，经过多年不间断的努力，曾经的大梨树光头山变成了今天的绿色风景园和花果山，取得了良好生态效益的同时，也取得了较好的经济效益和社会效益。大梨树村积极推动农村人居环境整治，极大改善了村民的生产生活条件。在保护生态的前提下开展乡村建设，用良好的生态环境提升建设质量，推行绿色规划、绿色建设、绿色设计，实现了乡村建设与生态环境的有机融合，不断增强村民的幸福感、获得感和安全感。

为建设宜居宜业的美丽乡村，大梨树村在自然环境和人文环境方面加大资金投入。近年来，积极践行"绿水青山就是金山银山"理念，实施修山治水工程，开展山、水、林、田、路综合治理。推进生态建设，坚持生态投入，强化山间道路管护和修复，对大梨树村的中心河进行定期清理，实施两岸护坡文化品味改造工程，改善了大梨树村的基础设施环境。全村卫生厕所覆盖率超过95%。大梨树村建立了园林绿化、卫生保洁、物业服务管理机制，成立了专业卫生队，配置了洒水车、垃圾清运车、垃圾箱，做到街道有专人清扫，并实施了污水治理工程和垃圾分类收集工程。同时，为巩固生态成果，通过村规民约强化了对山林树木的管理，通过集中供暖和改变能源结构，极大地降低薪材用量。大梨树村森林覆盖率为85%，宜林荒山绿化率为93%，地表水各项指标年均值达到Ⅲ类水质标准，环境空气优良天数比例为96%。大梨树村荣获了"中国绿色村庄""国家森林乡村""中国最美休闲乡村"等称号。

环境建设的终极目标是达到人与自然和谐共生，这是居民文明素质的体现，也是乡村文化建设的重要内容。大梨树村的总体环境建设以绿化、美化和自觉为主要内容。通过"乡村绿化""安居乐业"工程，大梨树村已实现了大街小巷的绿化覆盖，庭院内的绿地面积达1.5万多平方米。大梨树村的卫生工作也纳入城市公用事业，环境卫生人员得到了国家补助。大梨树村还开展了"最美大院"的评选活动，通过每户人家绿化意识的增强，折射出大梨树人对生态文明的自觉。

大梨树村实行了"规划、设计、建设、管理"的统一模式，共为500多家农户建造了6万多平方米的满族特色农房。这些农房沿河而建，古宅林立，尽显"青砖灰瓦，柳树岸边"的水乡风情。

（三）乡风文明

大梨树村弘扬"干"字精神，形成乡风文明新风尚。该村大力弘扬社会主义核心价值观，传承"干"字精神，坚守舆论阵地、文化阵地和精神文明阵地，不断提高村民的思想道德素质和科学文化素质。完善村内规章制度，建立较为完善、切实可行的村规民约，村党员、干部带头执行，充分发挥红白理事会作用，坚决制止大操大办、奢侈浪费、盲目攀比，倡导科学文明的生活理念，弘扬勤劳节俭的优良传统，切实提升精神文明建设水平。开展文化体育活动，充分发挥"干"字广场、综合文化服务中心等文化场所的功能，大力宣传党和国家的政策方针、社会主义核心价值观、先进典型事迹、村规民约，组织开展群众喜闻乐见的文化体育活动，有效提升村民的身心健康水平。

大梨树村在建设过程中，通过创建文明村、创建旅游景区的方式，大力弘扬艰苦奋斗、不屈不挠的奋斗精神，打造一种凝聚人心、引领文明的乡村文化。创建爱国主义教育、大学生社会实践、思想品德教育的基地，大力发展大梨树村的生态文明。村内的文化特征主要有：扎根于西汉武则县遗址、大梨树等地的历史文化；以药王谷为象征的传统医学；重视卫生防护与卫生教育；以"干"为特色的"干"字文化；满族民宅及歌舞演出是民间文化的主要内容；凸显农家乐和火炕等地域文化特征；以果园观光、采摘花果为特色的乡土文化。

大梨树村荣获 2010 年度"国家生态文明村"。为了更好地促进新农村的发展，促进经济、社会科学的全面协调发展，大梨树村已经编制出"十四五"发展的总体计划。总体思路如下：进一步发扬"干"字精神，立足于人民生活，抓住科学发展的主旋律，强化发展模式的转换，充分发挥现有的资源和区位优势，着力打造"工业强村""旅游名村""水果基地""宜居之地"，不断提高集体经济实力，提高人民生活水平，提高生态环境质量。以期到"十四五"末期，全村可支配财力达到 1.5 亿元，农民年人均纯收入达到 10 万元。这将使大梨树村变成一个繁荣文明和谐的幸福家园。

（四）乡村治理

在乡村治理方面，强化党组织建设，构筑乡村治理的保证。大梨树村从往日的落后贫困村发展成为现代的美丽乡村，党组织建设是根本保证。加强制度建设，村党委不断建立健全党委议事规则、党建工作机制和党建工作责任制等多项工作制度，把支部建设得更加坚强有力且管理运行透明、公开决策和议事科学民主。一是加强组织建设。大梨树村围绕产业发展设置了农业产业党支部、文化产业党支部、生态观光党支部等，把党的工作做到了地头、炕头。二是加强作风建设。实现对全村党员的"星级管理"，达到了党员"身份亮出来、作用显出来、党性强起来、形象树起来"的目的。大梨树村党委充分发挥党组织战斗堡垒作用，带领村民走上共同富裕的道路。

全面改造风俗习惯一直是大梨树村乡村治理的重要内容，是加强精神文明建设的重要组成部分。大梨树村全面深化风俗传统改造，坚持"弃旧兴新"的重点内容，通过村规民约的制度形式对大梨树村村民进行约束。村规明确规定禁止大规模经营，以及严禁出现大规模经营的趋势。通过制定村规，改变了大梨树村以往大规模经营的趋势。在过去，无论是搬迁、进入大学、庆祝生日及其他活动，都需要随礼，不遵守村里规章制度的趋势很普遍。然而，由于村规的约束，目前大梨树村有效地遏制了一些不良风气的趋势，村民之间的邻里关系不断得到促进。同时，以制度为基础，建立大梨树村的制度体系，实现按规治村。对于不遵守规则的人，会有不同的处罚。例如，村规第一条禁止铺张浪费，违反这一规定的村民将被取消三年的家庭福利。2004 年，大梨树村的一户人家因为孩子考上大学，进行了大操大办，结果根据村规受到了处罚。通过制定村规，大梨树村的违法活动不断减少，村民的法律道德素质也有了明显提高，村民之间的矛盾纠纷相对减少。

在乡村治理方面，大梨树村创新激励机制，大力引进相关行业高层次人才。坚持引进与培育相结合，打造高素质乡村人才队伍。有针对性地引进具有现代管理意识的职业经理人，以适应产业发展的需要。与丹东农业科学院等科研院校及沈阳农业大学、辽东学院等院校达成共建协议，将技术专利、科研成果等资源要素量化为股权，加速引进专业人才。依托培训基地平台，大力培养各类农业农村人才。大梨树村于 2016 年被中组部、农业部确定为"农村实用人才培训基地"，截至 2021 年底，已经举办 46 期培训班，培训农村实用人才带头人 4600 人。近年来，基地充分发挥吸引人才、培育人才、集聚人才的作用，转型为促进农村人才振兴的综合服务平台。建立创业孵化基地，提供低租金、免租金的创业优惠政策，吸引各界人才到大梨树村创业创新。目前，已经带动了一批农业经营者和农产品电商主播的发展，也吸引了一批艺术院校学生开展"美丽乡村"文化墙绘实践活动。

（五）典型案例

1. 大梨树满族民俗馆

大梨树满族民俗馆创始人为美术学院毕业的返乡创业青年。大梨树满族民俗馆位于民俗文化街，总投资 330 万元，建筑面积 750 平方米，于 2012 年建成开馆。满族民俗馆有展示中心、培训中心、销售中心、体验馆、交流中心等功能区域，展示了满族剪纸、刺绣、泥雕、叶雕（见图 6-6）、满族传统食品等文化产品，在丹东市、凤城市等地开设了 3 家实体店、1 家网店，产品远销国内 20 多个省份，并出口韩国、日本等。满族民俗馆通过"公司+高校+村寨+满族手工艺人+网店"的运行模式，与鲁迅美术学院、辽东学院等高校合作共创，研发出满族剪纸、服饰、农产品、文创艺术品四大类 70 余种及 230 多件作品。依托产品研发和销售平台，满族民俗馆在大梨树村、凤城市内、边门村等地建立了满族刺绣、剪纸、木雕等加工作坊站点，并组织相关的手工艺人加入公司并定期请高校教师进行培训，相关的手工艺人通过作品每月能增加收入 3000~6000 元。通过这种模式，大梨树村实现了村寨文化产业发展、文化传承、村民增收的"三赢"目的。

图 6-6　满族叶雕作品

满族民俗馆在大梨树村的落地生根，使资本、文化、劳动力、市场等生产要素在此地重聚，公司、村寨、村民的有机互动，使分散的满族民俗手工艺人个体与市场实现了有机对接，在促进村寨文化产业发展等方面做出了有益尝试。同时，满族民俗手工艺这一传统文化也重新焕发活力，有助于满族文化活态性保护与传承。

2. 张家大院

张家大院是大梨树村一名村民在自家房屋开办的民宿，占地 6.3 亩，前后共投资 1200 余万元，可同时容纳 320 人就餐、120 余人住宿。该民宿从建筑风格到食宿特色，较为全面地体现了地域文化，从多方面满足了游客的需要，综合带动效应明显。张家大院庭院面积较大，有采摘果园、娱乐亲子、文化体验等多个功能区，游客可以体验摊煎饼、采野菜、做酸汤子等活动。大院推出的苞米面饼子、苏叶饽饽、酸汤子、糖三角、粉饺等满族食品，构成了满族特色饮食文化，该村民认为，"旅游的本质，就是体验不同文化"①。近几年，他不断加大投入，收集满族旧式家具、餐具、生活用品及各类民俗文化纪念品，在民宿内部的装修装饰上尽力体现满族传统风格。在民宿的接待大厅里，专门设置了大书架，备有满族和大梨树村的民族风俗、历史文化、小说诗歌等各类图书，游客可以自由阅读，他希望游客从多个层面了解满族的历史文化。在民宿的建设方面，张家大院体现了农旅融合和文旅融合，并不断在保留和创新满族文化方面加大投入。这种新的文化经营理念，也体现了村寨居民将满族的一些优秀传统文化作为文化标志，表现出对满族文化的高度认同，同时向游客传递本民族的人文趋向、文化习俗和精神价值。

四、大梨树村文化建设发展存在的问题

（一）行政与资本过度介入

我国乡村文化建设主要经历了村民自发兴起、政府干预、"政府+资本"领导的三个阶段，政府和资本（公司）参与乡村旅游，既有利于村寨文化建设的规模和效率，也有利于增加村民的收入。这也是为什么我国的文化建设能够得到普遍推行的一个主要因素。但是，政府、资金等对乡村文化的过分或不恰当介入，会造成乡村文化发展的独立性缺失，并使大量村民丧失对乡村文化发展的积极性，从而带来新的经营和社会问题。

大梨树村的旅游业最初是自发形成的，村民通过旅游协会进行自我管理。1998年，政府介入乡村旅游的发展，成立了管理委员会和满族乡村旅游开发公司，负责景区的日常经营管理，控制门票收入和支出。随后，政府积极引进外资企业，与外资企业成立股份公司，通过资源收购的方式参与村寨的文化建设。虽然村民也持有旅游公司的股份，并有权在公司经营中享有相应的权利，但是由于持股比例较低，其权益处于最为弱势的地位。村民对此颇有微词。一名村民对著者说："发展旅游业，不能由村民决定，而应由政府决定。"② 一名民宿经营者说："说实话，旅游的发展就是政府要做什么。"③ 可见村民作为村寨文化建设的主体，无法通过自身权利的行使来有效影响大梨树满族特色村寨

---

① 2021年8月23日，对大梨树村民宿经营者的访谈。地点：大梨树村民宿。
② 2021年8月24日，对大梨树村民的访谈。地点：大梨树村文化街。
③ 2021年8月24日，对大梨树村民宿经营者的访谈。地点：大梨树村民宿。

旅游的发展。

随着文化建设的发展和人们收入的增加，行政和资本干预的强度也在增加。从大梨树村文化建设的过程和现状不难发现，从最初的村民自主接待，到后来政府以行政权力介入景区管理，再到后来，随着外资进入，更多的利益相关者加入进来，使村民的权利进一步被分割。目前，大梨树村旅游市场已经形成了由县委、文体旅游局、村委会共同管理的格局。大梨树村一名干部告诉著者："目前我们正在整顿文化建设市场，不规范摊位的现象还是比较明显的，这对大梨树村的形象建设影响很大。"①

（二）村民在文化建设中的权利弱化

国家行政权在乡村社会中的嵌入，给乡村社会秩序带来了许多消极的影响。村规民约的缺失，制约了村集体的活力与创造力，影响了村民对村集体事务的参与度。大梨树村村委会在文化建设中的行政性有所增强，同时承担了许多村寨和上级部门的任务，但村委会在文化建设中难以发出自己的声音。大梨树村村干部告诉著者："现在是县、乡、村、公司共管，县上有个文旅公司（吉祥文化旅游公司），它们管，我们村两委会共同参与，镇上管大的方向。我们村上就管细节，班子成员都有安排的工作。"②

过度的行政干预影响了旅游组织和村级精英参与旅游业的积极性，限制了其自身的活力和创造力。这名村干部介绍："旅游协会在旅游业发展初期就开始工作，对重大事件的组织、安排和管理起到了很好的作用。后来，随着政府和企业的介入，协会并没有发挥多大的作用。同样，村民参与乡村旅游事务的积极性也会受到影响。"③一名村民告诉著者："这里的管理主体是公司和政府，人们参与的积极性不强……"④ 因此，行业自治组织的作用弱化，居民参与村务的积极性不高。这使村民难以有效地组织起来，大大降低了村里的民主决策成效。在一些涉及乡村文化建设的问题上，村民的声音听起来比较虚弱。同时，伴随着文化建设的发展，在文化建设初期所产生的一批精英人物的影响力在不断扩大，这样在决策村寨事务时很难形成统一的意见。

---

①②③ 2021 年 8 月 25 日，对大梨树村村干部的访谈。地点：大梨树村村委会。
④ 2021 年 8 月 26 日，对大梨树村村民的访谈。地点：大梨树村文化街。

（三）基础设施建设不完善

良好的基础设施不仅可以成为乡村旅游产业可持续发展的基础和保障，还可以成为推动乡村文化产业可持续发展的动力。

目前，大梨树村基础设施建设存在的问题主要有以下几个方面。大梨树村文化基础设施建设经过近 20 年的努力，取得了显著的成绩，但是还存在一些不足之处，主要表现在环境基础设施、公共服务设施等方面。随着旅游人数的增加，对乡村生活污水处理、垃圾处理能力的要求也越来越高。目前，大梨树村已建成了污水处理厂、化粪池等生活污水处理设施。城市生活垃圾采取"村收集、乡转运、县处置"的三级处理方式，但在旅游旺季处理能力不足。一名大梨树村村委会工作人员对著者说："游客多时，维护环境卫生的压力就大了。"① 可见，游客质量及居民个人环境保护意识有待提高。垃圾处理能力不强、村民环保意识不强、污水直排等，造成了乡村环境及周边水域的污染。他还对著者说："一些地方过去没有进行污水处理，直接把污水排放到河里。这些都应当加以处理。老村寨的下水道系统也要改造一下，以前都是直接排入地下管网，现在排水能力不足，改造起来比较麻烦。"② 此外，零售摊点建设不完善、村民随意占道的现象较为突出，不仅影响了乡村旅游管理秩序，更是造成了乡村环境污染。

从社会公益事业来看，水利基础设施薄弱，对乡村地区的旅游业发展造成不利的影响。一名民宿经营者对著者说："我们应当将水管埋设在地面之下。如今，他们都被安置到了河流中，但这些河流往往会被冲刷并受到破坏。再这样发展下去，一个美丽的旅游景点就会毁于一旦，这是一个值得关注的问题。"③ 该村一名餐馆老板也为村子里的水和电问题苦恼不已，她说："对于景点来说，用水和用电是最基础的，不能在任何时间任何地点出现这样的问题。"④

---

① ② 2021 年 8 月 27 日，对大梨树村村委会工作人员的访谈。地点：大梨树村村委会。
③ 2021 年 8 月 27 日，对大梨树村民宿经营者的访谈。地点：大梨树村民宿。
④ 2021 年 8 月 27 日，对大梨树村餐馆老板的访谈。地点：大梨树村民宿。

第三节 赫图阿拉村文化建设发展及其对乡村振兴的贡献

一、赫图阿拉村概况

赫图阿拉村位于辽宁省抚顺市新宾县，是一个满族聚集的小山村。过去，这里的村民靠农业为生。该村位于长白山系边缘，龙岗山南脉，地理位置优越，紧邻202国道，交通便利。村寨周围环绕着国家4A级景区赫图阿拉城，旅游资源丰富。这里的森林覆盖率达到了73%。空气清新，气候宜人，绿树成荫，山清水秀，而且有着深厚的满族历史文化底蕴。近年来，这里依托青山绿水，大力发展满族特色文化旅游产业，带动农业产业升级，帮助农民增收致富。

赫图阿拉村是努尔哈赤出生和建立后金政权的地方，是中国历史上仅存的一处山地都城，也是后金政权的政治、经济、军事、文化、外交等方面的早期中心地区，是女真地区最为完整的山地城市，被认为是清朝的诞生地和满族崛起的摇篮，在研究前清历史、艺术、社会、文化、经济等方面具有不可替代的价值。赫图阿拉村是清代山海关外三都之首，被视为大清王朝的龙兴之地。由于清太祖努尔哈赤生于此，故久负盛名，赫图阿拉村是满族文化的缩影和传承之地，被誉为"中国满族第一村"。

近年来，赫图阿拉村秉承绿色发展理念，充分挖掘厚重的历史文化和满族民俗文化。依托世界物质文化遗产清永陵和国家4A级旅游景区赫图阿拉城在村内的优势，大力发展满族特色文旅产业，逐步将小山村打造成"中华满族第一村""中国美丽休闲乡村""中国传统村寨""中国乡村旅游模范村"，带动农业产业升级，助推群众增收致富，努力把"农业强、乡村美、农民富"的蓝图逐步变为现实。赫图阿拉村建筑如图6-7所示。

图 6-7　赫图阿拉村建筑

二、历史沿革与文化建设历程

赫图阿拉村有着悠久的文化历史，鲜明的满族文化特色，拥有世界文化遗产——清永陵。这里被称为"满族故里""清王朝发祥地"，继承和保存了满族特色浓厚的非物质文化遗产，如满族传统音乐、舞蹈、服饰、手工艺品、文学作品、婚礼仪式、民族美食、民族体育比赛等民俗。赫图阿拉村的建设与发展主要分为两个阶段。

第一个阶段为 2013 年以前。赫图阿拉村的主要产业为农业。农业发展仍停留在传统的家庭式耕作方式，主要包括种植水稻和玉米，村落共有 4000 亩左右的耕地，人均 1.5 亩，耕地质量较好、距离水源近的种植水稻，每亩水稻年收入为 1200 元左右、玉米为 650 元左右，具体收益与当年的市场定位和收成有关，经济效益并不乐观。工业发展主要依靠手工业和农副产品加工业，能够带动村落经济发展，但是规模和影响力有待进一步扩大。另外，大部分家庭年轻劳动力常年外出打工带来的收益，主要是做建筑工人、餐厅服务员等基础型劳动力带来的收入。

第二个阶段为 2013 年至今。随着满族文化建设的发展，赫图阿拉村知名度也越来越高。赫图阿拉村全面建成以文化旅游为主的满族特色村寨，以文化带动旅游，以文化带动经济。第一产业形成了以人参、鹿茸等中药为主的特色农业，第二产业以中药材、手工艺品、矿泉水加工为主，以餐饮和旅游为核心的第三产业经济实现了经济社会协调、健康、快速发展。赫图阿拉村聚焦满族文化和自然资源，结合独特的民俗文化、生态文化等，不断推进文化建设，成功策划举办了满族冬捕年货节、满族农庄过新年、皇家庙会、旗袍文化节等活动。

赫图阿拉村结合自身自然资源和满族文化资源管理，举办各种节庆活动，如摘果节、玩冰文化节等，进一步丰富了旅游的文化内涵。赫图阿拉村已呈现出人与自然和谐共生、幽静的山水园林、优美的建设风貌、产业融合发展的魅力村寨。

三、赫图阿拉村文化建设发展对乡村振兴的贡献

（一）产业兴旺

赫图阿拉村村委会制定了以满族民俗文化为核心、开发满族特色旅游产品的乡村旅游规划，因地制宜地打造"龙头企业+农户联动"的创新模式，注资设立了民俗旅游产业发展有限公司，带动一、二、三产业融合发展，让第一产业围绕旅游提升、第二产业支撑旅游做强、第三产业融合旅游延展。一名村委会工作人员说："文化的发展既需要创新与传承相结合，又需要彰显时代特色，关键在于要符合市场需求，获得人们的青睐，并与相关产业紧密融合。"①

文化产业链本土化是指尽可能利用当地的原材料和人力资源，满足游客在食、住、行、游、购、娱等方面的需求。将文化产业作为主导力量，对相关产业进行优化配置，使产品在当地生产、销售，形成完整的产业链，让当地村民参与度最大化，进而使当地旅游收入最大化。赫图阿拉村发展文化建设，实现了果品生产、销售和消费的集聚，形成了果品产业链的本地化。一名村民说："现在游客到我们这里度假，不光在这吃、住，还自己到地里摘水果，最后车子里还要装些带走，地里的蔬菜、水果有相当一部分在村上就消化了。"② 同时，该村以旅游文化为媒介，带动了果蔬产业发展，使其成为一种特色文化产品。

大力开展文化建设，使赫图阿拉村土地流转速度加快。传统的单田耕作已经变成观光农场，现已建成御果种植专业合作社、启运湖生态园、黑木耳种植基地、稻米深加工等多个产业。一千多亩的药园，产量一年比一年高，效益非常可观。中国满族民俗公园、满族历史馆、旗袍馆、人参馆、清朝历史馆、满族民俗馆都已落成。中国满族风情园是迄今为止我国仅有的以满族为主题，全

① 2022年7月27日，对赫图阿拉村村委会工作人员的访谈。地点：赫图阿拉村村委会。

② 2022年7月27日，对赫图阿拉村村民的访谈。地点：赫图阿拉民宿。

面展现其发展历程的旅游景区。从历史文献、文物陈列、民俗文化讲解和亲身感受方面，参观者能全面感受满族的历史变迁、民间习俗及民间文化。赫图阿拉村的民宿，以清代四大功臣家族的四合院为原型，打造功臣府邸特色民宿，将满族特色庭院、满族火炕、满族四大怪等民俗元素与满族建筑紧密融合，"一户一品一特色"的精品民宿使众多游人实现了从"一日游"到"两天一夜游"的升级，形成了鲜明的满族特色。

赫图阿拉村有丰富的满族民俗文化，推出了丰富多彩的民族特色文化活动。满族冬捕节、满族农庄过新年等活动已成为辽宁省旅游的品牌节庆，各类节庆活动让非遗文化活态传承，重新焕发了生机活力，形成了鲜活可感的独特文化记忆，实现了旅游业和有关行业的收益逾千万元。满族特有的非物质文化遗产在各种形式的节庆中得到了充分的继承和发展，并在民间创造出了独一无二的、具有鲜明个性的文化回忆。赫图阿拉村"满族民间秧歌""满族剪纸""满族刺绣""八碟八碗"等非物质文化及衍生产品，在旅游市场上日益受到欢迎。作为旗袍的故乡，赫图阿拉村大力发展旗袍产业，吸引海内外游客来此参观学习。同时，保留了传统的满族旗袍作坊，利用网络途径来销售满族旗袍，以此来传播满族文化。

赫图阿拉村满族剪纸流传了 200 多年，其内容与满族萨满文化、满族民俗节庆相结合，富有地域特征，带有明显的民族性。满族剪纸造型简单，线条粗硬，红色和白色的反差很大，整体造型光彩夺目，具有很高的普适性。剪纸手法朴实，画面流畅而又不失灵动，粗中有细，剪纸还配有满族文字。一幅图片与文字相结合的作品，是赫图阿拉村满族剪纸艺术中最具特色的作品。新宾满族剪纸艺术已经被列为世界非物质文化遗产名录。一名村民说："在我们村子里，差不多每家每户都能做剪纸。"① 赫图阿拉村的经济一直在稳步发展，村民的收入也有了很大的提高，超过 30% 的村民都吃上了"旅游饭"。一些村民参加了村中的秧歌表演，还有一些村民在村中参加了满族文化队。每逢周末或节假日，村民都会参加一些民俗表演。

（二）生态宜居

文化建设为城乡资源整合提供了最好的平台。城市需求可以同乡村生态和文化资源实现资源和产业的有机结合。赫图阿拉村在开发旅游文化前，是一个

---

① 2022 年 7 月 27 日，对赫图阿拉村村民的访谈。地点：赫图阿拉村民宿。

以农业区为主的满族特色村寨,它具有较好的农业基础,是抚顺市主要的蔬菜供应基地。开发旅游文化后,赫图阿拉村依托良好的农业基础,把农业和文化结合起来,吸引城镇居民消费,使传统的以耕作为主的农庄转变成一种新型的文化农庄,开发了生态观光、休闲度假型的旅游文化项目。通过对赫图阿拉村的旅游介入,把赫图阿拉村的土地、农业和住房等资源进行整合,使其成为旅游者的休闲活动场所。同时,赫图阿拉村因旅游文化开发而使其原有的农业职能发生了变化,由单一的水果产业向具有休闲性和娱乐性的方向发展。

良好的文化环境和更多的发展机会促使在外工作数十年的年轻人回村创业。以前,一个四口之家在忙工作时,要聚在一起很难。现在他们在家门口做生意,共同过上了富裕的生活。该村一名民宿经营者经营着一家农家乐,他说:"我们需要保护这些绿水青山,努力建设我们自己的美丽乡村。将排水全部通好、路灯全部安装好、柏油路面全部铺好、旱厕全部换成水厕、Wi-Fi 信号全部覆盖……"① 赫图阿拉村把乡村文化和美丽乡村结合在一起,在 2016 年率先进行了"垃圾分类,垃圾资源化"。经过多年的努力,赫图阿拉村的人居环境得到了极大改善,生活垃圾分拣工作也顺利进行,村民爱家、讲究卫生的环境保护意识得到了培养。

(三)乡风文明

通过乡风文明项目的开展,赫图阿拉村的社会治安变好了、村容村貌改善了、村民的思想观念也发生了变化,人们心里想的是怎样发家致富。一名村委会工作人员说道:"满族是一个十分注重礼节的民族,晚辈每日早晚要向父、祖问安,途中遇长辈要让路,吃饭时长辈要先坐先吃。满族重感情、讲信义,对宾朋真诚相待,有客人必设宴招待,所允诺之事必全力去做。"② 这些传统美德在赫图阿拉村一直延续至今,不但促进了邻里和谐,更营造了浓厚的融洽氛围。

赫图阿拉村已成为市级文明村,有七星级以上的文明户 234 户、和谐创建中心户 205 户。全村的《村民环境整治规划》已经在有关专家的帮助下完成,2023 年,赫图阿拉村入围联合国"最佳旅游乡村"候选名单。

满族是一个能歌善舞的民族。每年一月,赫图阿拉村的村民都会组织秧歌节来娱乐自己。赫图阿拉村的满族秧歌,俗称鞑靼秧歌,是满族农民在劳动和

---

① 2022 年 7 月 28 日,对赫图阿拉村民宿经营者的访谈。地点:赫图阿拉村民宿。
② 2022 年 7 月 27 日,对赫图阿拉村村委会工作人员的访谈。地点:赫图阿拉村村委会。

生活中产生的，它是在吸收了汉族及其他民族的舞蹈后，逐步形成并发展起来的。满族秧歌它具有火热、雄浑、粗犷、温暖、大胆的表现特点。发展传统文化为村寨增添了无限的活力，同时团结了村民，培育了乡风文明。

（四）乡村治理

新时代乡村振兴需要确立有效的乡村治理体系，其核心是激活乡村内生自治，培育内生治理主体，构建乡村治理体系，建立符合乡村内在发展逻辑、有利于乡村集体治理的制度，实现内源式发展。

1. 发挥基层党员的模范作用

基层党员的本土化特征使其更倾向于代表村庄整体的利益。赫图阿拉村的村委会成员凭借在文化、经济和社会资本等领域的优势，在治理赫图阿拉村的过程中发挥了三项主要作用。第一，他们扮演了"文化能人"的角色，积极挖掘和弘扬村寨文化，并对村寨内存在的各种意识形态保持敏锐的洞察力，从而有效地引导公共舆论。第二，在产业发展方面，他们利用自身的经济资本优势，率先尝试产品开发和升级转型，同时发挥了行动动员和示范效应。第三，他们利用自身良好的社会关系和社会信誉，在道德引导和矛盾调解等方面发挥了积极作用。赫图阿拉村的村委会在治理工作中也获得了村民的广泛认可。

其中一名村民表示："本村已经实施了多项工程，实现了供水、供电、道路的全面覆盖。去年，我们重新启动了4A级景区的建设项目，投入了大量的人力、物力。"[1] 一名村委会工作人员指出："在我们致力于打造新的旅游风格时，民众对于拆除旧有房屋感到不舍。然而，党员干部率先垂范，积极参与改造工作，赢得了村民的信任与支持。"[2]

2. 乡村自治与产业自治的有机结合

在开放初期，随着一些村民从赫图阿拉村文化旅游产业中获利，逐渐出现了生态环境破坏、恶性竞争、私搭乱建等问题。这些问题造成赫图阿拉村形象受损，进而引发村民内部矛盾。为了遏制恶性竞争，村里成立了"赫图阿拉村乡村文化建设联盟"。

联盟规章是通过民主决议制定的。作为地方性自治组织，联盟开展的活动主要有：对客商接待设施进行评估、改造，发掘特色满族文化，维护村寨卫生

---

① 2022年7月27日，对赫图阿拉村村民的访谈。地点：赫图阿拉村村委会。
② 2022年7月27日，对赫图阿拉村村委会工作人员的访谈。地点：赫图阿拉村村委会。

与环境，洽谈对外合作、建微信群开会及定期商讨村寨文化建设等。

赫图阿拉村自治组织的产生及其治理体系的优化，对乡村文化建设过程中的长远效益作出了贡献。以自愿参与和组织为基础，最终建立起一种具有相当高层次的乡村旅游管理制度性或合作性组织形态，以解决自治治理的制度性供给、承诺和监督等问题。

3. **集体经济和村寨治理现代化的尝试**

在发展旅游文化之前，赫图阿拉村是一个典型的农业村寨，村民的主要经济来源是种植瓜果蔬菜及劳动报酬。农村集体经济发展速度较慢，主要是因为农村的财力所限。随着旅游文化的发展，赫图阿拉村党委组建了满族文化合作社，以"村委+公司+农户"的模式让村民入股到合作社中。利用农村集体经济组织，可以实现村民收入的增长。一名村委会工作人员说："村里的公司是独立经营的，属于集体资产，公司法定代表人为村支书，总经理为村长。村集体经济属于村民的集体所有制。在农村集体经济发展的重要问题上，必须由村民做出决策，从而使原本松散的村民借助集体经济再次凝聚在一起，并借助其自身的利益纽带，提高各管理主体的组织动员能力。"[1]

除此之外，村委会还通过承包、租赁、流转等方式，将集体土地、林地等资源进行了有效的利用，持续拓展村集体经济的规模。

作为集体经济的"代言人"，村集体既要对村民的需要做出反应，又要有与外界联系的能力。赫图阿拉村把集体收益用于村庄环境整治、村庄风貌改造、文化氛围的营造、旅游从业人员的培训，为村民提供公共服务，使村民的生存环境得到了改善。发展集体经济还能使乡村与外界进行有效联系，进而推动乡村旅游的发展。另一名村委会工作人员说："我们有资源，有地理环境，有这么多集体土地在内的集体公司平台，还需要找到自己的方式，与有外部资金的企业或个人与平台进行深度合作。文化建设的发展，一方面推动了赫图阿拉村的集体经济发展，另一方面也为村民提供了自治的空间。乡村公共事务发展的资金和平台可以通过经济利益的联系进行重组，组织动员村民增强村寨凝聚力，为村寨治理现代化作出有益的尝试。"[2]

---

[1] 2022 年 7 月 27 日，对赫图阿拉村村委会工作人员的访谈。地点：赫图阿拉村村委会。

[2] 2022 年 7 月 28 日，对赫图阿拉村村委会工作人员的访谈。地点：赫图阿拉村村委会。

（五）典型案例

1. 民宿经营者

赫图阿拉村的一名民宿经营者在发展旅游文化之前主要从事农产品种植，在全村居民中属于中上等收入水平。赫图阿拉村旅游文化发展之后，他利用自家房屋经营民宿，由于房屋地理位置较好、面积较大，因此主要接待旅游团的游客，提供民族特色住宿、餐饮和采摘服务。经过多年经营，他认为要长期发展旅游文化，必须维护经营秩序，不能仅靠政府相关部门的管理，作为经营者，自己更应该重视全村旅游文化的自我管理。于是他提出建立"赫图阿拉村乡村文化建设联盟"，并被民主推选为理事长。除经营乡村客栈，这名经营者还种植了青苹果、有机蔬菜等。他专门开辟一部分果园供游客免费采摘，提高了游客的体验。他认为，发展旅游业要继续发挥蔬菜、水果的种植优势，注重农旅融合。在旅游经营实践中，这名经营者意识到村民自我管理的作用，并通过建立"赫图阿拉村乡村文化建设联盟"的形式付诸实践，也是村自治组织治理的有益尝试。多元化的市场实践既是发挥农业传统产业的优势，也是分担市场风险的路径之一，对于村寨文化建设具有一定的借鉴意义。

2. 赫图阿拉村乡村文化建设联盟

近年来，村寨内恶意竞争、破坏环境、私搭乱建等现象突出。2020 年 7 月，在村委会的引导下，20 余户旅游经营户成立"赫图阿拉村乡村文化建设联盟"（以下简称联盟）。倡导加入联盟的经营者秉持自主自愿、民主推荐议事机构原则，定期商议文化发展相关事宜。联盟成立以来，主要开展了文化建设相关工作：禁止村内各个经营单位恶意竞争；帮助联盟成员升级接待设施及文化氛围，对村寨内的环境卫生、村貌进行整改，爱护村寨环境；联盟还注重赫图阿拉村乡村文化的未来发展趋势，与各地旅游团、政府进行洽谈，开拓文化建设市场。在赫图阿拉村乡村文化发展过程中，联盟与各地政府、企事业单位建立较多联系，同时作为平台对接外部资源。联盟在文化资源、建设项目等方面优先支持联盟成员发展，通过建立利益联结的方式促进其成员规范经营。

四、赫图阿拉村文化建设发展存在的问题

（一）急速推进与稳定性不足

在赫图阿拉村文化建设的早期，有很多旅游者，有些村民依靠旅游业迅速致富。在先行者的带动下，村民积极性高涨，不少村民借钱修房子、盖房子，积极参与文化建设。一名村委会工作人员告诉著者："快速发展后果很严重。很多村民贷款开民宿，最终形成恶性竞争。"[①] 截至 2023 年，赫图阿拉村已经成为辽东地区最具影响力的旅游村之一。如果村民设想的收入预期没有达到，他们与旅游业的"蜜月期"很快就会结束。近几年，赫图阿拉村的旅游业逐渐降温，给从事文化建设的村民带来了很大的压力。

（二）耕地面积的急剧下降与收入期望的失落

文化建设要想取得长足的进步，就必须加大资源的投入力度。对赫图阿拉村村民而言，除了大量的人力、物力投入外，土地资源的投入也十分重要，而这种投入部分是以占用耕地为代价的。赫图阿拉村在 2008 年末拥有 972.62 亩的土地。在 2009 年，因基建而被征收土地 145.4 亩。截至 2023 年底，赫图阿拉村的耕地面积减少到 685 亩，人均耕地面积仅为 0.34 亩。一些农民在生产过程中，会毫不犹豫地侵占耕地、扩建宅院，以增加生产规模；有些农民还将自己的土地"转让"到了其他地方，由企业老板来建造房屋。事实上，一些村民已经没有耕地了。耕地的流失意味着放弃传统的谋生方式。在文化市场不稳定的情况下，家庭的财务风险会增加。一名村民告诉著者："许多村民都在贷款借钱，出售土地来修民宿，这样的发展不见得都是好的。当游客减少、旅游费用难以负担时，生活就会变得很难。"[②]

近年来，受自然灾害等因素影响，赫图阿拉村旅游人数明显减少。与前期的巨额投入相比，目前旅游产生的回报远远落后于村民的预期。

一些村民面临着经营困难问题。经营餐饮业的一名村民向著者透露："资金问题始终是最大的挑战，尤其在客流量减少时，资金周转显得尤为艰难。在

---

① 2022 年 7 月 27 日，对赫图阿拉村村委会工作人员的访谈。地点：赫图阿拉村村委会。
② 2022 年 7 月 27 日，对赫图阿拉村村民的访谈。地点：赫图阿拉村民宿。

雇佣员工方面，今年我们不得不依靠贷款来支付工资。"①

（三）管理失序与恶性竞争

许多村寨的居民为了扩大经营面积，修建了大量彩钢屋顶。这些做法破坏了赫图阿拉村的生态环境和整体风貌，导致该村的民族特色和乡村特色退化。

一名村委会工作人员告诉著者："现在同质化竞争的现象很明显，一些民宿都经营不下去了。我们旅游团价格一天比一天低，因为没有约束，竞争激烈，大家都在讨价还价。"② 拉客和恶意竞争最直接的后果是村民关系的混乱。该村一名民宿经营者告诉著者："一些村民故意将汽车停放在道路中央，造成交通堵塞。有人在我的门口向我的客人兜售商品，抢夺旅行社的生意。随着时间的推移，旅游公司都不愿意组织团队到这里来了。"③

赫图阿拉村文化建设的历史相对较短，在文化建设的早期阶段，并未形成一套完善的管理制度。由于缺少有效的制度规范，公共资源的使用成本在短期内变得难以负担，对公共资源的限制所带来的收益则分散至每名使用者。在乡村文化构建过程中，若每名村民都能主动改进招待设施与装备、加强服务观念、维护周边环境，乡村的魅力将会得到极大的提升，所有村民也将得到更多的福利。但实际上，激烈的竞争让人们得不到优质的服务。这样的印象使赫图阿拉村整体的社会形象受到损害。

第四节　三村文化建设发展及其对乡村振兴贡献的评价与分析

一、整体评价

（一）三个满族特色村寨的发展都强调对满族文化的挖掘和利用

保护和利用满族文化是乡村振兴的重要任务之一，在文化建设过程中，青

---

① 2022 年 7 月 27 日，对赫图阿拉村村民的访谈。地点：赫图阿拉村民宿。
② 2022 年 7 月 27 日，对赫图阿拉村村委会工作人员的访谈。地点：赫图阿拉村民宿。
③ 2022 年 7 月 27 日，对赫图阿拉村民宿经营者的访谈。地点：赫图阿拉村民宿。

山沟村、大梨树村、赫图阿拉村都注重对满族文化的发掘和利用，并取得了一定的成效。满族文化与满族地区的政治、经济、社会、生态建设等各方面都有很好的融合，无论是在建筑景观上还是在公共设施上，都体现出满族的特点。满族的宗教信仰、建筑艺术、民俗节庆、歌舞艺术、手工技艺等，都在这一时期得以流传开来。青山沟村把满族风情的因素与村落建筑相结合，使满族文化和满族民间传说得以多样化地结合起来。大梨树村把满族刺绣、满族文化创意作品、满族美术展览、满族电影电视等与满族文化有机地融合在一起，使当地的传统文化得到了很好的利用，也使当地居民对民族文化有了更深的了解，从而更好地促进了当地居民对民族文化的继承与保护。赫图阿拉村以优越的农业发展条件为依托，通过组织满族文化旅游节，把满族文化中的农业元素融入旅游业中，这是对传统农业的一种传承与发展。

（二）三个满族特色村寨文化建设为乡村振兴奠定了较好基础

满族特色村寨的文化发展给三个村寨带来了多重利益。三个村寨传统的、单一的产业结构发生了变化，包括生态、民俗、休闲、养生、体育、商贸等多种行业在乡村地区开始发展起来，满族特色村寨文化和旅游业不断融合，形成了许多新的业态，如生态旅游、农业旅游、民俗旅游、健康旅游等。产业的发展与融合，拓宽了村民的就业渠道，增加了村民的收入。通过对三个满族特色村寨居民实际就业情况及收入情况的分析，发现三个村寨居民就业渠道较多，兼职现象较为普遍。村民人均可支配收入高于全县平均水平，在辽东地区名列前茅。文化建设在客观上也促进了村寨人居环境的改善，以及从农业村向文化资源村的转型。发展文化建设，需要不断完善交通、电力、通信、供水、排污等基础设施。其建设标准甚至高于一般村寨基础设施建设的标准，客观上促进了生态宜居村的建设。文化建设激活并赋予满族优秀传统文化新的内涵。传统手工艺、民间节日、音乐舞蹈艺术等获得了新的发展平台，村民对自己民族文化的认同感不断增强，对优秀传统文化的积极保护与传承意识不断增强。旅游发展对乡村治理也产生了一定的影响。在三个满族特色村寨的文化建设过程中，基层党组织起到了示范带头的作用，并对党员、干部进行了文化建设的培训。同时，文化建设促进了乡村社会结构的多元化。乡村治理正在由单一治理逐步走向多元治理。从整体上来讲，文化建设给三个满族特色村寨带来了工业、经济、生态、文化和治理等多方面的效益，为乡村振兴打下了坚实的基础。

（三）三个满族特色村寨文化建设存在差异

各村寨原有基本条件差异显著，各具特色，三个村寨满族特色文化的发展也存在差异。青山沟村坐落在长白山脉之中，是早期满族文化与渔猎文化的发祥地之一。青山沟村文化与自然相结合，文化建设相对完善。赫图阿拉村位于平原地区，其文化属于中期满族文化，这一时期文化类型转向农业文化、皇室文化、满族文化，文化建设也比较完备。这些成果大多是在满族特色文化建设过程中经过多年积累形成的，它们在文化建设方面的总体成就值得肯定。大梨树村的文化属于满族晚期文化，它与其他文化融合得很好。大梨树村农业发展基础扎实，文旅融合、农旅融合等方面总体向好，满族特色文化建设的初步成效显而易见。

二、对比分析

（一）数据源

2021年7月至2022年9月，根据辽东地区满族特色村寨文化建设评价体系（见表5-2），著者通过查阅官方统计资料、深入访谈、发放问卷等形式获取相关数据。其中，青山沟村发放问卷200份，回收问卷200份，有效问卷200份，有效率为100%；大梨树村发放问卷150份，回收问卷148份，有效问卷146份，有效率为97.3%；赫图阿拉村发放问卷250份，回收问卷248份，有效问卷245份，有效率为98%。

问卷的发放对象主要有乡村文化建设参与者、村民、村委会干部、村寨职工、熟悉村寨情况的人员和专家学者。问卷调查主要由四部分组成：一是基本情况；二是文化建设对乡村经济的影响，以及性别、民族、年龄、学历和家庭情况；三是文化建设与经济发展水平，主要包括家庭收入、旅游收入与家庭消费；四是乡村文化建设对乡村现状的认识，主要包括乡村属性。此次调查邀请被调查者对文化产业、生态宜居、乡风文明、文化管理的相关信息进行主观判断。问卷分为"非常同意""同意""一般""不同意""反对"五个等级。

（二）数据处理

对照表5-2，通过查阅统计数据和微观调查，或在统计和调查数据的基础上计算出相应的基础指标数据共33个。由于不同的统计指标、调查指标之间的度量单位不同，不能用统一尺度进行横向比较，相互之间缺乏可比性，因此需要按照统一的计算方法将它们转换为一套具有可比性的指数，即对不同基础指标进行标准化处理，如表6-2所列。

表6-2 三个村寨文化建设发展评价结果

指标	原始数据			原始数据正向化			最大值	最小值	正态标准化数据		
	青山沟村	大梨树村	赫图阿拉村	青山沟村	大梨树村	赫图阿拉村			青山沟村	大梨树村	赫图阿拉村
C_{11}	3.611628	4.013043	3.766667	3.611628	4.013043	3.766667	4.01	3.61	0	100	38.72
C_{12}	110.1	116.1	70.1	110.1	116.1	70.1	116.1	70.1	87.06	100.1	0
C_{13}	120.1	78.1	248.1	120.1	78.1	248.1	248.1	78.1	24.81	0	100
C_{14}	0.1679	0.4237	0.3208	0.1679	0.4237	0.3208	0.42	0.17	0	100	59.77
C_{15}	2	4	5	2	4	5	5	2	0	66.67	100
C_{16}	4	0	0	4	0	0	4	0	100	0	0
C_{17}	2	8	4	2	8	4	8	2	0	100	33.33
C_{21}	0.5832	0.5889	0.5702	0.5832	0.5889	0.5702	0.59	0.57	69.62	100.1	0
C_{22}	2.2071	2.0209	2.4286	2.2071	2.0209	2.4286	2.43	2.02	45.77	0.1	100
C_{23}	0.7698	0.7452	0.6822	0.7698	0.7452	0.6822	0.77	0.68	100.1	72.02	0
C_{24}	1.4418	1.5876	1.6234	1.4418	1.5876	1.6234	1.62	1.44	0.1	80.39	100
C_{25}	2.6721	2.437	2.3299	0.4887874	0.527899	0.5484506	0.55	0.49	0.1	65.65	100
C_{30}	1	1	1	1	1	1	1	1	100	100	100
C_{31}	1	1	1	1	1	1	1	1	100	100	100
C_{32}	1	1	1	1	1	1	1	1	100	100	100
C_{33}	1	1	1	1	1	1	1	1	100	100	100
C_{34}	1	1	1	1	1	1	1	1	100	100	100
C_{35}	1.073	1.097	1.084	1.073	1.097	1.084	1.1	1.07	0	100	45.83
C_{36}	4.634783	4.495349	4.191111	4.634783	4.495349	4.191111	4.63	4.19	100	68.67	0
C_{37}	4.774419	4.621739	4.366667	4.774419	4.621739	4.366667	4.77	4.37	100	62.66	0
C_{38}	2.944186	3.36087	3.722222	2.944186	3.36087	3.722222	3.72	2.94	0	53.66	100
C_{39}	3.944186	4.121739	4.188889	3.944186	4.121739	4.188889	4.19	3.94	0	72.66	100
C_{41}	3	3	1	3	3	1	3	1	100	100	0

表6-2（续）

指标	原始数据			原始数据正向化			最大值	最小值	正态标准化数据		
	青山沟村	大梨树村	赫图阿拉村	青山沟村	大梨树村	赫图阿拉村			青山沟村	大梨树村	赫图阿拉村
C_{42}	1	26	2	1	26	2	26	1	0	100	4
C_{43}	3.681395	3.795652	3.855556	3.681395	3.795652	3.855556	3.86	3.68	0	65.7	100
C_{44}	3.990698	4.947826	4.666667	3.990698	4.947826	4.666667	4.95	3.99	0	100	70.72
C_{45}	4.734884	4.622222	4.86087	4.734884	4.622222	4.86087	4.86	4.62	47.31	0	100
C_{46}	3.455556	3.447826	3.448837	3.455556	3.447826	3.448837	3.46	3.45	100	0	13.18
C_{47}	4.665217	4.634884	4.588889	4.665217	4.634884	4.588889	4.67	4.59	100	60.36	0
C_{51}	0.1567	0.1749	0.1563	0.1567	0.1749	0.1563	0.17	0.16	2.25	100	0
C_{52}	4.076744	4.273913	4.455556	4.076744	4.273913	4.455556	4.46	4.08	0	52.15	100
C_{53}	3.695349	3.273913	4.255556	3.695349	3.273913	4.255556	4.26	3.27	43.03	0	100
C_{54}	4.855556	4.708696	4.751163	4.855556	4.708696	4.751163	4.86	4.71	100	0	29.02

首先，采用倒数逆变换法对原始数据中的逆指标进行正向化处理，即：

$$x_{ij} = \begin{cases} x_{ij} & (x_{ij} \geq 0) \\ \dfrac{1}{x_{ij}} & (x_{ij} < 0) \end{cases} \quad (6-1)$$

然后，采用极差标准化变换法对数据进行无量纲处理，即：

$$x_{ij}^* = \frac{x_{ij}' - x_{i,\min}}{x_{i,\max} - x_{i,\min}} \quad (6-2)$$

式（6-1）和式（6-2）中，x_{ij} 为原始数据；x_{ij}' 为正向化处理后的值；x_{ij}^* 为标准化处理后的值；$i = 1, 2, \cdots, n$；$j = 1, 2, \cdots, m$；$x_{i,\min}$ 为 $x_1, x_2, \cdots, x_n$ 中的最小值；$x_{i,\max}$ 为 $x_1, x_2, \cdots, x_n$ 中的最大值。将基础指标数据代入式（6-1）和式（6-2），得到表5-7。

三、评价与分析

由第五章得到的村寨文化建设评价指标体系的各项权重，可以计算得出三个满族特色村寨的村寨文化建设得分（见表6-3）。

表 6-3 指标数据无量纲化处理数值

准则层	指标层	青山沟村		大梨树村		赫图阿拉村	
		指标得分	目标层得分	指标得分	目标层得分	指标得分	目标层得分
产业兴旺	C_{11}	0.1		7.81		3.08	
	C_{12}	9.97		11.45		0	
	C_{13}	1.04		0.1		3.92	
	C_{14}	0.1	12.32563	4.52	25.96883	2.74	11.51446
	C_{15}	0.1		1.11		1.62	
	C_{16}	1.51		0.1		0	
	C_{17}	0.1		1.48		0.56	
生态宜居	C_{21}	2.37		3.37		0	
	C_{22}	3.1		0.1		6.67	
	C_{23}	11.38	16.654975	8.21	19.52992	0	16.82581
	C_{24}	0.1		6.96		8.65	
	C_{25}	0.1		1.29		1.91	
乡风文明	C_{30}	0.97		0.97		0.97	
	C_{31}	1.29		1.29		1.29	
	C_{32}	0.46		0.46		0.46	
	C_{33}	0.95		0.95		0.95	
	C_{34}	0.93		0.93		0.93	
	C_{35}	0.1	7.451184	0.55	10.36262	0.31	10.62466
	C_{36}	0.48		0.36		0	
	C_{37}	2.97		1.9		0	
	C_{38}	0.1		2.52		4.62	
	C_{39}	0.1		1.34		1.8	
治理有效	C_{41}	0.6		0.6		0	
	C_{42}	0.1		1.29		0.15	
	C_{43}	0.1		1.05		1.55	
	C_{44}	0.1	4.400691	4.78	8.700603	3.4	7.524305
	C_{45}	1.31		0		2.67	
	C_{46}	0.55		0		0.16	
	C_{47}	214.1		129.1		0	

表6-3(续)

准则层	指标层	青山沟村		大梨树村		赫图阿拉村	
		指标得分	目标层得分	指标得分	目标层得分	指标得分	目标层得分
共同富裕	C_{51}	0.11	3.735835	0.75	2.362241	0	8.175215
	C_{52}	0.1		1.72		3.21	
	C_{53}	2.02		0		4.58	
	C_{54}	1.8		0		0.59	
总得分			44.16		66.52		54.46

从产业兴旺方面，大梨树村的赋分最高，大梨树村提出的"干"字文化融合了满族特色文化，村寨邻近大连、沈阳等地的旅游市场，商业比较发达，具有较高的商业价值。梨树是大梨树村的一大特色农产品，具有较高的经济价值。赫图阿拉村乡村文化建设历史最悠久，资源禀赋优势明显，市场品牌优势相对突出。赫图阿拉村在文化建设规模和旅游相关农产品方面具有一定优势。赫图阿拉村以农业为传统优势，通过"文化教育"促进了传统农产品（如苹果、樱桃、蔬菜等）的发展，形成了农旅结合的独特优势。青山沟村是区域贸易的主要集散地之一，有四个蓝莓加工企业，是三个村寨中唯一有农产品二次加工的村寨。虽然文化建设对于满族特色村寨在缩小城乡收入差距方面有明显改善，但乡村居民的收入与城镇居民的收入相比还有一定的差距。

从生态宜居子系统的角度来观察，三个满族特色村寨在卫生厕所、自来水供应、生活污水处理、生活垃圾无害化处理等方面的基本设施水平基本一致。文化建设显著改善了人居环境，大梨树村居民的环保意识和清洁程度最高，其次是赫图阿拉、青山沟村。农村居民对环境保护的认识相对薄弱，对农村居民在从事农业、观光等活动过程中产生的生活、生产废弃物没有进行规范化的处置。在自然条件方面，青山沟村降雨多，泥石流和洪涝灾害给当地的旅游业带来了严重的损害。尽管政府在防灾减灾、旅游基础设施恢复重建等方面投入较大，但与村寨居民的期望还存在一定差距，自然灾害侵袭仍是影响当地居民生产生活的重要因素之一。

从乡风文明子系统的角度来看，在乡村社会中，文化的构建促进了乡村社会的发展，使乡村社会居民对游人的亲和力、普通话水平及日常生活的文明程度都有所提高。其中，大梨树村与赫图阿拉村的分数高于青山沟村。赫图阿拉村拥有保存较好的满族文化遗产，在建筑和民俗等方面拥有得天独厚的条件。

民族文化在文化建设中的作用客观上增强了村寨居民对民族文化的认同。大梨树村、赫图阿拉村是满族的传统村落，以满族人口居多，村寨居民对自己的民族文化有很高的认识，且有丰富的群众业余文化生活。青山沟村虽经改造成为满族特色村寨，但满族人口所占比例偏小，且缺少对该村进行文化挖掘与继承的专业人员。该村村民对满族文化的了解程度不高。

在治理有效子系统中，以大梨树村得分为最佳，其次为赫图阿拉村、青山沟村。加强基层党组织建设，是实现农村组织活力的重要保证。尽管赫图阿拉村的党员数量不多，但是在发展文化产业时，由于其拥有比较雄厚的社会资本、经济资本和人力资本，能够很好地起到领导的作用，因此，赫图阿拉村党员在村子里的影响力很大。在村级组织的领导下，村民对村级事务有很强的参与性。在大梨树村的文化建设过程中，行政单位和旅游公司等多方力量长期介入，村民自治、内生发展的能力在客观上被压缩，村民对农村事务的参与热情不高。

从生活富裕子系统来看，三个村寨之间的差别较大。旅游收入在全村人均收入中所占比例近50%；对于旅游经营者而言，旅游收入在家庭收入中占很大比例。文化产业已成为三个村寨的第一经济部门和主要收入来源。

本章小结

本章采用定性和定量相结合的方法，以辽东地区三个满族特色村寨为研究对象，考察文化建设在村寨社会发展中的作用。在满族传统村寨中，以文化为载体，推动着村寨产业的转变，形成了农业、文化、商业、旅游等多产业融合的格局，推动了传统产业的增值，实现了生产要素在当地的集聚，拓展了农村人口的增收途径，改善了农民的生活质量。文化建设极大地改善了村寨的基础设施和人居环境，推动了乡村生态宜居环境的建设。满族特色村寨的开发，促进了村寨居民对其民族文化的认同，使其逐渐由"文化有用性"转变为"文化自觉性"，并主动担当起民族文化继承和民族文化发展的重任，从而构成了一个多维的、多元的民族文化保护和继承模式。同时，文化建设培养了一批懂满族文化的专家和基层党组织，他们在满族特色村寨文化建设和乡村治理中发挥着重要作用。随着满族特色村寨的发展，出现了一批由满族特色村寨社会自身发展而来的自治组织，乡村社会管理的水平也在不断提升。但是，由于自然灾害、民族文化与文化产业的深度融合、外部势力对村寨管理的过度干预、耕地锐减、对文化产业的盲目依附等因素，影响了辽东地区满族特色村寨与乡村振兴的发展。因此，对辽东地区满族特色村寨文化建设应给予必要的重视。

第七章　辽东地区满族特色村寨文化建设发展思考

第一节　辽东地区满族特色村寨文化建设发展经验

经过 20 多年的发展，辽东地区满族特色村寨文化建设已经达到了一定的规模和效益。在乡村振兴的过程中，辽东地区满族特色村寨文化的发展对发展村寨文化产业、促进生态宜居、促进乡风文明、保护和利用满族文化、促进乡村治理等，发挥了一系列的整体作用。

一、推进乡村振兴战略与乡村文化建设同步发展

乡村振兴是指乡村产业、生态、文化、治理和人才等多方面的综合振兴，它是当前与未来一个较长时期内乡村发展的总策略。文化建设是一种典型的复合型产业，它涉及的领域很广，对社会的整体带动作用很大。辽东地区满族特色村寨文化的发展、经济的繁荣、文化的传承、生态的保护与民族的团结，这些都与乡村振兴发展有着密切的联系。

辽东地区满族特色村寨中最具特色的就是民族文化。辽东地区各级政府在推进社会主义新乡村建设、精准扶贫等事业的过程中，把发展满族特色文化摆在突出的位置上，使其融入地区的经济和社会建设。随着乡村振兴战略的实施，辽东地区满族特色村寨迎来了发展的新机遇。各级政府通过加强满族特色村寨文化建设，改善村寨人居和生态环境，开发利用满族文化，加强基层治理，促进民族文化的发展与继承。在辽东地区乡村振兴示范村建设中，满族特色村寨文化建设也被放在突出位置。目前，辽东地区已有近百个村寨参与满族特色文化建设。从空间分布上来看，满族特色村寨文化建设由聚集在交通要道

沿线逐渐向相对偏远、深入的区域延伸，空间驱动效应逐渐显现；文化建设水平从传统的民居改造、村貌改造逐渐向产业兴旺、乡风文明、治理有效等中高端过渡，文化带动作用日益明显；市场方面，文化建设从村寨本身发展逐渐向大城市旅游市场扩散，形成了一定的品牌效应。实践结果证明，辽东地区满族特色村寨文化建设与乡村振兴是同步推进的，现已成为促进区域乡村振兴的有效途径之一。

二、满族特色村寨文化产业发展促进村民增收

在地域层面上，满族特色村寨文化产业已呈现出规模效应。目前，辽东地区已有近百个村寨以满族特色村寨文化为主要产业或优势产业，并初步形成了文化产业集群。满族特色村寨文化建设在辽东地区经济文化发展中的重要作用，是辽东地区国民经济增长不可或缺的组成部分。从村寨层面来看，满族特色村寨文化建设改变了村寨的产业结构。餐饮、文化、医疗、电子商务等第三产业不断发展壮大，以满族手工业生产和农产品加工为主的第二产业也得到了较大发展。而满族特色村寨文化自身的高相关性与互动性，也推动着村寨文化产业的整合与发展，对产业链的延伸、供应链的多元化、价值链的提升具有重要的促进作用。目前，辽东地区满族特色村寨以特有的文化优势，以特色农产品、特色餐饮、民族手工艺品、文化展览、旅游节庆为主要内容，推动了农业、文化、商业、体育等领域和文化产业的有机结合。满族特色村寨文化产业的构建，为当地群众的增收提供了契机。满族特色村寨文化建设为乡村提供了餐饮、住宿、文化展览、旅游设施维护、基础设施建设和手工艺制造等多种工作，为村寨居民提供了更多的工作机会。同时，有一些村民通过经营、入股和租赁等形式，获取了一定的经济利益。通过对满族特色村寨进行实地考察发现，由于满族特色村寨文化的打造，村民的兼职现象情况有所增多。一些村民依靠满族文化产业摆脱了贫困，另一些村民则通过多种形式参与文化建设，使自己的家庭财富增长。

三、满族特色村寨文化建设与生态宜居协调发展

生态宜居是指村庄环境整洁、生态环境优美、人居环境宜人，其中蕴含着生产、生活和生态协调发展的内在需求。在辽东地区满族特色村寨中，通过对村寨的生态和居住文化建设，使其居住环境有了明显提高，满足其自身对接待

设施和公共环境的需求，以及对安全性和舒适性的需求。在乡村振兴的背景下，辽东地区满族特色村寨的文化建设与改革，既要打破满族特色村寨的文化"碎片化"，更要把推动村寨生态建设、促进村寨生态文化资本增值、改善村寨人居环境等方面有机融合起来。通过对满族特色村寨文化功能分区与布局的协调，使满族特色村寨的生态特色与文化优势成为村寨文化建设的重要推动力。同时，辽东地区满族特色村寨生态宜居建设发展有着独特的地位，具有悠久的历史渊源和鲜明的民族特色。因此，满族特色村寨生态宜居建设不仅保护了生态环境和传统的居住文化，而且是文化建设发展的实际需要。

满族特色村寨文化建设把辽东地区生态优势转变为生态经济发展，并为生态经济发展提供了更好的文化产品与服务，实现了生态与经济的良性循环，同时发展了生态水果、有机蔬菜、满族医药、观光农业、健康养生、满族体育等特色文化建设项目，创造了更好的文化环境，为村寨文化发展创造了条件。

四、满族特色村寨文化建设促进乡风文明

辽东地区满族特色村寨文化建设强化了对乡风文明的引导，掌握了乡风文明发展的方向。满族特色村寨乡风文明的建设，既反映出时代的要求，也反映出乡村振兴的需要，引导了村民的思想理念和行为习惯，使其逐渐与现代化乡风文明的要求相匹配。

第一，结合满族特色村寨文化开展形势和政策教育。深入调查农民群众所关注的各类问题，为他们提供有意义的解答，以提高信心和形成共识。坚持以社会主义核心价值观为导向，将满族特色村寨文化融入容易被村民接受的方式中，用民族的话语来指导村民加强对其核心价值观的认同感，在村寨建立明辨荣辱、崇尚正义、促进和谐的良好文化。组织科学文化知识学习活动，加强对村寨劳动力的职业培训，使村寨劳动力既掌握实际的技术，又有较高的文化素质。持续不断地对村民进行法治教育，提高村民和基层干部的民主法治观念，在满族特色村寨地区形成遵纪守法、违纪受罚的良好社会氛围。

第二，保护与发展并重，传承满族优秀传统文化。辽东地区满族特色村寨文化建设发展不仅保留了满族特色村寨魅力，还保留了传统文化中优良的文化形式和文化基因，重视对满族优秀传统文化的经营和传承。具体包括以下两个方面。一是对满族优秀传统文化的实物载体进行保存，保留满族特色村寨环境和民居的民族特征，禁止大范围拆除和重建，并在此基础上开发出既能保留历

史又能保留地区和民族特色的满族特色村寨建筑。保护和发展民俗文化，继承满族优秀传统文化独特的风格，并赋予其新的文化内涵，使优秀的满族民俗文化得以生存和传承。二是开展满族节日活动。利用各种满族特色文化传统节日，组织开展各种民俗文化活动，使满族特色村寨的节日更具人文情怀。

同时，辽东地区满族特色村寨文化建设发展乡村民俗文化产业，带动无形资产积累。在新的时代利用互联网技术，让乡村民俗文化市场的作用得以体现。增加资金的投入，使乡村民俗文化发展的体制更加完善，运用乡村民间文化来发展各类创意产业。辽东地区满族特色村寨充分利用其地理位置与满族文化资源的优越条件，把乡村旅游、新兴产业与满族传统文化相融合，打造辽东地区满族特色村寨，提高村寨文化的档次，创建"乡风文明示范村"。同时，改变满族传统习俗，淘汰过时的满族习俗。依靠群众制定和完善村规民约，促进辽东地区满族特色村寨社会风气的根本改善。

第三，更新满族非物质文化遗产保护的方法。非物质文化遗产具有流动性和活动性。"活态传承"既是非物质文化遗产保护的最基本目标，也是评价其是否具有传承性的重要依据。虽然一些村民指责它对民族传统产生消极的作用，但是却无法否定它对保护和继承民族文化起到的积极作用。满族的传统，如手工艺、节日、服饰、饮食等独特的非物质文化遗产，由于生活环境的改变，它们正处于消亡的边缘。满族特色村寨文化的发展，使其重新焕发生机。随着文化建设的需要，辽东地区满族特色村寨对传统技艺进行了再利用，关注并发掘出了一些民间音乐、舞蹈、戏曲等，保存并复原了一些已经濒临被毁坏的满族文物。满族特色村寨文化建设发展遵循政府引导和社区参与非物质文化遗产保护的道路。

五、满族特色村寨文化建设与乡村治理并行发展

辽东地区满族特色村寨的独特满族文化，在村寨的社会管理中发挥着重要的推动作用。首先，村寨的文化建设通常是由村中的村干部和党员带头进行的，起到了引导的作用。其次，文化建设不仅对基层党组织的能力提出了挑战，也提高了党员干部的能力，增强了基层党组织的战斗力和凝聚力。例如，赫图阿拉村在文化建设的同时，还加强了基层党员队伍的建设，使党员干部的素质得到了明显的提高。最后，随着文化建设的开展，促进了村寨居民对外交往和发展，促进了各民族的交流和融合，使辽东地区各民族更好地了解和铸牢

中华民族共同体意识，这无疑有助于维护国家安全和社会稳定。

第二节 辽东地区满族特色村寨文化建设发展问题探析

一、文化建设后劲乏力，城市化对村寨文化造成冲击

从外部市场的角度来看，辽东地区乡村文化建设与满族特色文化资源管理结构密切相关，它从产生到发展都明显受到满族特色文化资源管理的影响。从积极的角度来看，大梨树村、赫图阿拉村等核心景区的繁荣带动了沿线村寨旅游业的发展；但从消极的角度来看，核心景区对乡村旅游也有屏蔽作用，不利于乡村旅游的深入发展。这种单线繁荣给区域文化建设带来了隐患。随着满族特色村寨文化在辽东地区的全面推广，满族特色村寨文化的发展面临着更加激烈的市场竞争。

从区域内生驱动能力来看，辽东地区满族特色村寨经济社会发展总体滞后，产业发展水平相对较低。在这一区域内，小镇的数目很少也很小，缺少有影响力的经济中心。城镇经济、金融、信息、交通、科技等服务体系还不健全，对乡村的辐射和扩散能力还不够强。城乡之间的要素流动不充分，地区文化建设很难形成一个有效的规模。在文化建设作为恢复重建的主导产业的背景下，辽东地区满族特色村寨文化建设在国家政策的引导和社会各界的支持下得到了快速发展。区域村寨文化建设仍未形成可持续发展效应。例如，在赫图阿拉村和青山沟村，通过发展村寨文化产业，取得了显著的经济效益和社会效益。然而，它们明显缺乏后劲。

从辽东地区满族特色村寨文化建设类型来看，低水平、同质化的满族文化现象依然存在，满族文化产品规模与质量不平衡。文化建设具有关联性强、驱动力强的特点。在新乡村建设、精准扶贫等工作的推进过程中，辽东地区满族特色文化建设在一定程度上被视为一项社会事业，带动了一些村寨产业的升级，促进了村民收入的增加。但发展满族特色村寨文化建设本质上是一种社会行为，有一定的准入条件，必须符合社会发展规律。在这一过程中，部分满族特色文化在创建内容上是草率的，其产品的内涵与特点不够突出，致使其在市

场上的吸引力不够。尤其是人们对于满族文化的认知不够深刻，使得他们向旅游者出售的满族文化商品仅仅是一种象征性的符号，而不能从文化的角度去解读，更不能产生丰富的象征含义。

这种对满族特色村寨文化的重塑与重建，不仅对满族文化的传承产生了深远影响，而且揭示了满族村寨文化在利用过程中的典型性及可持续性方面的不足。从满族特色村寨文化生命周期来看，一方面，青山沟村、腰站村等传统满族特色村寨近年来发展放缓，对区域满族特色村寨的带动作用下降；另一方面，由于部分满族特色村寨文化产业所处的产品生命周期阶段，文化产业经济增长放缓，呈现疲态。

同时，辽东地区满族特色村寨文化建设的发展需要大量的资源投入。在政府的推动下，村民带来了大量的资金、人力、物力并参与到满族文化建设中，而满族特色村寨的一些传统产业却难以获得有效的资源投入。以农业为例，由于满族特色村寨文化产业具有较高的短期回报，在经济利益的驱使下，一些村民选择放弃农业生产，甚至占用耕地进行大规模建设，转而投身民宿、餐厅等旅游文化产业。在实地调研中，这种现象并不少见。河口村的满族文化建设占用了大部分耕地，大梨树村等满族特色村寨的耕地被废弃，腰站村的部分村民根本没有可耕地。当文化产业波动时，部分村民将面临经济困难，这不仅破坏了宝贵的土地资源的有效性，也挤压了村寨的传统产业，从而影响满族特色村寨文化产业的可持续发展。

二、文化产业发育迟缓，乡村文化面临认同危机

在我国五千年的历史长河中，传统文化在塑造乡村文化主体方面发挥了不可替代的作用，也形成了乡村文化的合理内核。乡村文化的主要内容是家庭文化、宗族制度和宗法伦理，它们承担着乡村社会规范和价值体系的责任。以血缘、地域、婚姻为纽带的"乡情"已成为农民互动的一种方式，是乡村文化的重要组成部分。随着乡村青壮年劳动力进入城市工作，村寨社会的儿童大多成为留守儿童，儿童和老人独居的"空心村"现象不断出现。在人口和资源"空心化"的背后，乡村价值"空心化"已成为必然趋势。

在村寨文化价值体系逐渐消解的背景下，村寨社会不再是诗人描绘的诗情画意和田园风格。地方气息不再浓厚，人情淡漠，村民之间的关系逐渐弱化。曾经制约农民行为的村规也难以发挥作用。乡村社会礼仪的衰落，淳朴民风精

神的异化，使乡村不再是人们心灵休息的地方。从精神层面来看，人们质疑当前乡村社会是否存在独特的乡村文化价值体系，更不用说向外界输出价值了。现代化和城市化进程并非始于今日，但乡村社会文化价值体系的消解和文化精英的流失却从未如此严重。在乡村社会旧的文化价值体系崩溃解体之后，新的文化价值体系还没有构建起来，这也是近年来我国社会大转型中许多学者大声呼吁关注乡村的根本原因。这种情况下，在农村产业兴旺发展中，新型农业经营主体作为"领跑者"，不仅在农村产业、生产和管理体系建设中发挥着重要作用，也在推进农业产业化和农业社会化服务体系建设中发挥着重要作用，还在农村产业发展中发挥着重要作用。

在满族特色村寨中，尽管已经成立了一些农民专业合作组织，但是这些组织大都停留在产品的基础上，对产品开发、营销和服务的拓展几乎没有进行过深入研究。此外，由于建设门槛太高，缺乏稳定的资本运营和规范的产业管理等，这些问题成为市场竞争的不利因素。从"三农"的现状中可以看到，目前存在的农民专业合作社在规模化生产、产业化经营、提升服务能力、促进村民收入增加等方面没有发挥出应有的作用。有的还只是一个"空壳"，并没有真正发挥出其应有的功能。在企业方面，我国的地区企业总体上呈现出"小、散、弱"的特征，市场的竞争优势和对行业的拉动作用不大。在目前存在的一些度假村中，有些村子没有任何公司进驻，有些村子已经发生过几次转手，难以形成长期稳定的发展规划和运营管理。无论是从规模还是质量上看，大多数乡村集体经济的发展都非常缓慢。青山沟村、大梨树村等文化建设相对较好的村的集体经济也非常有限，对提高村民收入、改善公共服务的作用不显著。

农村集体经济、合作社、龙头企业等新的经营机构缺乏发展机会，在大力发展文化产业中政府占有绝对的主导地位。但是，政府部门的市场意识、专业视野和经营思路是有限的，旅游推广有其局限性。与此同时，因为不同的国家文化和社会认识，外国企业在这种市场上屡屡受挫，很难保持一种稳定的、可持续的管理思想，很难进一步提高知名度和影响力。

三、管理机制不完善，乡风文明和文化治理建设面临诸多问题

辽东地区满族特色村寨文化以多种方式进行开发、经营与管理，它所牵扯的利益主体应当是政府、企业、村委会、村民、外来企业及旅游者等。在乡村旅游经营中，最重要的是如何实现各种不同的利益关系。

一方面，是对于村庄文化资源的治理。对于产品所有权、经营权及村民的决策参与权等的治理，存在着不同程度的权力分化，导致各利益主体的作用不清，矛盾频繁发生。这是因为农村自然资源的产权不清晰及旅游市场的不完善，从而限制了农村自然资源的利用，或是在付出很少甚至没有使用补偿的前提下，旅游经营者为达到收益最大化，采用掠夺式的方法对农村自然资源进行开发，从而造成了农村自然资源的内部保护缺失，在市场竞争的条件下，将农村的旅游资源排除在外。

另一方面，由于管理机制不够完善，一些满族特色村寨的乱建、乱扔垃圾、乱拉宰客、恶意竞争等现象时有发生，有损村寨的资源、环境和市场形象。一些村寨发生过多次经营权流转，导致利益相关者之间发生冲突。乡村地区很难制订长远、平稳的发展计划，也很难实现乡村地区的经营与管理。另外，因为地区的经济和社会发展比较落后，导致龙头企业的数目较少。辽东地区满族特色村寨文化的发展主要是由政府主导的。政府主导的乡村文化建设模式在筹资、基础设施建设、市场拓展等方面发挥了重要作用，但也存在长期的政府直接行为管理并深度参与旅游经营活动的问题。政府在乡村的发展战略、基本建设和利益分配与村民在各方面存在差异，使村民参与文化建设的积极性有所减弱。

四、满族特色村寨文化创新与继承能力不足

（一）国家政策支持的满族特色村寨数量较少且分布不均

从满族传统历史和历史遗迹、村寨数量等方面来看，辽东地区受国家政策支持的民族特色村寨数量过少，不利于辽东地区满族特色村寨文化的持续发展。从历史遗迹来看，辽东地区满族特色村寨的满族物质文化甚多，其中保护完好的古建筑、古城堡和古遗址有800多处。从村寨数量来看，辽东地区包括9个县（市），共1656个村寨，其中有满族传统的村寨大约为村寨总数的70%，截至2023年，被国家批准的民族特色村寨只有19个（见表7-1），为村寨总数的1.15%。

表7-1　辽东地区满族特色村寨情况分析

县（市）	村寨总数	满族特色村寨或中国传统村落（满族）	比例
岫岩县	263	5	1.90%

表7-1(续)

县（市）	村寨总数	满族特色村寨或中国传统村落（满族）	比例
凤城市	201	1	0.50%
宽甸县	252	2	0.79%
桓仁县	103	3	2.91%
本溪县	107	3	2.80%
新宾县	180	3	1.67%
抚顺县	95	1	1.05%
清原县	281	1	0.36%
西丰县	174	0	0.00%
合计	1656	19	1.15%

因此，可以看出辽东地区受国家政策支持的满族特色村寨数量太少，大量的满族特色村寨急需国家政策支持。

（二）满族特色村寨偏重物质文化，缺少精神文化的建设

目前，辽东地区的满族特色村寨对于满族物质文化有一些展示，简单地改变了满族特色村寨的面貌，但是表现得非常不规范。例如，在满族建筑文化方面，由于缺少专家的指导，现已建成的满族建筑都偏离了传统民居的样式，万字炕、木格窗棂、满族草房、落地的烟囱、索伦杆、栅栏围墙、青砖灰白瓦房、口袋房、苞米楼等满族传统建筑元素都没有得到体现。满族行为文化主要以展示、表演为主，对于制度文化鲜见涉猎，至于精神文化几乎没有。辽东地区满族特色村寨建设目前以简单的满族文化复制和罗列满族物件的方式吸引消费者，到满族特色村寨参观和旅游的人群往往也是走马观花，因而缺少满族文化的体验和参与，并没有感受到真正的满族文化，难以深刻领悟满族文化内涵，很难产生再次参观的愿望。当前，辽东地区满族特色村寨中文化保护与传承并没有一脉相承，忽略了文化的传播特性，忽略在文化的历史过程中而采用的保护方式，仅能做到静态的保护，而非传承。

（三）新建的满族特色建筑缺乏民族性和传统特点

满族特色建筑文化是满族文化的重要组成部分，是满族赖以生存的精神纽带。在辽东地区的大多数传统满族特色村寨中，满族建筑文化呈现出同质化的趋势。其关键原因在于，无论是政府部门还是普通民众，特色村寨建设的道路

都离不开"文化旅游"模式。在特色村寨规划中，满族建筑房屋被视为重要的检查指标，但在具体实施过程中，满族建筑房屋的建设逐渐形成规范。同时乡村建设与施工技术的进步与普及，使今天大多数的乡村民居多为快速规模建设，传统建筑技术已无法满足日益多样化的生活需求。在个别民族地区，村民从个人的理解出发，随意建造，导致建筑质量低下，村寨特色遭到破坏。

特色村寨需要保持民族文化多样性，但时代发展趋势是朝着文化统一方向发展。每个特色村寨都想成为自己民族文化的热点，都是为了打造民族文化品牌，但是许多满族特色村寨文化建设并不是根据当地的满族文化特点，而是根据旅游者的定义偏好来进行打造的。特色村寨的居民更关注如何吸引更多的旅游者和投资者，往往忽略了特色村寨本身的文化独特性。但是在市场机制的自动调节下，定型复制品将永远被淘汰，这些"旅游者的定义偏好打造"的满族文化前景令人担忧。

（四）满族特色村寨文化建设缺少规划与评价体系

从调研结果可以看出，现有的满族特色村寨文化建设缺失评价标准，建设标准各不相同，成果不一，存在很多问题。在缺乏统一的民族特色村评价标准体系的情况下，各县（市）有关部门应如何评价以保护和发展为重点的民族特色村建设，以达到预期效果，是目前急需解决的问题。同时，要评价具有民族特色的乡村工作效果，很难只观察一个时间表和宏观规划方向。首先，由于具有民族特色的村寨项目的长期性和艰巨性，基于时间表的规划无法预测未来工作的不确定性。其次，具有民族特色的村寨建设是一个系统的、复杂的工程，只注重建设项目，没有具体、详细的指标，将使保护和开发工作无法落实到位。

五、满族特色村寨文化的官方话语缺失

尽管辽东地区各级政府对满族特色村寨文化的保护与开发取得了一些成绩，但是与之相比，新媒体传播却没有什么进展且对于满族特色文化资源的管理也不够重视。其原因有二：一是一些满族特色村寨官方门户网站缺失；二是辽东地区各个满族自治县的政府网页都缺少满族的特点。辽东地区6个满族自治县仅有2个县政府官方网站挂有满族标志。而且在县政府官方网站入口，满语文化的相关信息仅有极少的表达。这表明在新媒介环境下，满族特色村寨文

化建设没有得到应有的重视。

（一）满族特色村寨文化传播平台分散，发展不平衡

社会上有很多关于满族文化的新媒体平台，虽然种类繁多，但是也存在自身的局限性。第一，与满族文化有关的网站、论坛、社会媒体、微博、微信、QQ 群已有上百个。但是对于满族传统文化的推广还存在着一定的局限性，不能打破时空的局限实现大范围的推广。第二，新媒体平台缺少交流与配合，不能形成有效的合作，大多数平台都是单独进行宣传创作，造成这种情况的主要原因是缺失官方认可的满语文化门户网站。

（二）现有新媒体平台建设水平较低

与满族文化传播相关的公共平台，虽然目前已经相当普及，但仍然缺乏功能性。一是宣传满族文化网站的用户界面体验不够好，功能也不够完善。二是满族文化传播群体本身的动机低、活动有限、缺乏凝聚力，导致相关内容更新缓慢，没有连贯性。

第三节 辽东地区满族特色村寨文化建设发展制约因素

制约辽东地区满族特色村寨文化建设的因素包括土地、资金不足，人才匮乏、制度设计不完善造成的管理混乱，新型经营主体发展滞后，基础设施建设不足，等等。

一、满族特色村寨文化经济和文化发展滞后

目前，一些政府部门对满族特色村寨文化建设重视不够，认识不到位，造成了满族特色村寨文化建设面临巨大挑战，制约因素很多。资金投入不足是满族特色村寨文化基础设施建设薄弱的根本原因。长久以来，将经济建设凌驾于文化建设之上的现象较为常见，导致政府对文化建设资金的投资出现严重短缺，并且在全国范围内，文化资金占财政支出比例很小。即使在文化建设投入较低时，城市文化建设投入也远远高于农村文化建设投入。尽管近些年来，国家财政支出总额不断增加，但满族特色村寨文化建设资金增长速度远远落后于

乡村文化需求的增长速度。长期的资金投入不足，对乡村文化基础设施建设形成巨大的限制，从而影响了乡村建设。

要想让村寨文化走上良性发展的道路，必须有足够的文化建设资金，与此同时，村寨文化发展所面临的最大挑战是融资困难。由中国社会科学院财经战略研究院专家编写的"三农"互联网金融蓝皮书《中国"三农"互联网金融发展报告（2016）》指出，中国"三农"融资的缺口已经达到4亿多元，中央一号文件反复提出要加大对农村地区的财政支持力度。尽管我国年投资总额不断提高，但是"三农"领域的财政支持力度却没有显著提高，仅有8%左右的信贷投向了"三农"领域，融资难成为乡村振兴和乡村文化建设的挑战。同时，乡村集体经济组织的发展状况又直接影响到乡村文化建设的质量。近几年来，各地积极贯彻落实中央一号文件精神，乡村经济也取得了长足的发展。在集体经济发展较早、农业产业化程度较高的乡村，较早开展了文化建设，村民的文化素质相对较高，乡村面貌也得到了显著改善。但是仍有一些乡村地区的经济相对落后，财政受到限制，集体经济薄弱，自身经济不发达，乡村文化建设经费也明显不足。

乡村文化建设的经费短缺，加之村民的经济收入偏低，对村民的文化素质造成了消极的影响，使得乡村文化的发展缺乏动力。研究表明，越是经济发展水平不高的乡村，越是缺乏教育，越是难以建立起自己的乡村文化，收入水平也会影响到村民的文化消费水平。

二、满族特色村寨文化建设人才匮乏

满族特色村寨的文化建设，首先要解决的关键问题是缺乏优秀的人才，人才短缺是阻碍满族特色村寨文化建设发展的一个重要原因。

20世纪60年代以来，经济学家舒尔茨、罗默、贝克尔以及数学家保罗·道格拉斯等人深入论证了人力资本投入和人力资本积累在经济社会发展中的重要作用。从满族特色村寨的文化建设发展实际来看，村寨环境、交通、建筑风格等硬件条件的改善见效较快，而因"人才"自身问题带来的乡风文明、社会治理、文化创新等方面的问题则很难在短时间内获得明显成效。一些村民对科学知识的接受能力较弱，较低的人力资源水平限制了村寨文化建设的进一步发展。从政府管理者角度来看，满族特色村寨文化建设部门的负责人多从经济、教育、农业等行业转任，而文化学或民族学相关专业出身的干部占比较少。同时，从事文化管理的工作者受教育程度总体偏低，全日制专科及以上学历的从业者较少。从文化建设的从业人员来看，青壮年从业人员比例较小，部分村寨居民思想观念保守，对外部异质性的资源和观念采取排斥或观望态度，加之文化建设或服务培训不足，其专业知识技能存量水平偏低，从业人员的总体素质不高。从村寨一般居民来看，尽管他们并不直接从事文化建设，但其本身不仅是村寨文化建设资源的重要组成部分，也在一定程度上间接参与了文化建设，其文化素质、文化意识及态度会直接影响到村寨文化建设质量、文化建设氛围及游客的体验感受。

三、满族特色村寨社会治理水平不足

辽东地区部分满族特色村寨的社会管理层次水平较低，造成了村寨文化建设的困境。从改革开放开始，由于进城农民工的显著增加，城乡之间的人口流动加快，社会结构、消费观念、村民的思维习惯都在改变，乡村原来简单的管理体制已经很难与新乡村的情况和发展相匹配，如何构建完善的乡村治理体系成为满族特色村寨发展的一个重要问题。

构建自治、法治、德治并重的乡村社会管理制度，是提升乡村社会管理能力的关键。强化村民的自我管理能力，转变他们对自治的冷漠态度，增强他们的自我管理意识，并利用相关政策（如成立农民合作社、乡村文化社区等）来引导其自我管理的行为，使自治能够在乡村管理中起到更大的作用。在此基础上，建立以基层政府、村民自治组织、村民社团为主体的规范性治理体系。面对当前我国乡村社会治理中出现的种种乱象，乡村文化管理中出现的种种问题，亟待改革乡村"一元化"政府体制，将乡村各种不同的社会机构进行有效融合，从而实现乡村社会治理的现代化。

同时，要把传统文化中的德治理念融入乡村治理体系之中。中国传统乡村"熟人社会"的特点并未发生根本性的变化，德治在其中起着不可替代的作用。只有这样，才能使人们的思想意识和行动意识得到升华，才能使人们的文明素质得到提升。此外，应积极运用网络技术，推动以"法治"为主的乡村社会管理方式。要充分发挥当代法治在乡村社会中的领导地位，健全其对乡村社会管理的影响，提升乡村社会管理的效能。

四、村寨"原子化"

随着乡村社会异质性的增强和乡村利益的多元化，传统伦理道德受到一定程度的破坏，乡村社会正在从"熟人社会"转向"生人社会"，向"生人社会"的转变导致乡村社会关系的日益松散。与此同时，随着村寨"空心化"的加剧，每年都有人口流失的现象，导致人口结构失衡和就业机会的缩减，进一步加剧了乡村社会的分散性。此外，一些村寨空间的分散布局客观上也减少了村寨居民之间的联系。辽东地区满族特色村寨存在着"原子化"现象，制约了满族特色村寨文化建设发展。

第一，文化资源利用效率难以最大化。乡村税费改革后，国家发布的一系列农业优惠政策和文化扶持政策要求政府直接面对大量分散的农民，难以实现最优的管理成本和资源利用效率。这导致政府在支持满族特色村寨文化建设方面，通常采用"扶强不扶弱"的做法，使得满族特色村寨的文化发展日益不均衡。

第二，国家与乡村之间缺乏必要的缓冲。由于部分基层政府组织的管理不到位，当一些合法行业组织与村民发生利益冲突时，难以获得基层政府组织的有效支持，这些行业组织往往会采取破坏文化资源等形式表达利益诉求。反之，村民则通过私下指责公司、合法行业组织或其他方式提出抗议，这些现象在一些乡村的文化建设过程中都出现过。

第三，村民关心村务的积极性不足。现阶段，难以将普通村民组织起来开展活动，部分村民政治意识薄弱、不关心村务、参与民主决策的积极性不高，这不仅使村民集体行动变得困难，也使基层政府组织决策的科学性和民主性难以得到保证。

》》 第四节　辽东地区满族特色村寨文化建设发展策略

21 世纪是一个充满机遇和挑战的世纪。要实现文化现代化和可持续发展，使满族文化充满活力和实现当代价值意义，就必须站在现代的立场和视角上，对代代相传的文化传统和价值观进行理性的审视和反思。总之，从满族文化重构的角度来看，信息化社会的自然观和价值观应成为满族文化重构的指导思想和重要支撑。信息化社会的自然观和价值观作为反思生态危机、批判机械论自然观和人类中心主义的科学理论基础，为当代社会提供了一种治理自然、社会、生命、环境、物质和文化的理论。

一、时代发展背景与文化建设原则

（一）信息化社会特点

现阶段，我们处于信息化社会，信息化社会的时代特征主要表现为四个方面：虚拟性、开放性、多样性与交互性。如图 7-1 所示。

图 7-1　信息化社会的时代特征

①虚拟性。信息化社会是从"物"的社会转向"心"的社会，即虚拟性社会。具体地讲，信息化社会包括广播、出版物、金融、研究、教育、旅游、贸易、娱乐和服务部分。大量的信息为人们了解、判断、比较、选择提供了更大的自由，信息化工业具有的共同之处如下：它们并不主要依靠物的生产或装配，相反，它们的产品是信息，以及类似信息的附加价值与文化本身。这一时期的信息已经成为生产力，人们不再满足单纯的物质的价值，而是追求信息的价值。

②开放性。信息化社会从对称原则转向非对称原则、从自我封闭转向开

放、从整体到局部、从结构到解构、从向心性到无中心，多样化的社会目标是体现人类的自由与个性，是不同文化的共生，是精神上丰富的社会，它将激发许多人的创造力，产生更多的信息。

③多样性。信息化社会追求多样性，统一的、类似的信息具有的价值较小。为了确立自己的个性，人们试图把自己与别人区别开来，以这种方式发展下去，事物、人类和社会将变得丰富多彩。生态信息时代是通过差异产生意义的时代，在这一时代中，我们将看到从现代主义的线性联想、明晰的思维模式，向虚构的、非线性的、潜在的思维模式转变，以及从外延向内涵的转变。

④交互性。信息化社会是网格式结构，是一种开放式的体系，在这种体系中，不同的点之间的相互关系不断地产生意义，在意义产生的过程中出现了灵活、平衡的状态。意义的产生不是通过一些既定的制度实现的，它是在建立联系的过程中产生的一种积极的状态。

（二）信息化社会中满族特色村寨文化建设原则

满族文化重建并不一定意味着完全否定满族文化传统。我们应该看到，满族传统文化在许多方面对满族特色村寨的文化建设具有积极的支持作用。总体而言，在满族传统文化的构成体系中，人与自然的关系是重点之一，强调和提倡人与自然和谐共存、互惠发展，是满族文化的重要组成部分，是满族传统文化观中所体现出来的一种价值观。它深刻地影响着满族的生态观念，也影响着满族的民族文化，对满族社会经济活动、生活习俗等，都有不同程度的规范与制约。

纵观满族现存的文化遗产，可以发现满族民族文化中所蕴含的朴素哲理对其产生了深远的影响。这种哲学思想的核心是：学习自然，尊重自然，顺应自然，然后争取生存；爱护自然，保护自然，而不是妄自尊大地改造自然；确认人类是自然的孩子，而不是世界的主人，只有与赋予这个民族生命的世界、森林、雪原和谐共存，才能实现这个民族的生存、繁衍乃至永恒的生存。满族文化崇尚自然，维护自然的平衡，源于渔猎时代人们对生活的要求不高，容易产生幸福感。满族人民从内心敬畏野生动物和森林，基于这种信念，满族和其他北方民族能够长期与周围的生物和平相处，这些都得益于满族尊重天地、自然和世界上所有生物的核心思想。

在对满族民间价值观的重构中，注意到辽东地区满族特色村寨由于文化差异、资源利用方式不同，在发展过程中面临着不同的问题。关注不同的发展重点，形成不同的发展方法及路径，这些发展方法及路径在满族社会历史的进程之中被证明是合适的和有效的。因为任何一种文化，无论它是否有明显的缺陷，它都是不同民族在特定生态环境下所创造出来的文化财富。在特定的生态环境下，存在着某些层面和价值，需要我们去认识。每个民族的文化类型都是与其生存环境相适应的特殊文化，要实现现代化，就一定要与特定的生存环境相适应，这也是现代化必然具有的特定地域意义。

任何一种资源在特定区域都是一个固定的模式，如果不能有效地保持不同区域的人们在利用自然资源中形成的不同习俗和模式，资源危机是不可避免的。虽然现代化的客观目标是以人均控制水平和能源控制水平为标志，但分布在不同生态区位的群体实现这一目标的方式是不同的。不同的人类群体处于不同的栖息地，他们对传统的接受和继承方式只能发挥本民族的主观能动性。因此，由于不同生境的人类群体所拥有的文化类型不同，现代化所需要的文化转型内涵不能统一。

从满族文化的构成来看，文化多样化既是特色，又是宝藏，还是满族人民的全智慧宝库。放弃满族文化的多样性，就是破坏满族人民的智慧宝库，让他们在现代社会中丧失创新的能力。对于一个希望实现现代化的民族来说，他们对现代化目标的追求不可能是复制任何已经存在的先进文化，而是充分了解自己所处的环境并在学习和吸收环境特征后，利用特定地区民族的现有传统来构建新的文化符号，满足当地民族需要并能有效地适应当地民族生境的新文化，即现代化。因此满族文化重建转型必然包含地域内涵和传统文化。

二、突出现代化思想引领，传承发展满族特色村寨文化

当前，辽东地区满族特色村寨正面临着文化转型，这是由农耕社会到现代化社会，再到后现代社会的过渡。解决满族特色村寨文化建设问题离不开转型的时代背景。目前，满族特色村寨文化还处在由乡村传统文化过渡到现代化的转型期，但乡村传统文化的影子还没有被彻底抹去。同时，其具有一定的现代文化特征，呈现出传统与现代并存、多元文化并存的特点及互相交融的倾向。要想推动满族特色村寨文化的转变，首先要做的是强化乡村和城镇之间的文化交流与融合，创建一个城乡一体化的文化互动机制，这样才能让城镇的文化资源更好地向村寨地区辐射。

实现城镇与村寨文化的最佳融合。首先，建立村民积极参与乡村文化建设的机制，保证村民文化产品需要的多样化。当前，村民的价值观念越来越多元

化，满足村民需要的前提条件是建立一套村民参与和表达文化需求的机制，以及政府如何对其进行整合，把民意转变成公共政策。所以，在乡村文化建设中，村民的话语权和所有权需要改善。其次，发挥社会主义核心价值观在乡村文化建设中的引领作用。在市场化进程中，农村社会发生了从"伦理本位"到"利益本位"的变化，这说明村民文化行为的动机已经从道德伦理方面转变到经济方面。这也说明了乡村文化正处于从传统到现代的转变。在这个转变的过程中，不但会导致农民的精神信念出现紊乱，而且主流意识形态也会随之削弱。

（一）社会主义核心价值体系与各种文化多元并存

在满族特色村寨文化构建过程中，要解决社会主义核心价值观与多元文化并存之间融合的问题，应提出以社会主义核心价值观为导向的乡村文化变革和构建，在多元中寻求领导，在沟通与整合中寻求共识。

在此基础上，整合红色文化、地域文化、乡村文化、各民族文化等多元文化，要建立一个能够遵守法治、注重程序、维护权利、科学规范的现代文化理念的价值观，从而提高乡村文化的向心力和凝聚力，推动乡村的多种文化与主流文化的协调融合，最后形成一种文化的合力。这为实现新时期的乡村振兴提供了精神动力和治理理念，增强了乡村的精神文明建设。随着我国社会经济的发展，各种社会潮流对村民的影响也越来越大。目前，满族特色村寨村民所接收到的资讯日益多元化，思想观念也日益不同。这一新情况值得我们重视。

积极面对经济和社会飞速发展给村民带来的思想影响，实施人性化的关爱，让村民能够建立起积极的心理状态，加强精神文化的力量，改善他们的精神面貌。重视互相关爱，利用知识讲座和调查走访等方式，推动村民的心理和情绪健康发展。搭建好文化的平台和载体，以文化活动中心为基础，以创建"文化社区"为工作载体，让村民能够解锁心灵，舒缓紧张情绪，树立起健康、积极、向上的心态。做好有针对性的工作，以空巢老人和留守儿童为对象，采取一对一的方式，开展志愿关爱活动。通过多种方式，切实解决村民在生产、生活上遇到的困难。对于存在精神问题、有负面情感的村民，要给予其正确的指导，以帮助他们树立积极的精神状态。

（二）加强满族特色村寨文化建设，人才培育是核心

对乡村的人才供求结构进行调整，利用政策、资金、资源等对其进行有效的配置，从而将外地人才吸引过来，将本土人才留下来并进行专业技能的培

训，对职业农民进行培养，孵化创业创新人才项目，最终构建出一种能够对乡村发展和乡村文化建设起到积极作用的良好人才结构，从而为乡村文化建设提供一种持续不断的人才支撑，破解乡村文化建设的瓶颈。乡村振兴以产业振兴为核心，关键在于人才振兴。只有将外部的专业技术人才引入进来，吸引海内外的创业人才，对现有的乡村人才进行升级，并派出专业人才，才可以用文化建设来实现对产业的附加值，从而形成乡村文化的核心竞争力和吸引力。

贯彻落实党中央一号文件精神和国务院相关文件的要求，构建由政府、高校、市场化培训机构、网络培训机构等共同构成的多元化、多层次的文化人才培训体系，强化对村民和文化创业者的及时技术指导，为乡村文化人才的培养提供一个交流的平台。指导各种主体到乡村去创业，鼓励城市研究人员到乡村去做兼职，把新思想、新观念和新技术与乡村文化建设发展结合起来，推进产学研的深度融合。要推动乡村人才的发展，首先要将人力资本的培育摆在第一位，要将农业专家学者、社会各界精英及高校的研究人员都充分利用起来，让他们走到乡村第一线，去实现他们在村寨文化建设中的价值。要为乡村文化建设提供足够的人才支撑，让那些想要留在乡村、想要建设乡村的人感到安心，鼓励各种类型的人才在乡村文化建设中发挥自己的才能，构建出一个可以持续流动的乡村文化建设人才库，为乡村振兴贡献人力资源。

（三）传承满族特色村寨文化过程中，基层党组织是主导力量

在满族特色村寨文化体系的构建中，作为主体的党组织要充分利用和发挥自己的组织优势，促进乡村文化系统的构建。在社会主义核心价值观指引下，采取行之有效的方法，使满族特色村寨文化能够得到更好的发展，构建和谐邻邦、文明乡风的乡村社会体系。强化农村意识形态的宣传，充分发掘乡村的优秀传统道德资源，促进农村社会公共道德、职业道德、家庭道德和个人道德的建设，继承并发扬优良的传统美德，把尊老爱幼、扶贫济困、维护公共利益作为自己的道德准则。

要把国家的法律和群众自治有机地融合起来，健全农村自治、法治和德治相统一的管理体制。要立足于农村，积极吸纳现代城市文明与外来文化的优良成果。深入挖掘出民族文化中所包含的优秀思想观念、人文精神和道德规范，使其能够将凝聚人心、教育群众、净化民风的重要作用发挥出来。对乡村中丰富的生态资源进行全面科学利用，对农村中的生态环境进行有效保护，对农村中的生活陋习进行彻底清除，对乡村中的人居环境进行管理并对其进行美化，

从而让乡村变成一个风景如画、山清水秀的希望之乡，变成了一个生态宜居的美丽乡村。另外，在进行乡村文化的构建时，必须对传统文物进行有效的保护，尤其是要对传统村落、民族村寨、传统建筑等进行重点保护，并尽可能地保留它们的原始面貌和特点。

（四）传承与发展满族特色村寨文化应与国家指导思想保持一致

满族特色村寨文化建设应与国家关于乡村文化建设指导思想保持一致性，确保其朝着有利于乡村振兴的方向发展；要规范和组织好满族特色村寨文化建设评价体系，形成各主体根据评价标准进行自我评价、自我检查、自我纠正，实现相互评价、自我检查、自我纠正的体系。大力推进精神文明创建和评价活动，引导村民积极参与社会道德建设。加大乡村科技普及力度，增强村民的科技文化素养。必须根据时代特点，在理论上不断创新，以党的指导思想为指导，加强道德教育，引导农民德才兼施、孝老爱家、遵义守信、勤俭持家。构建健全的道德考核与奖励制度，以指导村民的自律与自治，从而达到社会和谐、家庭幸福、邻里和谐、干部群众和谐的目的，在乡村传播善行和正能量。

文化强，则民族强。只有增强了文化自信，促进民族的发展，才能实现民族的伟大复兴。乡村振兴战略中的文化建设方面，传承了满族传统文化所蕴含的思想观念、人文精神、道德规范、民族复兴的中国梦等内涵，是农村经济社会发展的重要组成部分。

（五）争取国家和地区有关乡村振兴的扶持政策

《中共中央 国务院关于全面推进乡村振兴加快农业农村现代化的意见》提出，"确定一批国家乡村振兴重点帮扶县集中支持"。要继续保持并健全东西部合作对口支援、社会力量参与援助等机制，为继续推动各地区的乡村振兴提供制度保证。辽东地区位于东北东部边境地区，生态环境脆弱，自然灾害频发，经济社会发展相对滞后。因此，无论是在生态上还是在区位上都具有特殊性。同时，革命文化遗产丰富，东北抗联、中国人民志愿军在这里留下了光荣的革命事迹，在党的发展史上占有一定的地位。其中，辽东地区的桓仁县、凤城市、新宾县、本溪县4个县（市）是一类革命老区。宽甸县、清原县是二类革命老区。

近年来，经过精准扶贫、乡村振兴等战略的初步实施，辽东地区满族特色村寨建设取得了长足发展。除了内生的发展因素外，这些村寨也需要外界的帮助。对于具有独特生态环境、地理位置、历史文化和社会经济的辽东地区来说，在今后一定时期内，持续寻找外部的政策支撑，并将其与自身发展相融合，是非常必要的。这对防止规模性返贫和巩固全面小康成果都有着重大的现实意义，这也是到 2035 年实现农业农村基本现代化的关键因素。为此，辽东地区的各级政府根据自身的条件应主动申报各种争取国家和地区有关乡村振兴的扶持政策，稳步推进乡村振兴战略的实施。

三、满族特色村寨文化产业发展路径

21 世纪是信息时代，满族特色村寨文化产业注重网络化，以及文化产业的部分与整体融合。局部与整体同样重要，并存而又不失各自的特点。整体的所有运动是在每一部分中固有的，部分与整体是联系在一起的。文化产业发展中必须认识到时间并不是线性地联系过去、现在和未来。无论是在什么阶段，时间都是独立的部分，像浮游在空间的粒子。文化产业要获得部分与整体融合并能自由地再构造，就必须解构现代文化产业的金字塔结构，使文化产业的部分与整体、历史与现在都具有独立的价值标准，成为独立的部分。

（一）构建多元化、多层次、网络化文化产业格局

在满族特色村寨文化建设中，每个满族特色村寨的地理位置、资源禀赋和发展阶段都有不同，因此每个村寨都采用了不同的文化产业构建方式，可见，需要构建一个多元化、多层次的文化产业格局（见图 7-2）。

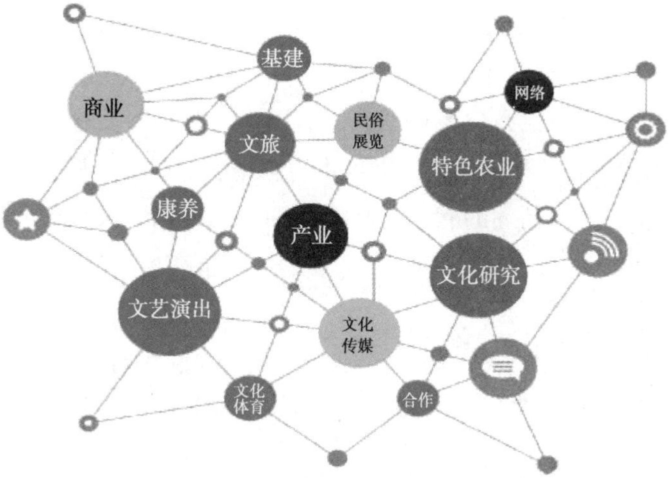

图 7-2　文化产业多元化、多层次示意图

第一，围绕辽东地区满族特色村寨的整体发展，统筹城乡发展，提升文化建设的发展品质，以辽东地区 9 个县（市）为基础，重点镇、一般镇和特色镇相互支持，实现了区域协同发展。首先，强化县域经济的辐射和引导作用。以县域经济发展为主线，进一步加强县域经济的整体发展，提升县域经济的综合实力，加快县域经济的快速发展。其次，围绕"环长白山地区"，加快实施辽东地区满族特色村寨集群战略，推进全区域满族特色村寨规划建设。在此基础上，要加强对满族特色村寨文化产业的支持，提高满族特色村寨文化产业的发展水平，努力把满族特色村寨文化产业办得更有吸引力。

第二，明确各满族特色村寨的功能定位。满族特色村寨应根据自己的特点和优势，结合自己的资源禀赋，努力打造具有独特文化的村寨。利用区位、资源优势，打造产业协调发展的综合性村寨，例如，抚顺县、新宾县、清原县、西丰县要结合现有文化资源，以满族中期文化、满族皇族文化为重点，带动其他产业发展；本溪县、桓仁县、宽甸县要推进满族早期村寨文化建设，要以生态游憩、渔猎文化资源开发和农产品加工点为重点，提高村寨的城镇化水平。岫岩县、凤城市等县（市）要推进满族晚期村寨文化建设，建设辽东地区具有满族风情的村寨旅游区，集休闲商务、生态居住、娱乐休闲、康体疗养于一身的满族特色村寨带。

第三，以产城融合为支撑，新型城镇化是提升辽东地区城乡发展动力的关键。尤其是要进一步优化产业布局，积极构建新型工业、生态农业和现代服务业共同发展的现代产业体系，使所有满族特色村寨都能受益于新型城镇化的发展。

加快建设满族特色文化产业。在此基础上，以满族文化产业为依托，以"项目集中布局、产业集群发展、资源集约利用、功能集合构建"为主线，引入一批高质量的、可循环的、有配套作用和带动作用的大项目，使产业链延长，并产生聚集效应，成为一种吸引人才的产业园区，并与村寨经济的发展形成一个良好的互动关系。

第四，优化发展满族特色农业产业。要用信息化的理念、市场化的思想，积极推动农业和第二、三产业的融合。以建设全国"一县一业"示范县、"生态农业示范县"等为契机，鼓励发展股份合作、专业合作等多种形式的农民合作社，推动辽东地区特有的满族医药、山野菜、绒山羊、冷水鱼等特色绿色生态农业健康发展，使农业现代化水平全面提升。

促进满族特色村寨文化产业的快速发展，以"全地域、多元化、多层次、网格化"为发展目标，加快建设满族特色文化产业区，发展满族文化旅游、红色文化旅游、冰雪文化旅游、智慧乡村旅游等文化产业，扩大"抗联文化、生态文化、满族民俗"品牌的影响，全面提高文化要素，优化文化资源管理，统筹文化发展，联动文化市场。

（二）村民自组织与满族特色村寨文化建设秩序的重塑

1. 发展村寨集体经济

村民是乡村振兴的主体，只有把村民组织起来，才能实现乡村振兴的总体要求。在利益日趋多元化、乡村开放性日益增强的情况下，亟须对村民进行制度与资源的组织动员，进而充分发挥中国乡村集体经济制度的优势，对散居村民进行组织动员，建立"利益共享、责任共担"的村集体内部利益再分配机制。同时，从四个方面对集体经济和村民利益互动机制进行了探讨。

第一，集体经济发展因素与村民密切联系。目前，我国的农村集体经济组织主要是以土地、林地、村民的股权、资金和劳动力为基本要素，通过市场化方式运作的，一些资源甚至可以由村民授权给村寨使用。要加强村民对于资源利用的监督与约束，提高村民对村务的参与程度。

第二，土地所有权、林地所有权和生态资源所有权归村集体所有。十八大以来，我国对农村集体经济组织进行的一系列改革与制度设计，也不断加强了农村集体经济组织对农村资源的控制力。在此背景下，村集体能够发挥自身对资源的控制与配置能力，对村民形成激励与约束机制。

第三，发展农村集体经济使其有能力与国家资源对接。财政部《扶持村级集体经济发展试点的指导意见》（财农〔2015〕197号）提出，探索财政补助资金形成的资产转交村集体持有，并作为股权量化到成员，推动收益分配机制创新。通过这种方式，村集体成为国家向农村转移资源的一个重要平台，同时，村集体又可以通过这种方式平衡村民利益，增进村民与集体之间的利益联系。

第四，村集体经济组织承担着乡村社会公共服务的大部分开支。通过集体经济的发展，可以改善乡村的基础设施，改善乡村的公共卫生条件，发展乡村的养老服务、残疾人的救助、扶贫和培训等社会服务。通过公共服务支出，村集体经济组织与村民，尤其是村庄中处于弱势地位的人，有了更多的联系。因此，只有在利益分配的基础上建立起利益关联机制，才能真正实现乡村民主决策，让村民真正参与乡村事务，在乡村振兴中发挥主体作用，并将其组织起来。

2. 培育满族特色村寨文化建设自治组织

农民自组织包括专业合作组织、村民自治组织及其他形式的社会文化活动组织。要充分关注农民自组织，特别是文化产业协会、民俗协会、专业合作社等组织，并给予它们相应的自治管理权力，从而达到在村民间进行互相监督的目的，这对于减少由村民不合作而导致的负外部性成本具有积极的影响。换言之，正如卡尔·波兰尼所指出的那样，经济行为应当与社会融合在一起，不要任由市场的逻辑支配着社会的逻辑。首先，村寨文化产业组织根据村民的建议，制定文化产业的经营条例，并依照条例对违反条例的人进行惩罚。其次，建立以"村规"为代表的民间准则，来规范村民的道德行为。

3. 村寨居民的参与

村民不但应该参与村寨文化建设的规划、决策、监督和管理，而且应该参与文化产业收入的分配。目前，在我国少数民族村寨，村民参与文化产业收入分配的途径主要有三种：劳动参与、经营参与和高层的资本参与。其中，劳动参与包括文化服务、就业等方面的参与，经营参与包括餐饮、住宿、娱乐、土特产销售等方面的参与，资本参与则包括建立独资或股份制的公司。在村寨中构建出由导游、文化展演、手工艺制作、土特产加工、专业种植等组成的立体的劳动分工网络，形成多样化的文化参与模式，从而提高劳动参与文化建设的受益程度。在经营参与方面，要鼓励并支持村民开展多元化的经营模式，具体包括个体经营、家庭经营、多家联营及公私联营等，并以个体的资金能力及相互之间的联系程度为依据。资金参与是一种较高层次的投入方式，其主要有独资企业、合伙制企业、股份合作企业和股份有限公司等。

当前，在辽东地区特色村寨中，村民参加文化建设的收入以劳动和经营性收入为主。在未来的文化建设时，可以赋予村民更多的财产权，提高资本在参与文化产业的比例，从而在文化产业中可以得到更多的财产性收入，这不但可以有效地激发村民的社会活力，而且可以在推动收入分配的公平正义方面发挥积极作用。

（三）资本参与满族特色村寨文化建设的机制

基于地区经济、社会发展、资金累积等方面的天然因素，以获得文化资源的主权为基础，使村民进一步深入地投身到文化构建中，不失为满族特色村寨的一种切实可行的选择。其发展方向是"资源—资产—资本—效率"。即当文化资源产权清晰和价值商品化后，才能成为一种生产要素，进行有效的开发与管理，才能产生效益，把资源变成资产。有关的文化资源财产权的流转与买卖则是把资源变成资本。具体的操作方法是采用租赁、抵押、转让、股权、证券化等方式，对文化资源展开投资和运营或通过间接的资本运营，在其中获得利润。

1. 满族特色村寨文化建设合作社机制

满族特色村寨文化建设合作社机制是指村民以房屋、土地、林地权利、劳动力、文化习俗等为共同资金，并以其各自的分工和共同的管理方式，达到一种集约化的经营方式，从而使其能够高效地将资源资本化和资产资本化。在投资对象上，重点放在本地的农民和村级的集体经济组织上；在股份的配置上，有利于小股东和村民的利益。满族特色村寨文化建设合作社机制将村民的工作进行合理的分配，将散落在各处的个体村民都集中起来，从而达到资产的规模经营和集约使用的目的，为村民提供统一的业务培训、对外宣传、价格和标准，从而保证村寨文化建设的有序进行。通过这种方式，使分散的村民结成一个利益联盟，从而可以有效地防止满族特色村寨之间的恶性竞争，使其能够更好地发挥自身的作用，并确保村民在村寨的发展过程中发挥着主导作用，使其能够更好地共享村寨的文化发展成果。

2. 股份合作制公司机制

股份合作制公司机制由外资企业、集体组织、村民共同组建满族特色村寨文化公司，通过价值评估将村寨的文化资源转化为公司股权，通过股份合作发展满族特色村寨文化建设模式。满族特色村寨文化资源由股份合作制公司进行集中运营管理，利润分配为公积金、公益金和股权红利。公积金被用来支持公司的发展和再生产，公益金被用来支持村集体的公务活动，股权红利被用来向所有的股东发放，而村民是最大的受益者。股份合作制公司机制利用满族特色村寨文化资源，使自然生态、民族文化等文化资源具备了财产权和社会保障权，从而使资源变资产、资产变资本、村民变股东。

（四）推行非物质文化遗产保护创新的"文旅融合"模式

在我国，非物质文化遗产对文化产业发展起着重要的促进作用。大多数非物质文化遗产体现了中华优秀传统文化的伦理道德价值，以及当地人民对美好生活的向往，表现了祖先勤劳、勇敢、智慧的优良品质。满族文化是满族特色村寨在漫长的发展历程中所产生的物质形态与非物质形态两种形式的结合。随着城镇化、工业化进程的推进，满族乡村建设与发展使原本应该承载着生态效益的乡村背负上了沉重的包袱，导致了乡村传统文化的消亡。在对非物质文化遗产进行保护时，应采取各种方式，对有益于建立和谐社会的伦理观念、行为准则进行探讨、整理，并将其融入社会主义核心价值体系中，从而推动我国农村社会进行和谐、有序的文化活动。

然而，由于我国非物质文化遗产类型繁多，且数量巨大，单凭国家的主导作用难以发挥作用。因此，亟须以"文旅融合"为核心，构建多元治理体系，推动非物质文化遗产的保护与创新。在此基础上，要以科学的规划、高效的管理等方式，为村民提供一个良好的公共服务平台，并强化村民互动，从而最大限度地发挥村民的作用。要合理地引进市场机制，在更好地发挥其对文化资源的配置功能的同时，政府要加大对非物质文化遗产的监督力度，为保证非物质文化遗产的合法权益提供良好的保障。

非物质文化遗产是一种特殊的文化资源，它的民族性、地域性极强，开发利用价值极高。通过市场化的运作，很多具有特色的非物质文化遗产得以传承与发展。辽东满族特色村寨文化建设中的非物质文化遗产在有关政策扶持下，要顺应时代潮流，调整新旧文化要素，进行文化重组，使非物质文化遗产项目焕发出新的活力。在此过程中，文化建设成为非物质文化遗产应保护和乡村经济发展的纽带。所以，在文化建设中，非物质文化遗产应与当地的自然环境、旅游市场、民俗歌舞、节日文化等方面都有很好的结合，并以现有的生态环境为基础，发展出既有地域特色又有民族特色的旅游活动，从而形成显著的协同效应优势，打造文化品牌，提高辽东地区满族特色村寨的知名度和市场吸引力。

乡村振兴战略需要推动村寨的文化产业进行更深层次的融合，让一、二、三产业在融合发展的过程中更加凸显其具有的地区特点和乡村价值。针对辽东地区满族特色村寨，充分发挥其经营优势，以其独特的生态和人文环境为基础，实现从"自然景观"到"生态文化观光"的转型，从而促进"文旅农"融合发展。具体措施如下。一是促进生态农场与文化的融合发展。大力发展生态农场等，打造具有满族特色的农业观光旅游、农业主题公园、有机绿色农业采摘产业。在此基础上，形成一种以农业和旅游业为主导的绿色、可持续发展模式，为满族特色村寨培育出品牌特色。二是把传统文化、文化产业结合起来。将满族特色村寨的民俗文化、手工艺品和文化产业有机地结合起来，形成一套完整的文化产业体系。在突出满族文化特色的同时，推动满族特色村寨文化旅游与产业升级加速融合，加大对外宣传力度，促进满族特色村寨文化的长期稳定发展。三是推进特色民宿和文化产业的融合。对特色民宿的形式进行创新，将休闲娱乐、生态健康等多个元素融合在一起，突出文旅融合的开放性与互动性，提高旅游者的参与度与体验度，扩大满族特色村寨文化与文化产业融合的影响力与辐射力。

四、满族特色村寨生态宜居发展路径

（一）注重技术与生态宜居文化融合

21 世纪，计算机和生态技术（如现代生物技术、信息技术、智慧技术、新能源技术、新材料技术等）正逐步渗透到人们的日常生活中，成为人类生活不可缺少的一部分。满族特色村寨生态宜居更应该体现技术与人的融合。

信息时代生态宜居建设中注重技术与文化融合，因为历史具有不可逆性，技术已经成为当今文明的基础，技术作为人的扩展，正以各种形式体现在日常生活中。文化与技术并不处于相互对立的两极，技术是文化的延续。科学中的技术、材料乃至新思想应与地方文化融合起来，这样可以创造新的文化。生态信息时代现代文化建设设计强调将新的先进技术融合在地方文化中，表现新的风格，但使用相同的建筑材料，并不等于一定出现统一格式的建筑（见图 7-3），这与不同文化的融合并不矛盾。

图 7-3 满族现代住宅创新设计

（二）满族特色村寨宜居特色保护

辽东地区是满族文化的发祥地，是清朝的发祥地，形成了尊儒拜孔、多民族融合的满族特色文化，拥有包容开放的多元文化。通过对儒家文化的融会贯通，造就了一种醇厚、质朴、直爽、粗犷的满族特色文化。例如，满族秧歌、剪纸、舞龙、"社火"等非物质文化遗产在辽宁省分布广泛，体现了辽东地区丰富的满族特色文化。还有一些满族特色村寨保留了原始的满族祭祀传统。

①为保护满族特色村寨，应制定满族特色村寨文化保护与管理的法律文件，填补监管空白，为满族特色村寨提供法律保护地位。同时，必须进一步明确满族特色村寨保护的主体责任。确定好满族特色村寨文化的保存和经营中所涉及的权力和责任，以及满族特色村寨文化的认定公告，进行日常维护、修缮及禁止行为等方面的工作。制定重点满族特色村寨保护规划，要保证满族特有的文化核心价值观不被破坏，使其经济价值得到最大限度的发挥，维护好满族特色村寨的物质与非物质遗产。

②将满族特色村寨纳入保护体系，有针对性地进行研究。对满族特色村寨的保护体系进行研究，在该体系下对满族特色传统村寨进行新的保护，提高满族特色村寨的保护级别，并对其进行相应的对策研究。构建出一个以整体空间格局、建筑遗产风格、非物质文化遗产为核心的多层级保护系统，遵循历史发展的主线，对满族特色村寨进行理性保护，并对空间格局、遗产单体等各方面的保护因素采用科学的保护措施。提出以建立日期、历史意义、技术价值等选拔标准，构建一套满族特色村寨文化遗产普查及名录登记的规范体系，为满族特色村寨文化遗产普查工作奠定坚实基础，并提供有力支持。同时，对满族文化遗产地进行分类研究，依据其价值将其划分为重点保护遗产和一般保护遗产两个类别。

③制定满族特色村寨专项规划，建立从整体风貌到特色文化的综合保护框架。在此基础上，通过对满族特色村寨及具有一定代表性的传统村落及其保护方案进行研究，在宏观层面上理顺满族特色村寨的空间模式及建筑遗产的分布规律，并对非物质文化遗产及承载非物质文化遗产的载体等进行细致的调研与评价，并在此基础上，对其进行保护对策研究。要对满族特色村寨的总体空间形态、所依赖的自然环境、村落的形态、村落的历史特征等进行保护，保证满族特色村寨文化的原生态与完整。基于对科学价值评价、对村寨文化系统进行的科学分类，对村寨文化系统中新建建筑的高度、风格、改造方式、基础设施等进行详细的规定。因此，必须采取严谨的规划战略，对传统的村寨空间形态、建筑形式、建筑结构等进行有效的维护与改造。对建筑物辅助构筑物、景

观元素等，可采用预留的方式进行灵活改建（见图7-4）。

图7-4 结合太阳能的满族民居模型

（三）满族特色村寨生态宜居智慧化发展

在满族特色村寨的建设过程中，文化发展的矛盾主要表现为文化建设用地与空间的分配矛盾，如水源、空气、噪声等环境因素对环境的影响，这是特色村寨首先要解决的现实而紧迫的问题。因此，新的特色村寨应该体现智慧型、高效型和生态保护型的特征，建设成智慧民族特色村寨。智慧民族特色村寨是未来我国新乡村建设的发展趋势，它是以居民为主体，由自然、社会、经济、信息等四个子系统组成的复合系统。

智慧民族特色村寨利用现代生态技术、信息技术、智慧技术、新能源技术等，实现了村寨社会管理的智慧化，以及村寨社会生产、消费、运输和生活系统的智慧化。特色村寨发展的承载能力与环境相协调，最终为居民创造更加美好的生活，促进村寨的和谐与可持续发展。智慧民族特色村寨包括智慧村寨生态环境、智慧村寨生态文化和村寨村民参与三种要素。

1. 智慧村寨生态环境

智慧村寨生态环境是在人类的引导下，在一定的时间和空间范围内，运用新一代智慧信息技术，对生态系统的各个因素进行智慧响应，形成了适合人类生存和发展的物质条件的综合环境，它是由自然环境、人文因素、社会环境及智慧资讯科技等因素共同构成的。在建设智慧特色村寨的过程中，运用多种信息手段和技术，可以随时获得数据和信息，对多种环境影响因素进行全面的认知，并及时采用有关技术或制度的措施，来应对环境失衡的状况，从而让环境能够实现一定程度的自我调整。智慧生态环境顺利运作，需要建构完整的智慧生态信息架构。这与我们之前所说的智慧化、生态化产业的构建有着紧密的联系。要做到这一点，就必须把自然环境、社会环境中的环境问题进行产业化，运用信息技术对其进行筛选，从而达到对其进行整体认知的目的。

2. 智慧村寨生态文化

自然界的生态环境对人们的生存和发展至关重要。随着社会的不断进步，人与自然之间的相互影响也不断加深。在今后的发展中，智慧村寨不仅要能够满足自己的物质和精神需要，还要能够与大自然进行协调发展，实现共生共荣，这就是生态文化的根本含义。在我国，生态文化是一种新型的社会经济发展模式。在建设智慧特色村寨过程中，应以现代信息手段为媒介，构建全面高效的生态文化传播体系和平台，为生态文化载体建设和生态文化理念传播提供高效优质的内容和信息服务，从而增强新媒体传播生态文化的传播能力；要建立生态文化科普场所，将生态文化元素融入城市基础设施建设，充分利用虚拟技术在常识传播、功能效应、演示模式等展示方面的作用，提升满族生态文化的科普趣味性。

3. 村寨村民参与

在智慧村寨中，村民的参与是一个关键环节。在智慧村寨的施工过程中，不管是对早期的规划布置，对中期的建设进行推动，还是对后期的管理，都应当将民众的意志体现出来，让民众对智慧村寨的整体设计有一个全面的认识。同时在有足够的条件下，鼓励民众参加到工程的建设当中，并在此过程中不断地对相关的理论和实际的知识进行学习。在此基础上，既要从宏观上也要从微观上，准确地掌握智慧村寨的内涵和实质，将参与者、建设者和受益人三者有机地结合起来，从而使当地的村民更加深刻地认识并自觉地保护智慧村寨所获得的成果。

（四）满族特色村寨的院落文化建设

要全面理解满族特色村寨特有的院落的文化内涵。辽东地区满族特色村寨伴随着城镇化的加速，也在快速演变，并呈现出一种破坏性的发展态势。在乡村建设过程中，一些村寨忽略了对城乡历史记忆与乡情的保护，特别是那些反映中国人乡情的历史文化古城与传统村寨大院等，已逐渐淡出人们的视线。而那些表现出浓郁地域特征的传统村寨院落，有着极高的建筑学和历史文化价值，成为一笔珍贵的乡土文化财富。

传统农家院落是村寨文化的重要载体。传统农家院落有其自身的价值。一是农家院的生产价值。在传统的村寨文化中，所谓"粮丰畜旺"是建立在乡村庭院的基础上的。如果盲目按照城市建设的理念去建设乡村，那么乡村院落的价值就无处体现和传承，价值也会被削弱。二是乡村院落的居住价值。农家院是农民生活的支撑和基地，农民的饮食、居住、娱乐、民俗活动都在这个空间中进行。尊老爱幼、互帮互助、诚实守信等一系列优秀的传统文化，都是通过村寨院落这一文化载体传承下来的。

传统院落文化十分注重人与自然的和谐，农家院落的营造体现了"天人合一"的生态文明观，是乡村文化发展的重要组成部分。传统院落社会对自然的教化功能，在院落中得到了潜移默化的体现。传统乡村社会的监督、示范和舆论约束功能，基于乡村院落的开放性，已经成为乡村教育的一种重要形式。如果庭院缺乏开放性，它的教育功能就会随之消失。乡村院落是乡村社会的一个缩影，没有了农家院落，怎么还能思乡呢？

乡村文化建设有其内在的规律性。要持续探索农村文化建设的客观规律，建立起一套有效的、有序的文化建设运作机制，唱好主旋律，掌握好领导权，促进乡村文化建设工作的科学化、规范化推进。

五、满族特色村寨乡风文明发展路径

图7-5　乡风文明的发展路径

在信息时代的乡风文明中，注重在社会主义核心价值观指导下村寨的不同文化融合。发扬各地区文化的差异，其价值在于启示，重点不在造型上的特征，而在于不可见的哲学形态，这种价值应与各种文化和谐共存，鼓励不同文化之间的交流，才有可能创造出一种完全不同于国际式的中国式文化（见图7-5）。

各个不同民族和地区的文化会因相互传播而发生接触，出现冲突与融合。西方文化和中国文化分别属于不同的地区文化，各自具有不同的特色，经过长期消化才能使二者融合。经过一段时间，它往往会发生文化变形，通过融合而形成一种新的变种，激发出新的活力，在整体上加速文化体系的发展。

（一）乡风文明发展注重文化的融合

在信息时代，乡村文明的建设特别强调历史与现代的融合。现代科技与生活方式的成就，皆源于对过往历史的汲取。每个民族的历史文化都拥有独特的特色与生命力。分析传统文化和现代文化在时间相位和空间相位的差异，摒弃落后部分，坚持民族文化中的优秀遗产，是各民族文化发展的前提。只有坚持民族文化的优秀传统，才能吸收外来文化的营养，丰富和发展原有文化。如果盲目否定一切传统文化，就会失去消化和容纳外来文化的依托，也谈不上文化发展。

（二）重塑满族特色村寨文化的价值，培育乡风文明

在党的十八大报告中，明确了"富强、民主、文明、和谐""自由、平等、公正、法治""爱国、敬业、诚信、友善"24字的社会主义核心价值观，它是建设社会主义文化强国的第一要务。近几年来，社会主义核心价值观日益成为凝聚民心的社会新风，增强了对人民群众的影响。社会主义核心价值观是"中国人在现代社会求索、历尽艰难险阻而建立的一种理想信念"，它反映了我国各民族共同的价值观念，既包含了民族的价值追求，也包含了社会的价值追求和个体的价值标准，更是古代先贤的智慧结晶。这是志同道合者、革命先烈、全国各族人民对美好生活的向往。要把培育乡风文明和弘扬社会主义核心价值观紧密结合起来，弘扬中华民族传统家庭美德，让千家万户成为国家发展、民族进步、社会和谐的重要抓手。满族特色村寨文化建设应当在社会主义核心价值观的指导下进行，使其为村民接受，并成为他们思想、行为的价值取向。

第一，在社会主义核心价值观的指引下，满族特色村寨文化建设需要系统地发展，通过顺应民意、贴近民生、关注民情、与民互动，将新的精神追求与价值观念传递给村民。

第二，乡风文明发展的关键在于实现人民的参与。要不断增强村民的民主法治意识，培育新时代的村民。通过重构新型乡村文化，丰富乡村精神文化生

活,引导村民重新认识自己民族的文化,树立"乡土为先"的价值观,从而激发村民的自觉、自律意识。

第三,在满族特色村寨中强化村民的精神风貌,坚持社会主义核心价值观,通过实施义务教育,开展爱国主义教育、社区宣传、法治宣传,把社会主义核心价值观融入其日常行为中,重视典型的示范作用,培育出一批新的楷模。

第四,在继承和发扬满族特有民族传统文化的同时,汲取新时期民族文化的精髓,以促进民族文化的交流与创新。对满族传统村落中的传统建筑和文物进行适当的保护和利用,并以其为中心,形成以观光为核心的文化产业链。利用旅游和数字化等手段,推动满族文化与都市文化、现代文化相结合,推动满族特色村寨文化走向世界,维持满族文化的生机勃勃。

(三)满族特色村寨文化价值是乡风文明的重要载体

满族特色村寨要想真正实现乡村振兴,就要坚持以社会主义物质文明和精神文明为主的"两个文明"并举,大力开展乡风文明,弘扬村民的精神面貌,培养良好家风、文明乡风、淳朴民风,提升村民的整体素质。

第一,山川相融,山水相依,院落相映,是辽东地区满族特色村寨的真实写照。传统农业文明的农业制度、农俗、节令、地方知识、民间宗教和生活习俗,都是人类与自然和谐相处的智慧结晶。对于生态保护、文化传承、文化休闲,科学研究都有很大的价值。同时,我们应该看到,在满族特色村寨中,诚实守信、敬老爱幼、守望相助、邻里和睦等优良传统在乡风文明建设中发挥着重要作用。乡村社会作为一种天然的教育机构,具有引导、培养和教育农民行为的内在责任。

第二,独特的满族特色文化是满族村寨最具吸引力的地方。满族特色村寨的建筑与城镇建筑有很大区别,它并非简单的乡村建筑,而是传承了满族传统村落的历史记忆,继承了满族特色村寨特有的乡土情调与传统。如果乡村建筑仅仅是一个复制品,没有地域特点和文化内涵,或是单纯地复制城镇的建筑样式,那么乡村建筑就不会有持久的生命力。满族特色村寨乡风文明建设体现了满族特色和民俗风情,凸显了其独特的个性。中国传统乡村是连接家族血脉、传承民族文化的载体,也是民族的精神家园。

第三,辽东地区满族特色村寨乡风文明植根于满族传统文化,具有地域性、亲和性、民族性等特点。它在教育和培育民族文化方面发挥着重要的精神力量。在推动乡风文明现代化进程中，我们应利用满族特色村寨文化所蕴含的道德力量，推动村寨乡风文明建设，鼓励村民积极地参加各种活动，给乡风文明发展带来新的生机，将满族特色村寨文化持续地传承下去，从而成为乡村振兴战略的重要一环。

（四）满族特色村寨文化乡风文明创新性发展

优秀的中国传统文化根植于当地社会，传承中华优秀传统文化的精髓，从中挖掘历史智慧。只有对乡村文化进行符合时代需要的创新发展和创造性改造，传统文化才能"大放异彩"。

满族特色村寨乡风文明创新性发展需要发扬优秀的满族家庭传统和文化。满族传统家庭优秀家风已经具有几百年历史，有着深厚的历史底蕴和文化滋养，对维护满族特色村寨社会的发展和稳定起着不可替代的作用。在市场经济的今天，它仍然具有独特的历史价值和现实意义。其具体体现在以下几个方面。

第一，重视地方志的文化建设、研究和借鉴。地方志文化是中华优秀传统文化的重要组成部分，具有记载地方历史、为地方政府提供支持和教育的功能。传承和弘扬地方志文化，是总结乡村发展改革经验、推动乡村社会经济发展、助力乡村振兴和乡风文明的战略性工具。因此，辽东地区乡风文明的开展必须加大满族特色村寨的地方志整理工作力度，对其进行系统梳理。在此基础上，结合社会调查、口述历史、家谱等文献，进一步拓宽地方志搜集的内容与途径，对满族特色村寨进行文学与历史研究，为满族历史与文化的传承和发展及乡风文明的实现，提供坚实的文化支撑。在此基础上，形成一系列地方志的典型范例，为今后更多具有满族特色村寨的地方志编纂工作提供借鉴，为满族特色村寨传统文化的抢救、保护、传承和开发利用提供有益的参考。同时，在地方志编纂工作中，我们要做好思想政治工作，以提高群众对民族的认同感。随着网络、新媒体、新技术的普及，应积极推进满族特色村寨地方志的数字化进程。构建并强化了当地的文化门户网站、微信公众号等服务平台，为社会提供满族特色村寨地方志信息检索等服务。

第二，对满族特色村寨进行民族民俗文化的发掘与保存。要在继承民族特色的基础上，构建满族特色村寨的民族民俗文化的科学体系，并制定满族特色村寨的民族民俗文化的管理办法。在发掘中继承，在继承中不断地创新。以满族特色村寨民族民间文化为例，由专业人士进行鉴别，鉴别出具有一定代表性的物质文化遗产和非物质文化遗产。加强满族民族风情和民俗文化的推广，创建民俗文化品牌，在满族特色村寨地区创建优秀传统民俗文化传承人支持体系，提升传承人的社会地位，激发村民参加民族民俗文化的积极性和创造性，促进乡风文明的发展。

第三，满族特色村寨是非物质文化遗产的源头，其中，满族特有的表演艺术、手工艺品、民俗节庆活动等遍布村寨各处。在对其进行保护、传承、抢救的过程中，应本着"保护第一"的方针，认真贯彻"抢救为主、合理利用、传承发展"的政策，积极开展保护"非遗"乡村行动，做好"非遗"传承工作，使满族特色村寨的"非遗"具有塑造文化、兴旺产业、培育人才的功能，为实现乡风文明目标提供强大的文化支持。

第四，要把满族特色村寨的民族、民间习俗发扬光大，使具有鲜明特点的民族、民间习俗更加丰富多彩。推广满族节庆，举办富有民族性、地域性，以传统文化为主要内容、以民间为主体、以"满族节庆"为内容的民间文化活动。在春节、清明节、端午节、中秋节、重阳节等重要的传统节日举办丰富多彩的文化活动，对节庆的内容进行持续的解读和丰富，从而营造出浓郁的节庆氛围。

在节庆过程中，村民能感受到民族文化的魅力。培育满族乡村居民积极、健康、向上的民族文化，使乡村的民族文化得以传承，从而提高村民的民族文化身份，增强村民的民族归属感、乡土情感和民族的文化自信心，培育良好家风、文明乡风、淳朴民风。要加大对文化遗产的继承与保护力度，开展"救录"项目，促进传统戏剧、音乐、舞蹈等节目的继承，使传统的艺术得以一代代流传，使之具有时代气息，使广大群众从中得到乐趣，提高文化获得感。同时，要与地区特点相融合，培养一批有底蕴的传统演出节目，使之成为"一地一品"。

第五，在满族特色村寨的基础上，进一步完善城乡公共文化服务体系。持续推进全民数字化文化项目，为广大村民提供方便快捷的数字化文化资源服务。围绕人民群众的需要，大力发展"菜单式""订单式"的文化商品购买。在满族特色村寨区域内，要健全其文化和文艺的支持体系，并在各村寨内组建起相应的群众文化自治机构。

六、满族特色村寨乡村治理发展路径

加强党的领导，实现文化治理和交互式发展。在满族特色村寨实现乡村振兴的进程中，必须强化中国共产党在乡村的绝对领导，使其在村寨文化建设上更好地发挥"战斗堡垒"的功能。党的二十大报告提出，当今世界正经历百年未有之大变局，我国正处于实现中华民族伟大复兴的关键时期。在这一重大发展机遇面前，中国共产党的每名党员都要发挥凝聚人心、凝聚力量的作用，肩负起推动社会改革的历史使命，与人民结成命运共同体，携手前行。

（一）塑造多元性治理满族特色村寨文化主体

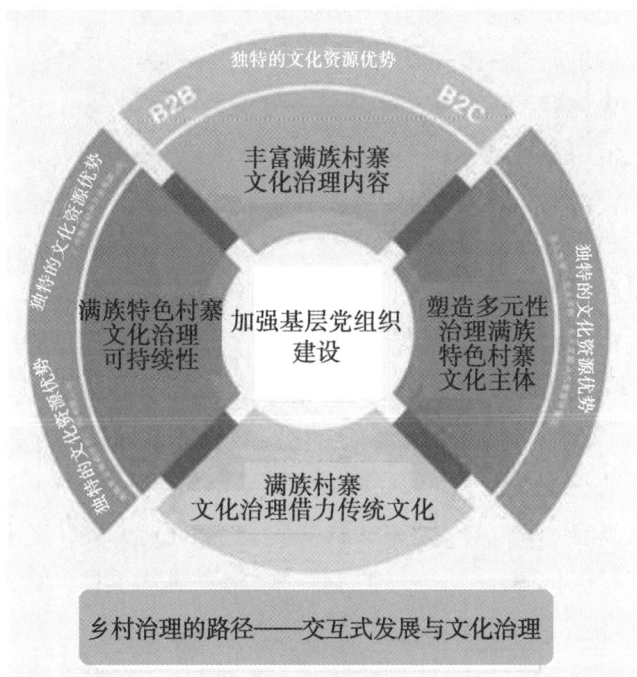

图 7-6　文化治理发展重点

多元性治理是指"公众参与"，即调整政府、市场、公众三者之间的关系，使公众意见成为主流。为此，在由"文化代理"到"文化自理"的阶段转型过程中，必须构建"三位一体"的文化管理体制，即以民众为主体，政府和市场共同参与的文化管理体制（见图 7-6）。在文化治理中，政府应由先导作用逐渐过渡到引导作用，重视基础的社会治理工作，发挥党在文化治理方面的思想领导作用。在文化主体层面上，以国家为主导，对民族地区进行文化经营与管理。与此同时，在当前阶段，亟待加强群众的文化自治，增强其内在的发展活力。

满族特色村寨乡村治理离不开政府的领导，也需要满族特色村寨的居民对其治理目的的认同，参与治理活动，并将其作为乡村治理的主体。为此政府有四个主要任务要实现。一是积极推进党的建设重心下移，在满族特色村寨建立党的文化引导机构，发挥党的思想领导作用。二是在基层组织的领导下，对满族特色村寨的各类文化进行深入挖掘与传播，如红色文化、满族传统文化和地域文化等。三是要发挥广大村民的主动性、创造性，使广大村民主动参加到满族现代特色文化建设中，从而创造出富有现代特点的民族文化。对满族特色村寨的文化治理进行具体的策划和安排，要以中央有关乡村振兴政策为依据，并将其与本区域的文化优势相结合，从而制定出一套与本区域发展相适应的文化发展战略，从而保证文化治理的持续性和科学性。四是要提高对乡村文化资源的利用效率，加大对满族特色村寨文化建设的投入力度，加快对乡村文化资源的开发进度，如文化场馆、数字平台等文化基础设施建设，为文化产业的发展奠定良好的质量基础。通过多种途径，推动满族特色村寨的文化内容传播，并在此基础上进行民族的文化意识培育，从而逐渐将民族的文化意识融入民族地区的社会生活中。在文化自给性阶段，以政府为主导、以公众为主体；满族特色村寨文化产业发展政策为满族特色村寨文化治理提供了政策与制度保障，对满族特色村寨文化治理起到导向作用，对文化治理行为进行规范，从而保证满族特色村寨文化治理的健康发展。

人民群众既是满族特色村寨治理的主体，也是其文化管理的主体，还是促进满族特色村寨文化持续发展的内在动力。在文化建设发展的第一个阶段（文化代理阶段），满族特色村寨的文化资源经营与开发主要由政府和企业主导，同时注重人民群众的参与。通过与政府的合作，对满族特色村寨的传统建筑进行改造和恢复；企业参与开发文化产业链，致力于改善村寨的自然环境，深入挖掘满族传统文化，打造具有吸引力的旅游品牌。在外部力量的推动下，满族特色村寨的社会结构和文化产业体系得到了进一步的完善。对文化制度与组织制度的整体进行重构与优化。在文化建设发展的第二个阶段（文化自理阶段），"文化自我意识"萌生，当地居民充分发挥满族特有的民族特色，积极参与文化产业开发，并与外资在利益分配、土地使用等方面展开博弈。这一时期的主动性表现为两个方面：一是满族特色村寨主动建立了专业的农村文化管理机构，如文化管理委员会和文化产业发展管理公司，统一管理地方文化产业，并与外来的企业进行竞争，以获取主动权；二是在保证经济利益和文化情感的基本原则下，发展满族特色村寨文化，并动员广大群众参加当地文化的建设，组建妇女文化团体、老人文化团体、读书会、艺术团等文化团体。

（二）结合文化丰富满族特色村寨治理内容

第一，满族特色村寨所具有的独特文化资源优势，是其独特的经营方式所无法替代的。在进行文化治理的过程中，要将文化资源管理作为一个切入点，以此来拉动民族地区的资金、产业、组织、人才、生态等方面的发展，从而促进乡村全面振兴，最终达到乡村美、农业强、农民富的目的。

第二，满族特色村寨伦理文化和文化治理相结合。满族特色村寨中的伦理、道德和民风，是一种规范的社会生活方式。文化治理的目的，就是要发扬优秀的民族伦理文化、吸纳现代优秀的伦理文化，在继承和发扬已有优良传统的同时，与当代优秀的伦理文化相结合。伦理文化治理的内容主要包含了两个方面：一是对优良的传统伦理文化进行保护和改进，例如，开展节庆创新活动、提倡尊老爱幼的理念、弘扬优秀的人物故事和信仰文化等；二是吸纳并融合当代的优良传统，例如，大力倡导社会主义核心价值观、弘扬民族共同体理念、大力培养淳朴家风、实施先进文化的惠民行动等。

第三，把满族特色村寨文化和文化治理有机地融合起来。在传统的"双轨制政治下"，乡村社会是士绅宗族领导下的地方自治社会。中华人民共和国成立以后，在全国范围内大力推行民主自治，为乡村自治奠定了基础。乡村是以血缘和区域为基础而形成的社区，其内部天然存在着一种统一的联结关系。满族特色村寨可以组建自治机构来治理村寨的日常生活，并能够通过社区纽带来推动村民的自治。

（三）保障满族特色村寨治理的可持续性

满族特色村寨的文化治理是一个长期的工作和不断积累完善的过程，需要在满族特色村寨进行机制创新，为其文化治理提供有力的制度保证。要使文化治理具有永续性，须通过下列几个途径来实现。

第一，注重主体间的互动，建立密切的利益联结机制。现阶段，我国文化的发展主要表现为国家对主要文化企业的支持，以及对民众进行引导，它具有明显的线性特点。在国家、主要文化企业、民众三者中，有一种松散的利益联结机制，其中，企业是最大的利益受益者。要让民众把重点放在对文化的积极参与上，并从中吸取到发展文化资源的技术和经验，从而培养出新的产业基础和人才。在下一阶段的文化治理过程中，村民应逐渐取代政府与企业成为文化治理的主体。通过对传统资源的挖掘与利用，民众自发地进行文化创新，通过村民互动实现文化传播，使民众成为最大的受益者。

第二，对文化供给方式进行完善，注重建立激励机制。在未来的一段时间内，政府应该起到引导和服务作用，用政策规划替代项目供给，减少资源直接配置，推进文化产业"自愿项目申报+绩效奖励"的激励机制。同时大力发展满族特色村寨的文化自我供给，尤其要努力培养新型的文化管理主体，使更多本土化的文化精英与社会团体担当起文化管理的重任，并给予其相应的激励。

第三，通过对文化产业模式的创新，提高其文化资源的开发利用效率。财政支持下的村寨公共文化供给，在提高文化单元公共产品生产能力的同时，也造成了产业利益的固化，形成了产业的封闭性、产业"软收缩"、资源系统的内部流动，造成了供给侧的"制度空转"和效率低下。因此，在文化供给方式上，要充分运用现代化的信息手段，运用"互联网+文化供给"这一模式来提高文化资源的利用效率，并弥补现有文化供给方式的不足。一方面，运用数字技术，拓宽乡村文化的受众面；网络媒体的兴起，使人们更容易直接参与到文化的传播与创作中，也使满族特色村寨之外的人们有了一个了解满族文化的桥梁。另一方面，运用数字化技术创造不同类型的满族特色村寨文化产品，加深文化产业链的深度，同时数字化改造与开发满族特色村寨文化资源，可以提高满族特色村寨文化产品的创作水平与市场价值。

（四）满族特色村寨治理借力传统文化

对于满族特色村寨居民来说，满族特色村寨民俗节庆是他们非常熟悉和喜爱的，他们的参与态度非常积极。通过共同参加民俗节庆活动，人们能够更好地认识到文化互助和文化治理的重要意义，深化彼此之间的理解和信任，从而推动民族共同体的形成。

第一，满族特色村寨民俗文化的公共性决定了它离不开人的参与。开展民俗节庆活动是文化治理的好方法。提倡与当代社会相适应的民俗节庆文化，不仅能使民俗节庆文化得以延续，而且能在对民俗节庆文化进行保存的同时，为今后民俗节庆文化的发展提供新的思路。参与民俗节庆活动的民众，能在活动中认识中国传统文化、感受民俗文化的魅力、体会民俗文化的重要意义。参与民俗节庆活动，能够更好地激发人们爱国、爱家、尊老爱幼等崇高情感，从而达到人人管自己、人人重视自己的文化治理目的。由此可见，政府部门应大力推进满族特色村寨的民俗节庆活动，优化满族特色村寨民俗节庆活动的组织体系。"以人为本"的治理理念可以通过公共活动来传达。政府部门应给予满族特色村寨民间文化活动优惠政策，有效引导民间文化活动的价值取向。以组织民间活动为契机，有效发挥满族特色村寨优秀伦理道德规范在民间文化中的价值，促进中国社会价值观的形成。

第二，升华村规民约，提升乡村治理效率。满族特色村寨的村规民约为政府部门的文化治理提供了方向。满族特色村寨的村规民约在乡村社会存在的时间较为久远。一些村规民约已有200多年的历史。它们一直延续到今天，并深入到村民的精神中。满族特色村寨的村规民约能够经久不衰，并在今天仍然具有重要的现实意义，是因为其与满族特色村寨的乡村环境氛围和村民实际需求相适应，可以说，它是一种实践性、社会性的民俗传统文化。

对满族特色村寨的村规民约进行升华，是乡村治理的好方法。政府管理满族特色村寨的村规民约，能够对其进行升华与优化，从而达到与现阶段我国国情相适应的目的。针对满族特色村寨制定出与村民的文化水平相适应的村规民约，从而指导其形成相应的社会价值观，引导村民社会价值体系的形成。社会价值体系对于社会和经济的发展，甚至对于整个社会的进步，都有着重大的影响。满族特色村寨村规民约的升华，可以随着时间的推移，逐步将国家的社会价值体系深入到村民的心中，鼓励村民认同国家的社会价值体系，并用它来规范自己。升华后的村规民约也能起到一定的监督作用，村民可以借助升华后的村规民约对他人进行监督。例如，宽甸县河口村原有的环境卫生并不理想，只靠批评与教育其成效不尽如人意。而如今，随着河口村村民公约的完善，河口村的环境卫生质量与村民的经济效益挂钩，其作用立刻显现出来。明晰其职责能促使村民自觉地参与到村庄的环境卫生工作中，从而有效地提高河口村的环境卫生水平。

第三，重塑民俗价值，消解乡村治理困境。文化建设与社会治理是密不可分的，二者互相影响、互相渗透。社会治理面临的最大难题就是文化难题。解决满族特色村寨的文化问题，能够促进社会治理的深入发展。建设有中国特色的社会主义，构建和谐稳定的美好社会，是中国社会治理的最终目标。这种社会治理的目的，既有民间文化的，也有儒学文学的。爱幼、敬老、爱国的优良传统不应被抛弃，而应深入人心。满族特色村寨民俗文化源远流长，在村民心中根深蒂固。如果完全否定民间文化，必然会导致村民情绪反弹，社会治理也难以有所作为。相反，如果我们升华满族特色村寨的民间文化，引导村民书写规范，使村民易于接受，社会治理也就不难了。民间文化与社会治理并非截然相反的两面性，而是互惠互利的两面性。社会治理不仅涉及人，而且涉及文化。乡村社会治理是对根深蒂固的民间文化进行改造、升华，使其适应现代化社会的过程。民间文学的发展逐步加快。从传播速度、审判效率等方面来看，它不失为一种社会治理的有效手段。社会治理是一项永恒的课题，它是一种文化变迁与更替的体现。用文化代替文化、用文化来治理文化，才是真正的社会治理之道。辽东地区满族特色村寨虽然近年来产业发展较快，但其经济发展水平仍处于较低阶段，城市化进程缓慢，乡村治理存在诸多问题，私人占用古镇建筑和随意堆放生活垃圾的现象依然存在。辽东地区满族特色村寨各级政府利用民俗推动各类公益项目，设立文物保护专项资金，增加投资，充分挖掘民间资本的活力，促进当地经济的发展，并引导村民养成良好的生活习惯、树立积极乐观的心态。

第四，打造民俗精品，服务乡村生产生活。满族民俗文化遵循其内在的规律性，这些规律性对满族民俗文化具有制约作用，并促使其保持和谐状态。但是，随着社会进步、经济发展、文化变迁等因素的影响，辽东地区满族特色村寨也面临着越来越多的问题。随着外界信息的不断输入，村民的价值观正在发生着改变。从经济社会的角度来看，村民对自己的发展与需求有了新的认识。越来越多的村民选择走出农村，到城市打工。我国农村出现了留守儿童和空心村，其管理问题日益突出。然而，大量涌入城市的青壮年居民对城市文化和生活方式的不适应，使城市管理中存在的问题日益突出。社会治理的目的在于解决城市与农村的管理问题，并在城市与农村的管理冲突中寻求平衡。对村民而言，对美好生活的追求是最基本的要求。城市也好，农村也罢，只要能快乐地生活就好。农村地区是一个国家的组成部分。农村经济建设是一个国家实现全面繁荣富强不可或缺的重要部分。

因此，发展农村经济是国家治理的必然要求。满族特色村寨的治理，既要有国家政策的支撑，又要有民间文化的参与。民间村落有着自己的经营模式。

由传统继承而来的优良民间文化，其内涵丰富，表达方式多样，这是农村民间文化自身所具有的优越性。创建一个民族文化品牌，充分发挥农村民间文化的优势，能够将农民引入到市场经济中，从而为他们带来更多的经济价值。

文化治理是以满族特色村寨独特的文化资源为依托，促进区域经济、政治、文化等方面的发展。其目的不仅在于振兴满族特色村寨的文化，更在于推动满族特色村寨的整体振兴。实施乡村振兴战略，必须有一个核心支点，这个支点必须是当地的优势，而满族特色村寨的发展，应以当地的文化资源为支点。为了发挥这一优势，我们党应该发挥好文化建设的领导作用，在传统文化和现代文化的"两手抓"中，从根本上保证文化发展道路的正确性和先进性。政府应因势利导，提高满族特色村寨的发展效率。

本章小结

目前，辽东地区满族特色村寨文化建设面临诸多挑战和限制因素，这些因素既有普遍性也有特殊性。普遍性问题包括人力资源、地理条件、资金短缺等导致的发展动力不足，城市化进程对村寨文化的侵蚀、文化产业发展的滞后及乡村文化认同危机，产权不明确和制度设计缺陷导致的管理混乱和恶性竞争，以及满族特色村寨文化创新与传承能力不足。特殊性问题则涉及满族特色村寨数量有限且分布不均、村寨"原子化"现象及缺乏规划和评价体系等。辽东地区正同步推进乡村振兴战略和满族特色乡村文化建设，采取差异化的发展战略以推进供给侧改革。满族特色乡村文化的发展对乡村振兴具有多方面的积极影响，如促进产业发展、提高村民收入、推动生态宜居村建设、促进乡村文明发展和社会治理，以及保护和传承中华优秀传统文化。

进入信息时代，乡村振兴战略的实施无疑为辽东地区满族特色村寨文化建设注入新的活力，也使辽东地区满族特色村寨文化建设发展面临转型，可以将其概括为以下几个方面。一是文化产业发展升级，将村寨各项资源视为有机联结的整体，采取探索多元化、网络式的开发方式。二是生态宜居的转向，注重现代科技与传统文化的融合，以传统文化为基础，利用现代生物技术、信息技术、智慧技术、新能源技术等发展生态宜居模式。三是新时代满族特色村寨的乡风文明以传统文化为基础，以社会主义核心价值观为核心，实现包括传统文化、民族文化、地域文化、现代文化等各种文化交互式、多方位的交流与融合发展。四是辽东地区满族特色村寨在乡村治理从"文化代理"到"文化自理"的阶段性转型中，需要建立以人民为主体、政府与市场协同参与的"三位一体"乡村治理模式，通过内生发展与外部扶持，进行有机结合，逐步实现乡村振兴。

第八章 研究结论及展望

　　乡村振兴战略的实施无疑为满族特色村寨文化建设注入了新的活力，同时也面临着满族特色村寨文化建设的转变。一是资源利用方式的转变，将满族特色村寨各种文化资源作为一个有机的、相互联系的整体来对待，改变以往零散的开发方式。二是文化建设效益方式的转变。基本的逻辑路径是"资源所有权—资源资本化—资产资本化"。通过村民资本化参与文化建设，使资产变成资本、资金变成股权、村民变成股东、激活乡村文化内源式发展活力。三是通过发展村集体经济和培育文化自治组织来促进村民的重组，并在此基础上重塑乡村文化秩序。四是加强乡村防灾减灾救灾建设和治理，保障村民和游客生命财产安全。五是继续争取中央关于乡村振兴战略的支持政策，通过内源式发展和外部支持的有机结合，逐步实现乡村振兴。

　　辽东地区满族特色村寨具有鲜明的民族特征，其特有的民族文化资源经营模式是其最重要的竞争优势。独特的语言、服饰、风俗、建筑、饮食、宗教等都是一种潜在的文化资源。满族乡村的振兴道路，就是在进行文化资源经营的前提下，对其所处的社会结构、产业经济、价值观等进行整体的文化治理，从而推动整体的社会发展。乡村振兴对满族特色村寨的发展具有重要的理论和现实意义。但是，满族特色村寨文化建设的具体实施途径有以下几点：重新构建乡土社会的文化价值观；构建多元化的管理机制；充实管理的内涵；保障其可持续发展。以满族特色村寨民众"参与转移"为切入点，探寻乡村振兴的本土化路径。

第一节 研究结论

　　研究辽东地区满族特色村寨文化建设，在区域生态保护、文化保护与传承、社会经济发展等方面具有特殊意义，为开展民族特色村寨文化建设积累宝贵经验。本节综合运用民族学、文化学和经济学等方面理论，在深入实地调研和科学论证的基础上，得出以下结论。

第一，乡村振兴战略是辽东地区满族特色村寨文化建设的重要历史背景和指导战略。乡村振兴战略的提出和实施，标志着满族特色村寨文化建设进入了一个新的发展时期。在乡村振兴战略的指导下，村寨的发展从单纯的第三产业经济活动，向巩固全面建成小康社会成果、加快推进农业农村现代化、从根本上解决"三农"问题的总目标转变。因此，满族特色村寨文化的建设本身也提出了新的更高要求。

第二，研究证明了发展满族特色村寨文化建设和乡村振兴的各种策略至关重要。总的来说，这些需求是相互协调和互利的。满族特色村寨文化的建设，在文化产业、人居环境、生态保护、乡风文明、文化传承与发展、村落治理、村落民族团结等方面作出了重要贡献。由此证明，在满族特色村寨中实现乡村振兴与文化建设发展，是促进区域乡村振兴的一条可行路径。

第三，现阶段满族特色村寨文化的发展积累了一些有益的经验，如满族特色村寨文化产业建设与乡村振兴战略有机结合、乡村振兴战略与满族特色村寨文化建设同步推进、满族特色村寨的文化供给侧改革应采取差别化发展战略等。发展满族特色村寨文化，为乡村振兴作出了全面的贡献。满族特色村寨文化的不同资源类型和发展模式也存在着发展势头不强、文化建设主体发展缓慢、管理机制不完善、文化治理能力不足等问题和挑战。在全面推进实施乡村振兴战略的下一阶段，满族特色村寨文化的永续发展，关键在于借鉴已有的经验基础并不断探索和解决存在的问题。

第四，文化产业是促进满族特色村寨文化建设的主要方法。辽东地区满族特色村寨是我国最早发展文化产业的地区之一。30多年来，辽东地区满族特色村寨已开始将文化建设与乡村的一、二、三产业等结合起来，取得了一定的成绩，但是辽东地区满族特色村寨文化建设的整体发展水平还有待提高。

随着乡村振兴战略的全面实施，辽东地区满族特色村寨的文化产业亟须进一步整合资源、转型升级、创新发展，特别是要将其与传统优势产业有机结合起来。如果只注重旅游等文化产业开发，而忽略了农业、手工业等传统产业，将会对村寨的可持续发展产生不利影响。

第五，辽东地区满族特色村寨文化产业应树立新的生态资源利用观和产业效益观。在生态资源利用上，既要把山河、林田、湖村等生态资源看作一个不可分割的整体，也要把文化资源（如建筑、风土人情、节日、美术、传统工艺等）作为一个有机的整体来看待。按照系统工程的思想，把生态资源和文化资源融合到满族特色村寨文化产业的创建之中，避免各个要素之间的割裂。从产业效益的角度来看，辽东地区满族特色村寨的文化生态价值将随着产业发展而进一步凸显。作为发展村寨文化建设的主体，村民的收益来源应该由传统的产业收益、劳动报酬逐渐转变为资产增值收益。

第六，辽东地区满族特色村寨文化产业由于区域社会发展和经济相对滞后等，使村民参与文化产业的途径比较单一。在文化产业的发展中，落实并充分发挥中央乡村振兴战略政策的作用，探索多元化、多层次、网络式的发展方式，建立文化资源使用公平原则和价值评估体系，发展专业合作社、股份合作制公司等多种经营主体，构建多层次的劳动、经营、资本参与模式，促进文化产业发展。

第七，在辽东地区满族特色村寨中形成了较为完整的社会体系。通过强化集体经济，激励村民通过各种形式对集体经济进行投资；通过股票分红、公益基金等形式，对村民的需要做出响应，最终构建出双方"利益共享、责任共担"的利益联动机制，从经济角度推动了村寨中居民的文化产业重构。此外，还发展了文化行业自律机构（如专业协会、理事会等），在文化行业内形成了伦理监管与矛盾化解的制度，促进了社会对村寨文化建设的再融合，形成了满族特色村寨文化建设发展的良性秩序。

第八，生态宜居视角下的满族特色村寨文化建设。在 21 世纪信息时代背景下，满族特色村寨生态宜居建设注重现代科技与传统文化的融合。由于历史是一个不可逆的过程，技术直接成为文明的基础。现代文明不可能是一个失去技术保障的文明。技术作为人类的发展成果，以各种形式反映在日常生活中。文化和技术并不是对立的两极；相反，技术是文化的延续。科学上的技术、建设乃至新思想都要与当地文化相结合，这样才能创造出不排斥技术的新文化。在生态信息时代，现代建筑设计强调将新的先进技术融入当地民居中，表达新的风格。使用相同的材料并不一定意味着出现统一的文化形式，这与不同文化的融合并不矛盾。现代村寨生态宜居建设注重将现代技术融合于本土文化中，使本土文化体现出新的风貌。结合现代生态技术、信息技术、智慧技术、新能源技术等不同的现代技术，实现现代文化建设的发展和延续，并通过现代技术促进现代生态宜居的发展。现代生态宜居在继承历史的同时，强调对传统的延续和发展，以及对新技术的应用。

第九，乡风文明视角下满族特色村寨文化建设。随着社会的变革与发展，乡村文化建设的目的有两个方面。一方面是以民族文化为纽带，达到民族之间的对等关系；多元的社会格局并非以某个群体或少数群体为主体，其文化走向也没有固定的指向。从提高社会认同感与大众共识的观点出发，有利于构建和谐、稳定的民族关系。另一方面，社会经济关系的发展目标是满足当地少数民族自身的需求。各个文化主体之间自发产生的、内生的动力，他们可以一起参与到经济发展、社会管理、文化传承和家园建设当中，一起分享振兴的红利，从而实现民族地区可持续发展的目的。推进少数民族和民族地区农村文明建设，对于少数民族来说，是至关重要的。只有建立自主平等的文化关系，才能有效促进各族人民在多元社会结构中的融合、文化水平的提高及农村整体乡风文明的建设。

第十，乡村治理中满族特色村寨文化的应用。政府要发挥党的思想领导作用，重视基层党建工作，在乡村治理中要逐步由主导角色向引导服务型角色转变。在"文化代理"阶段，政府是民族地区文化资源管理的开发者和领导者，引导民族地区文化供给并管理当地文化。在现阶段乡村振兴战略的背景下，党和政府需要培养"文化自理"的文化自主性和内生发展动力。当前，满族特色村寨"文化自理"阶段的主要任务有三个。一是积极推进党的建设重心下移，在满族特色村寨党支部中建立相关文化建设的机构，发挥党的思想引导作用，引导文化建设。二是地方政府根据中央有关乡村振兴政策，结合本地区的文化优势，协助满族特色村寨文化治理规划布局，制定适合本地区发展的文化发展战略，保证文化治理战略的可持续性和科学性。三是推进城乡文化基础设施均等化，加强满族特色村寨文化基础设施建设和文化公共服务供给，加强满族特色村寨文化场馆、数字平台等文化基础设施建设，为文化产业发展奠定物质基础。

培养民众文化自觉，多渠道推动满族特色村寨文化交流创新，逐步参与和引领区域文化建设。在"文化自理"阶段，政府是文化治理的引导者和服务者，村寨村民是文化治理的主体。制定满族特色村寨相关文化发展政策，为满族特色村寨文化治理提供政策和制度保障。要发挥"文化自理"作用，规范文化发展和治理行为，确保满族特色村寨文化治理健康发展。市场在"文化自理"中发挥积极作用，强调社会效益和经济效益。

》》 第二节　研究展望

由于理论储备和实践经验有限，著者对辽东地区满族特色村寨的振兴、发展与文化建设的研究还远远不够。乡村振兴战略和满族特色村寨文化建设相结合是一项涉及多个领域的综合研究主题，也是一项民族学、社会学、经济学等方面的学者致力于规范、具体化和实证解决的新主题。本书所述研究以满族特色村寨文化建设为切入点，并根据《中华人民共和国国民经济和社会发展第十四个五年规划和 2035 年远景目标纲要》中关于"坚持农业农村优先发展，全面推进乡村振兴"、"文化事业和文化产业繁荣发展"和"提升国家文化软实力"的重大战略布局进行深入探讨，并给出有针对性的宏观思路。本书根据著者在课题研究中所面临的问题与难点，对今后的发展做出一些设想，在后续研究中，希望能紧密结合乡村振兴战略和民族村寨文化建设的实际情况，挖掘潜在的新课题，以期得到更全面、更深入、更科学的研究结论。

第一，全面系统地解析满族特色村寨文化建设构成要素。目前关于满族特色村寨文化的构成要素认识尚未统一，这源于不同的研究视角及出发点，如文化研究人员、投资者、行业管理人员对满族特色村寨文化的理解各不相同，因而无现成完善的经验可供借鉴。虽然学者已开始注意采用层次分析法、拓扑关系等量化分析工具从不同层次进行分析，但只是选取了几个主要的满族特色村寨文化要素进行分析，相对地忽略了与满族特色村寨文化无关的其他要素，同时对影响文化保护的多元素分析也不够充分。另外，满族特色村寨文化空间结构的跨界拓展及区域乡村一体化发展，也使各要素之间的内在联系相当紧密，而将各要素分割开进行研究，虽然可简化研究过程，但不可避免地会产生一些要素叠加或遗漏等情况。由于对满族特色村寨文化空间优化方向具有指导性意义，因此必须对其进行深入论证。

第二，增强满族特色村寨文化建设模型的可操作性。满族特色村寨文化建设体系是一个复杂的系统，包含的要素较多，相互作用关系较为复杂，且具有动态性特征。因此，研究需要多学科、多角度进行，以及多种方法综合运用。随着时代和区域发展背景的不同，满族文化继承和创新的目标、方向也会产生一些差异。事实上，任何文化模型的建立都是在理想状态下对现实发展状况的一种抽象，只能代表村寨文化的部分状态，并不能反映村寨文化所有的实际发展状况，可操作性不强。因此，有关村寨文化研究动态性的跟踪分析和度量方法创新，以及对村寨文化结构演进过程模拟、促进村寨文化和谐发展的路径选择等，需要在实践中不断地积极探索。

第三，相关理论的实证检验及对比研究方面有待加强。目前，很多研究都仅是针对单个或几个民族的特色村寨，样本量不足使得出的结论可能存在"先天"缺陷或一些局限性，广泛选取有代表性的民族特色村寨文化，进行横向比较研究，并通过大量跟踪不断反馈、调整和修正所得结论，使其与满族特色村寨文化发展实践之间形成互动的指导和验证关系。此类研究课题应广泛引起学者的关注并进行更深入的思考，以期抛砖引玉，促进我国满族特色村寨文化学术研究的繁荣，并推动满族特色村寨文化健康可持续发展。

总之，民族特色村寨文化建设是近年来世界范围的研究课题，城镇化快速发展的今天，民族特色村寨的历史环境、文化遗产遭到了较大的破坏，民族特色村寨文化的保护与发展的矛盾日益尖锐。例如，怎样处理好保护与发展的关系，实现民族特色村寨文化的现代化，促进民族特色村寨保护与建设的协调发展。又如，如何通过民族特色村寨文化研究，在乡村振兴过程中加强对满族特色村寨的保护，已经成为了一个迫在眉睫的课题。希望民族特色村寨文化理论能够很好地与乡村振兴战略融合，使政策要求更好地落实，以建设更好、更美丽的民族特色村寨。

参考文献

[1] 蒋满娟,蒋文娟.乡村振兴背景下贵州民族特色村寨共建共治共享的路径探寻[J].贵州社会主义学院学报,2021(3):38-44.

[2] 刘玉珂,胡笑笑.湖南省红色资源赋能乡村振兴的多维价值与路径优化[J].湖南大学学报(社会科学版),2022,36(6):120-127.

[3] 申始占,王鹏飞.乡村旅游助力乡村振兴的逻辑机理、现实困境与突破路径[J].西北农林科技大学学报(社会科学版),2022,22(5):72-81.

[4] 曾瑜.铜仁市民族特色村寨旅游业发展态势分析[J].贵州民族研究,2021,42(4):166-172.

[5] 赵东.乡村振兴中特色文化产业链构建及其实践[J].学术流,2021(7):130-140.

[6] 杨阿维,李昕,叶晓芳.西藏乡村振兴指标体系构建及评价[J].西藏大学学报(社会科学版),2021,36(3):185-193.

[7] 耿松涛,张伸阳.乡村振兴视域下乡村旅游高质量发展的理论逻辑与实践路径[J].南京农业大学学报(社会科学版),2023,23(1):61-69.

[8] 丁晓洋.文化产业助推乡村振兴的内在机理与实践路径[J].学术交流,2023(1):108-121.

[9] 夏银平,汪勇.以农村基层党建引领乡村振兴:内生逻辑与提升路径[J].理论视野,2021,258(8):80-85.

[10] 戴万淇."壮美广西·乡村振兴"战略背景下提升绿色治理能力路径探析[J].广西民族研究,2022(4):181-188.

[11] 朱慧劼,姚兆余.乡村振兴背景下农村社会治理的新路径[J].中南民族大学学报(人文社会科学版),2022,42(10):102-108.

[12] 孙明福,吴桐.新时代乡村振兴的全面部署和系统方略[J].中南民族大学学报(人文社会科学版),2022,42(10):12-19.

[13] 薛玉梅,向艳.少数民族旅游村寨经济价值观的变迁与解读:以贵州西江为例[J].贵州民族学院学报(哲学社会科学版),2009(4):125-128.

[14] 徐致云,陆林.旅游地生命周期研究进展[J].安徽师范大学学报(自然科学版),2006,29(6):599-603.

[15] 杨阿莉.从产业融合视角认识乡村旅游的优化升级[J].旅游学刊,2011,26(4):9-11.

[16] 杨帆,徐伍达.乡村振兴背景下少数民族地区贫困治理的新思路[J].山西农业大学学报(社会科学版),2018,17(7):7-12.

[17] 杨桂华,孔凯.脱嵌与嵌入:乡村旅游助推乡村振兴机制分析:以四川省XJ村为例[J].辽东地区社会科学,2020(6):64-69.

[18] 杨建科,李昱静,李天姿.新型集体经济与欠发达地区农村社会治理创新:基于陕西王家砭与贵州塘约社会治理实践比较[J].北京工业大学学报(社会科学版)2020,20(6):22-28.

[19] 杨振之,马琳,胡海霞.论旅游功能区规划:以四川汶川地震灾后恢复重建为例[J].地域研究与开发,2013,32(6):90-95.

[20] 杨振之,叶红.汶川地震灾后四川旅游业恢复重建规划的基本思想[J].城市发展研究,2008,15(6):6-11.

[21] 叶敬忠."三农问题":被夸大的学术概念及其局限[J].东南学术,2018(5):112-123.

[22] 伊庆山.乡村振兴战略下农村发展不平衡不充分的根源、表征及应对[J].江苏农业科学,2019,47(9):58-63.

[23] 王山林.西部乡村生态振兴的理论逻辑与协同机制[J].社会科学家,2022(10):98-106.

[24] 杨浏熹.乡村振兴背景下传统村落的活态化保护研究:以西南侗寨为例[J].中国特色社会主义研究,2021(4):85-92.

[25] 杨姗姗.民族地区精准扶贫绩效评价指标体系与模型构建:以传统体育助力乡村振兴为视角[J].社会科学家,2021(10):57-62.

[26] 刘康磊.开新与竞合:乡村振兴中依法治理的传统文化之维[J].西南民族大学学报(人文社会科学版),2021,42(8):49-54.

[27] 罗敏,陈宝玲,蒋慧琼.迈向互惠共生:乡村振兴战略下的农村土地流转复合型模式:来自西北民族地区 X 县 W 乡的地方性经验[J].东南学术,

2021(6):186-195.

[28] 杨浏熹.乡村振兴视域下西南民族村寨的保护与活化[J].四川师范大学学报(社会科学版),2021,48(6):151-156.

[29] 李明堂,吴大华.乡村振兴战略视域下民族地区农民合作社可持续运作研究:基于贵州省的实证分析[J].贵州民族研究,2021,42(3):19-25.

[30] 田海林,田晓梦.民族地区脱贫攻坚与乡村振兴有效衔接的现实路径:以武陵山片区为例[J].中南民族大学学报(人文社会科学版),2021,41(5):34-40.

[31] 范波.乡风文明建设的实证研究:以清水江流域一个苗族村寨为例[J].广西民族研究,2022(4):91-97.

[32] 陈炜,高翔,龚迎.旅游场域下民族村寨传统体育文化生态的变迁:表征、机理与保护模式:以程阳八寨为例[J].青海民族研究,2022,33(2):84-90.

[33] 叶兴庆.新时代中国乡村振兴战略论纲[J].改革,2018(1):65-73.

[34] 柏友恒.新时代乡村振兴的路径选择:以贵州传统民族村寨文化保护为例[J].大理大学学报,2018,3(5):14-20.

[35] 熊礼明,周丽洁.乡村振兴背景下我国民族村寨旅游发展探讨[J].长沙大学学报,2019,33(6):75-78.

[36] 陈品玉,蒋芹琴,王超,等.少数民族村寨旅游文化软实力提升路径研究:基于对贵州肇兴侗寨的田野调查[J].贵州民族研究,2023,44(3):147-153.

[37] 刘天,杨添朝.四川民族村寨旅游振兴的现实瓶颈和路径选择:基于14村的实地调研[J].西南民族大学学报(人文社会科学版),2023,44(4):45-52.

[38] 闫玉.西南地区民族村寨的现代化实践与路径[J].贵州社会科学,2023(3):157-162.

[39] 蒋彬,王胡林.民族旅游村寨铸牢中华民族共同体意识的实践路径:基于川西北上五村的田野调查[J].民族学刊,2022,13(6):15-23.

[40] 张琳,阿琳娜.基于GPS数据的民族村寨景观空间游客选择偏好研究:以四川桃坪羌寨为例[J].中国园林,2022,38(11):52-57.

[41] 杨建春.民族村寨旅游高质量发展促进乡村振兴的机制及对策[J].贵州

社会科学,2022,393(9):140-147.

[42] 曾鹏,邢梦昆,汪玥.中国民族特色村寨旅游空间生产的理论探讨[J].广西民族大学学报(哲学社会科学版),2022,44(5):79-85.

[43] 杨春蓉.民族村寨旅游开发与乡村振兴的契合研究[J].西南民族大学学报(人文社会科学版),2022,43(8):199-204.

[44] 李军,单铁成.民族村寨文化旅游资源开发补偿的理论与实践:以西江苗寨为例[J].湖北民族大学学报(哲学社会科学版),2022,40(4):112-124.

[45] 侯玉霞,赵映雪.文化自觉视角下非物质文化遗产产业化与乡村振兴研究:以勾蓝瑶寨"洗泥宴"为例[J].广西民族研究,2018(6):140-147.

[46] 覃小华,李星明,陈伟,等.长江经济带少数民族特色村寨的地域空间格局与影响因素[J].人文地理,2022,37(3):118-130.

[47] 李瑞,郑超,银松,等.民族村寨旅游者主客互动仪式情感体验过程及其唤醒机制研究:以"高山流水"敬酒仪式为例[J].人文地理,2022,37(2):94-102.

[48] 唐明贵,胡静,肖璐,等.贵州少数民族特色村寨时空演化及影响因素[J].干旱区资源与环境,2022,36(4):177-183.

[49] 郑磊,杨春娥,王平.乡村振兴视域下民族特色村寨的价值分析与建设路径:基于鄂西南民族地区的考察[J].民族学刊,2022,13(11):57-68.

[50] 曾韬.民族村寨旅游价值引导乡村振兴的路径研究[J].学术研究,2022(2):98-104.

[51] 杨建春,朱桂芳.民族村寨旅游业高质量发展的评价体系构建[J].民族学刊,2022,13(2):27-34.

[52] 于良楠,李炎.乡村振兴战略背景下云南民族文化传承创新研究与思考[J].民族艺术研究,2021,34(5):102-109.

[53] 耿达.民族地区脱贫攻坚与乡村振兴有效衔接的文化路径:基于一个少数民族村寨的文化扶贫实践[J].思想战线,2021,47(5):130-139.

[54] 徐苇苇,李忠斌.少数民族特色村寨建设与旅游产业交融互促研究[J].广西民族研究,2021(4):171-179.

[55] 杨建春,魏红明,谢春芳.民族村寨旅游引导乡村振兴的路径研究[J].西北民族大学学报(哲学社会科学版),2021(3):148-153.

[56] 谢镕键.国内少数民族文化遗产旅游研究综述[J].广西民族研究,2021

（2）：177-185.

[57] 王金伟,陈昕蕾,张丽艳,等.乡村振兴战略视角下民族村寨社区旅游增权研究:以四川省石椅羌寨为例[J].浙江大学学报（理学版）,2021,48（1）：107-117.

[58] 范莉娜,张晶,陈杰,等.少数民族传统村落村民文化适应对心理健康的影响:基于黔东南三个侗族村寨的跨时段研究[J].西南民族大学学报（人文社会科学版）,2021,42（1）：213-220.

[59] 田月梅,谢清松.互联网时代少数民族特色村寨的文化传播路径研究:以贵州省三个少数民族特色村寨为例[J].贵州民族研究,2020,41（10）：68-74.

[60] 钟洁,皮方於.西部民族村寨旅游业发展促进乡村全面振兴的逻辑与路径[J].民族学刊,2020,11（5）：1-6.

[61] 陈剑,李忠斌,罗永常.特色村寨民族文化产业业态创新与高质量发展[J].广西民族研究,2020（4）：167-172.

[62] 马东艳.文化原真性、地方依恋与旅游支持度的关系:基于民族旅游村寨居民视角的实证研究[J].社会科学家,2020（7）：51-56.

[63] 文晓国,李军,陈剑,等.特色村寨建设中民族文化资源开发补偿机制研究[J].贵州民族研究,2020,41（1）：59-64.

[64] 徐永志,姚兴哲.中国少数民族特色村寨的空间分布格局研究[J].贵州民族研究,2020,41（1）：51-58.

[65] 李军,龚锐,向轼.乡村振兴视域下西南民族村寨多元协同反贫困治理机制研究:基于第一书记驻村的分析[J].西南民族大学学报（人文社会科学版）,2020,41（1）：194-202.

[66] 王兆峰,刘庆芳.中国少数民族特色村寨空间异质性特征及其影响因素[J].经济地理,2019,39（11）：150-158.

[67] 张立辉,张友.贵州黔南州传统民族特色村寨保护与开发利用研究[J].民族学刊,2019,10（6）：17-22.

[68] 杨姗姗.桂滇黔少数民族特色村寨体育非物质文化遗产活态传承模式:基于文化生态空间保护的视角[J].社会科学家,2019（10）：90-96.

[69] 李军,龚锐,罗永常.乡村振兴视域下民族文化何以影响民族经济:基于贵州南脑村的调研[J].原生态民族文化学刊,2019,11（5）：77-84.

[70] 黄勇,黄晓.贵州民族特色村寨保护与乡村振兴路径思考[J].贵州民族研究,2019,40(7):52-57.

[71] 李军,向轼,李军明.民族村寨文化振兴的三维视角:时间·空间·价值[J].广西民族研究,2019(3):120-129.

[72] 顾博.黑龙江省少数民族特色村寨文化资源开发与建设研究[J].黑龙江民族丛刊,2019(2):27-33.

[73] 杨美勤,唐鸣.民族地区传统生态文化的现代困境与转化路径研究:基于黔东南苗族侗族自治州的调查分析[J].贵州社会科学,2019(3):94-101.

[74] 张露露,陈炜.广西少数民族特色村寨非物质文化遗产传承创新模式构建[J].桂林理工大学学报,2019,39(1):241-248.

[75] 王丽娜.基于民族文化分区的村寨旅游开发研究[J].贵州民族研究,2018,39(12):157-160.

[76] 陈国磊,罗静,曾菊新,等.中国少数民族特色村寨空间结构识别及影响机理研究[J].地理科学,2018,38(9):1422-1429.

[77] 刘宏芳,明庆忠,韩剑磊.结构主义视角下民族旅游村寨地方性建构动力机制解析:以石林大糯黑村为例[J].人文地理,2018,33(4):146-152.

[78] 彭积春.民族文化资本化推动下少数民族村寨经济发展的路径研究[J].贵州民族研究,2018,39(7):149-152.

[79] 彭晓烈,高鑫.乡村振兴视角下少数民族特色村寨建筑文化的传承与创新[J].中南民族大学学报(人文社会科学版),2018,38(3):60-64.

[80] 王海燕,蒋建华,袁晓文.少数民族特色村寨旅游开发对文化传承的影响与思考:以川西北桃坪羌寨与上磨藏寨为例[J].广西民族研究,2018(2):105-111.

[81] 梅其君,封佳懿,宋美璇.信息技术传播与少数民族乡村文化变迁[J].中南民族大学学报(人文社会科学版),2018,38(2):68-72.

[82] 何梅青.民族旅游村寨传统文化利用-保护预警的比较研究:以青海小庄村和拉斯通村为例[J].湖北民族学院学报(哲学社会科学版),2017,35(6):106-110.

[83] 郭屹岩,姚有庆,李钢,等.绿道网络重塑乡村舒适性空间策略:以振江镇为例[J].西安建筑科技大学学报(自然科学版),2022,54(1):76-84.

[84] 郑辽吉,李钢,王焕宇.基于价值共创理论的乡村旅游高质量发展分析

[J].南京晓庄学院学报,2021,37(6):95-101.

[85] 李钢.乡村振兴战略实践的操作技术手册:评孙鹤教授新作《乡村振兴战略实践路径》[J].辽东学院学报(社会科学版),2021,23(5):139-140.

[86] 李钢,郑辽吉,郭屹岩.辽东地区满族特色村寨文化建设现状、问题及对策建议[J].中国民族博览,2021(1):75-77.

[87] 郭屹岩,郑辽吉,李钢.绿色减贫为导向的乡村绿色基础设施网络构建:以宽甸满族自治县为例[J].辽东学院学报(自然科学版),2020,27(1):45-52.

[88] 郑辽吉,郭屹岩,李钢.乡村旅游转型发展的 ASEB/ANP 评价:以鸭绿江风景名胜区为例[J].中国农业资源与区划,2019,40(2):181-187.

[89] 郑辽吉,郭屹岩,李钢.基于产业融合的体验空间营造:以鸭绿江风景名胜区为例[J].资源开发与市场,2018,34(12):1761-1765.

[90] 李钢,郑辽吉.韩国乡村空间规划的发展经验与政策启示[J].世界农业,2018(3):92-97.

[91] 李钢.国外生态社区建设特征、经验与启示:以德国、美国和日本为例[J].世界农业,2018(1):138-142.

[92] 李钢.城郊村镇景观节点特征主成分分析及综合评价实证研究[J].中国农业资源与区划,2017,38(10):204-209.

[93] 李钢.满族特色小城镇旅游景观规划设计策略研究:以青山沟镇旅游景观规划为例[J].中国农业资源与区划,2017,38(3):219-225.

[94] 李钢.丹东城市文脉体系构建方法[J].辽东学院学报(自然科学版),2012,19(3):202-205.

[95] 李钢.城市文脉构成要素的分析研究[J].辽东学院学报(自然科学版),2010,17(4):343-346.

[96] 李钢.地域性城市设计[J].城市问题,2007(6):11-14.

[97] 奥斯特罗姆.公共事物的治理之道:集体行动制度的演进[M].余逊达,陈旭东,译.上海:上海三联书店,2000.

[98] 安徽大学乡村改革与经济社会发展协同创新中心课题组.乡村旅游:中国农民的第三次创业[M].北京:中国发展出版社,2016.

[99] 韩沫,王铁军.北方满族民居历史环境景观[M].北京:中国建筑工业出版社,2015.

［100］　冯和法.农村社会学大纲[M].上海:上海黎明书局,1934.

［101］　干永福,刘峰.乡村旅游概论[M].北京:中国旅游出版社,2017.

［102］　龚学增.民族、宗教基本问题读本[M].成都:四川人民出版社,1999.

［103］　辽宁省档案馆,辽宁省社会科学院历史研究所.明代辽东档案汇编[M].
　　　　沈阳:辽沈书社,1985.

［104］　李健才.明代东北[M].沈阳:辽宁人民出版社,1986.

［105］　佟大群.东北渔猎文化[M].北京:社会科学文献出版社,2018.

［106］　栾凡.明代女真文化研究[M].长春:吉林文史出版社,2013.

［107］　张佳生.满族文化史[M].2版.沈阳:辽宁民族出版社,2013.

［108］　朱诚如.辽宁通史[M].沈阳:辽宁民族出版社,2009.

［109］　王宏刚,金基浩.满族民俗文化论[M].长春:吉林人民出版社,1991.